DATE DUE

DATE DUE

토토의 눈물

토토의 눈물

초판 1쇄 발행일__2002년 11월 15일
초판 4쇄 발행일__2003년 1월 10일

지은이__구로야나기 테츠코
옮긴이__김경원
펴낸이__박진숙
펴낸곳__작가정신
주소__121-210 서울시 마포구 서교동 362-16 개나리빌딩 5층
전화__(02)335-2854 | 팩스__(02)335-2855
E-mail__jakka@unitel.co.kr
홈페이지__www.jakka.co.kr
출판등록__1987년 11월 14일 제1-537호

ISBN 89-7288-184-8 03830

*이 책의 판매 수익금 중 일부는 세계어린이돕기기금으로
유니세프 한국위원회에 기부됩니다.

값 8,500원

토토의 눈물

구로야나기 테츠코 지음 | 김경원 옮김

작가정신

유니세프 친선대사가 된 1984년부터 1996년까지 13년간,
영양실조나 감염증, 또 전쟁이나 내란에 휘말려 불평 한마디 없이 어른들을
믿고 죽어간 1억 8000만 어린이들의 영혼 앞에 이 책을 바칩니다.

세계 각지에서 만났던 수많은 아이들.

그 아이들과 함께했던 잊어버릴 수 없는 추억을 적어둡니다.

하느님이 어린이를 얼마나 순수한 존재로 창조하셨는지 아시나요?

르완다에서는 100만 명이 죽었대요.

어린이들은 학살의 현장에서

비명과 절규, 신음을 등지고 달아났어요.

아빠 엄마를, 언니 오빠를 눈앞에서 잃은 아이들은

이유도 모른 채 어른들과 뒤섞여 도망쳤어요.

목숨을 건진 아이들은 모두

울음도 삭인 채 작디작은 가슴을 앓아야 했어요.

가족들이 자기 때문에 죽었다고 생각했기 때문이지요.

'사랑하는 엄마, 아빠, 형… 모두 나 때문에 그만…'

'엄마가 하지 말라고 한 일을 내가 해서 엄마가 죽은 거야.'

실제로는 후투족과 투치족이 싸움을 벌였을 뿐이에요.

하지만 아이들은 아무것도 모르니까

모두 자기 잘못이라고만 생각해요.

수백만 수천만 명이 난민이 되어 집에서 쫓겨났어요.

난민캠프에서는 콜레라가 번져

매일 수천 명씩 어른이고 어린이고 할 것 없이 죽어갔어요.

길가에는 콜레라에 걸려 죽은 엄마 곁에

어떤 어린 여자애가 잠자코 앉아 있었어요.

그 애는 이렇게 생각했지요.

'엄마가 죽은 건 전부 내 탓이야. 날 살리려다 엄마가 죽었어.'

아이들은 모두 자기들에게 닥친 불행을

자기 탓이라고 여겼어요.

다른 사람을 원망하기 전에 스스로를 원망했어요.

저는 이제까지 까맣게 모르고 있었습니다.

순수한 어린이들은 이렇게 자기가 하지도 않은 일을

자기가 했다고 생각한다는 것을.

어린이들을 조금이나마 안다고

우쭐댔던 제 자신이 한심한 생각이 들었어요.

지금 일본에서는 어린이들에게 끔찍한 일이 많이 일어나고 있어요.

그런데도 "내 잘못입니다"

하고 자기 잘못을 시인하는 어른은 찾아보기 힘들어요.

아마 그들도 모두 옛날에는 이렇게 순수한 어린이였겠지요.

저는 이 어린이들이 가르쳐준 것을

결코 잊어버리지 않는 어른이 되고 싶습니다.

탄자니아 마을 촌장님의 말씀

영양실조 때문에 뇌에 장애를 입은 아이가 있었어요.

그 애는 생각할 수도 말할 수도 걸을 수도 없어서

다만 땅 위를 기어다니기만 한답니다.

그 애가 사는 마을의 나이 지긋한 촌장님이

이렇게 말씀하셨어요.

"구로야나기 씨, 이것만큼은 꼭 가슴에 새겨서 돌아가주셨으면 좋겠소.

어른은 죽을 때 괴롭다든지 아프다든지

이런저런 원망과 불평을 늘어놓지만

아이들은 아무 말도 하지 않는다오.

아이들은 어른을 무조건 그냥 믿지.

그래서 바나나잎 그늘에서

조용히 죽어가는 거라오."

인도에 갔을 때 파상풍에 걸려서

죽어가는 남자애와 만났어요.

비록 일본어였지만 저는 그 애에게 이렇게 말을 걸었지요.

"의사 선생님이 잘 치료해주실 테니까 힘내야 돼."

그 애는 예쁘고 커다란 눈으로 저를 쳐다보았어요.

그러더니 목구멍 저 깊숙한 곳에서 '우, 우우…' 하는 소리를 내더군요.

파상풍은 몸 속의 근육이 경직되는 아주 무서운 병이랍니다.

그래서 말도 할 수 없게 되지요.

저는 곁에 있던 간호사에게 아이가 무어라고 하는지 물어보았어요.

그런데 그 간호사 말이 제 가슴을 울렸어요.

"행복하셨으면 좋겠어요."

그 애가 이렇게 말했다는 게 아니겠어요.

저는 그 순간 아무 말도 할 수 없었어요.

죽을 것같이 기력도 없는 그 애는 불만을 늘어놓기는커녕

저를 위해 축복의 말을 해준 것이에요.

'그 촌장님의 말씀이 바로 이런 것이로구나.'

이 일은 언제까지나 언제까지나

제 마음속을 떠나지 않을 것입니다.

정말 가난하다는 것은

아이티에서 매춘을 하는 사람의 72퍼센트는

HIV 감염자라고 합니다.

그래서 열두 살 난 여자애에게 물어보았지요.

"에이즈가 무섭지도 않니?"

그런데 아직 천진난만한 그 애는 이렇게 대답했어요.

"무섭긴 한데요, 그래도 에이즈에 걸리는 편이 나아요.

에이즈에 걸려도 몇 년 동안은

살 수 있잖아요?

우리 식구는 내일 당장 먹을

끼니도 없는걸요."

한 번 매춘을 할 때마다 6굴드(400원)를 받는대요.

이 6굴드만 있으면 소녀의 가족은

어쨌든 내일은 굶지 않고

살 수 있다는 것이지요.

코끼리를 모르는 아프리카의 어린이들

탄자니아의 한 초등학교에 갔을 때

함께 간 TV 방송국 사람이

도화지와 크레용을 아이들에게 건네주면서

이렇게 부탁했어요.

"얘들아, 아무거나 좋으니까 동물 그림을 그려보렴."

아이들은 처음으로 만져보는

흰 도화지가 신기한지

기뻐서 어쩔 줄 모르는 듯한 표정이었어요.

한 시간쯤 지났을까, 선생님께서

"다 그린 사람, 손들어보세요."

하며 아이들을 자상한 눈길로 바라보셨어요.

그랬더니 아이들은 저마다 손에

도화지를 높이 들고

자기들이 그린 그림을 앞다퉈 보여주었어요.

하지만 저는 아이들의 그림을 보는 순간

숨이 멎는 듯한 충격을 받았어요.

동물을 그린 아이는 단 두 명밖에 없었기 때문이에요.

한 남자애는 도화지 한쪽 끝에 파리를 그렸답니다.

또 한 남자애는 아주 가느다란 두 다리를 지닌 새를 그렸어요.

동물 그림이라고는 그것뿐이었어요.

도대체 믿기지 않는 광경이었지요.

다른 아이들은 물동이나 밥그릇을 그렸더군요.

저는 처음에 이렇게 생각했어요.

아프리카 아이들이라면

멋진 코끼리나 기린이나 얼룩말을 그릴 거야.

여러분도 아마 그렇게 상상하시겠지요.

하지만 아프리카에 동물을 볼 수 있는 곳은

그리 많지 않아요.

몇몇 보호 구역에서만 동물을 볼 수 있어요.

그런 곳 주위에서 살고 있는 아이라면

동물을 보거나 동물에 대해 좀 알고 있을지도 모르지요.

하지만 대부분의 아이들은 아프리카에 살고 있는데도

아프리카 동물을 알지 못한답니다.

왜냐고요?

동물원도 없고 텔레비전도 없고

그림책도 없기 때문이지요.

저는 아프리카의 아이들이 아프리카의 야생동물을 모른다는 사실을

그때 처음으로 알았어요.

일본은 아프리카에서 아주 멀리 떨어진 곳이지만

대부분의 아이들이 코끼리를 그릴 줄 알아요.

얼룩말이 어떻게 생겼는지도 다 알고 있어요.

그런데 아프리카의 아이들은 평생

아프리카의 동물을 알지 못한 채 살다가

죽어가고 있어요.

아프리카에 가서 어린이들을 만나기 전에는

아프리카는 제게 아름다운 야생의 나라였어요.

아프리카를 마음속에 떠올릴 때마다

저무는 저녁노을 속을 거니는 기린의 모습이

마치 사진처럼 선명하게 눈앞에 나타나곤 했어요.

물론 저도 아직 아프리카에서

야생동물을 본 적은 없답니다.

제가 방문한 곳은 낭만적인 초원이 아니라

아이들이 도움을 필요로 하는 곳이었으니까요.

마실 물도 없고 풀도 자라지 않고 전쟁만이 일어나는 곳이지요.

그러니 어떻게 동물이 살아갈 수 있겠어요.

인간조차도 살아갈 수 없는 곳인데요.

일본도 옛날 전쟁을 하던 중에는

먹을 것이 없어서

동물원의 동물들은 모두 죽어야 했어요.

우리 안에 갇힌 코끼리는 재주를 부리면

먹이를 줄까 해서 열심히 재주를 부렸지만

먹이도 얻지 못하고 애처롭게 굶어죽었어요.

우리 생활이 넉넉하고 평화롭지 않다면

우리는 결코 한가롭게 코끼리를 볼 수 없답니다.

우리의 어린이들이 제발 이런 사실을 알아준다면

얼마나 좋겠어요.

보스니아 - 헤르체고비나의 인형 폭탄

제가 들었던 이야기 가운데

아무리 다시 생각해도

도저히

도저히

절대로

용서할 수 없는 일이 있어요.

그것은 아이들이 좋아하는

인형 속에

폭탄을 장치했던 일이에요.

여러분도 잘 아실 거예요.

아이들은 인형을 아주 좋아합니다.

저도 초등학생 무렵

공습을 피해 방공호로 도망갈 때면

맨 먼저 곰돌이 인형을 품에 안고

달렸답니다.

시골로 피난을 떠날 때에도 저는

그 인형을

가지고 가려고 했어요.

군대에 간 아버지가 보내주신

선물이었거든요.

내 친구 곰돌이…

하지만, 엄마는 피난길에

둘이나 되는 어린 동생과

붐비는 기차를 타야 하고

또 무거운 짐도 들어야 하니까

인형은 두고 가야 한다고 말씀하셨어요.

저는 정말 슬펐지만 어쩔 수 없었지요.

그래서 집을 나설 때

아빠가 앉으시던 의자에 그 회색 곰돌이를 놓아두었어요.

그런데 우리 집이 공습으로 불타버렸다는 소식이

시골로 날아들었어요.

그 소식을 들었을 때

저는 제일 먼저 곰돌이가 생각났어요.

불길 속에 휩싸여서 곰돌이가 타들어가는
광경이 제일 먼저 떠올랐어요.
제가 얼마나 슬펐는지 굳이 말하지 않아도
짐작하시겠지요.
이런 체험을 생생하게 기억하고 있기 때문에
저는 어린이가 인형을
얼마나 소중히 여기는지
잘 알고 있어요.

보스니아에서 전투가 시작되자
폭탄으로 지붕이 날아가고
사람들은 두려움에 떨며 도망가려고 우왕좌왕했어요.
많은 사람들이 다치거나 죽었지만
그래도 아이들은 엄마들이 몸을 던져 지켜주었기 때문에
살아남을 수 있었어요.
죽이고 죽는 전투가 잠잠해진 뒤에
우여곡절 끝에 모두들 집에 돌아가게 되었어요.
집에 돌아온 아이는 제일 먼저
자기 방으로 뛰어들어 갔어요.
방에는 자기가 두고 간 그리운 인형이 그대로 앉아 있었어요.

'미안해… 못 데려가서…

그래도 기다려주었구나. 고마워…'

아마 아이는 마음속으로 이렇게 생각했겠지요.

그러고는 인형에게 곧장 달려가

꼭 끌어안아주었겠지요.

그때 인형 안에 장치해둔 폭탄이

터졌고…

그 애는 처참하게 죽었어요.

잠시 집을 비운 사이

적군이 그 집에 들어가

인형 속에

폭탄을 집어넣은 것이에요.

아이가 품에 안으면 폭발하도록 말이지요.

인형을 좋아하는 아이의 심리를

이런 식으로 죽이는 데 이용하다니…

인형을 품에 안고 죽어가면서

그 애는

과연 무슨 생각을 했을까요.

'내 친구가,

나를 기다려준 내 친구가

나를 죽이다니…'

저는

진심으로 전쟁을 증오합니다.

절대로 용서할 수 없습니다.

차례

이것만은 잊지 말아주세요
탄자니아

1980년대 초반만 해도 이 지구상에서는 다섯 살 미만의 아이들이 1년에 1400만 명씩 죽어갔습니다. 하루에 약 4만 명의 아이들이, 굶주리고 위생 상태가 나쁜 데다 예방 접종을 못 해서 병균 감염이나 설사 때문에 죽은 것입니다. 또 전쟁이나 내란에 휘말려 죽은 아이들도 많이 있었습니다.

제가 유니세프 친선대사로 임명된 것은 1984년입니다. 그당시 신문이나 TV에서는 매일 아프리카의 기아 상태에 대해 보도하고 있었습니다. 하지만 아프리카에서 멀리 떨어져 있는 일본에서는 아직 그 심각한 상태를 실감할 수 없던 때였지요. 저는 친선대사로서의 첫 방문지를 '반드시 아프리카로' 해달라고 유니세프 측에 부탁했습니다. 그래서 결정된 곳이 탄자니아였습니다. 탄자니아의 인구는 약 2000만 명(당시)이고 면적은 일본의 약 두 배 반입니다.

저는 그당시 아프리카의 아이들이 겪는 기아 상태에 대해서 꽤 알고 있는 편이라고 생각했습니다. TV나 영화, 사진집을 통해서 많이 보았으니까요. 뼈가 앙상하게 드러나 있는 어린이들. 저 역시 전쟁 중에는 먹을 것이 없어서 비쩍 마른 데다 영양실조로 온몸이 부스럼 투성이였습니다. 그때 저와 비슷한 또래의 이웃집 아이가 영양실조로 죽었습니다. 그러니까 제 딴에는 기아가 어떤 것인가를 조금은 알고 있다고 여겼던 것이지요.

하지만 그건 제 착각에 불과했습니다. 막상 탄자니아에 가서 직접 두 눈으로 목격한 기아의 참상은 온몸에 소름이 끼칠 정도로 눈 뜨고는 도저히 볼 수 없는 비극이었습니다.

기이욘

탄자니아에서 만난 로가티라는 남자아이는 여섯 살이었습니다. 여섯 살이면 초등학교에 갈 나이입니다. 하지만 로가티는 몸이 아주 작고, 울지도 걷지도 말하지도 못했습니다. 단지 차가운 땅을 기어 다닐 뿐이었습니다. 굶주림이란 이런 것입니다. 어렸을 때 영양을 제대로 취하지 못하면 몸은 물론 무엇보다 뇌의 발육이 이루어지지 않습니다. 뇌가 성장하지 못하면 로가티처럼 되어버리고 마는 것이지요. 로가티를 만나기 전까지는 굶주림이 이렇게까지 무서운지 미처 몰랐습니다. 저는 너무나 큰 충격을 받았습니다.

로가티는 저를 보면 쪼르르르 기어와서는 "기이욘" 하면서 작은 손으로 흙을 집어 주었습니다. 동행한 유니세프 사람의 말에 따르면, '기이욘'이란 별 의미도 없는 말이라고 합니다. 뇌의 미발육으로 인해 장애가 생긴 아이들은 나중에 먹을 것을 충분히 먹어도 회복되지 않는다는 것을 저는 이때 알았습니다. 살아 있다고 해도 평생 기어다니기만 하는 인생일 뿐입니다. 단지 먹을 것이 없어서 이렇게 되었다고 생각하니 가여워 견딜 수가 없었습니다.

로가티는 팬티도 입지 않고 알몸으로 땅을 기어다니기 때문에 손도 발도 얼음처럼 차가웠습니다. 아프리카는 더운 나라라고 생각했는데, 킬리만자로 산에서 가까운 그곳은 제법 추웠습니다. 저는 아이의 양손을 두 손으로 꼭 쥐고 녹여주는 것밖에는 달리 해줄 게 없었습니다.

로가티는 커다란 눈으로 저를 빤히 들여다보더니, 가느다란 목소리로 "기이욘, 기이욘" 하고 되풀이해서 말했습니다. 그 애가 할 수 있는 말은 이것뿐인 것이지요.

서른 살인 로가티의 엄마는 품에 두 살배기 남자아이를 안고 있었는데, 그 애 역시 태어나서 지금껏 한 번도 말을 한 적이 없다고 합니다. 산모의 영양 상태가 나쁘기 때문에 모유가 거의 나오지 않습니다. 분유는 물론 우유도 있을 리 없습니다. 결국 갓 태어난 아기는 아무 영양가 없는 찻물이나 물만 마시고 있는 거지요.

로가티네 집에서 주로 먹는 음식은 그리 달지 않은 바나나뿐입니다. 그것만으로는 부족하기 때문에, 로가티 엄마는 옥수수 가루라도 얻기 위해 근처의 농가로 일을 하러 갑니다. 게다가 10킬로미터나 떨어진 곳에 사는 시부모님도 보살펴드리지 않으면 안 됩니다. 힘든 집안일을 도맡아 해야 하는 여성의 삶은 예나 지금이나 그리 달라진 게 없는 듯합니다.

진흙으로 얼기설기 지은 집으로 들어가니 창문도 없고 안은 컴컴했습니다. 부엌이라고 따로 부를 만한 공간도 없었습니다.

로가티 엄마에게 오늘은 무엇을 먹었느냐고 물어보니, 온 가족이 차를 마신 게 오늘 식사의 전부라고 대답했습니다. 저는 잔인한 질문이라고 생각하면서도 감히 용기를 내어 물어보았습니다.

"지금 뭐든지 준다고 하면 제일 먹고 싶은 게 뭐지요?"

엄마는 고개를 갸웃하더니 이렇게 말했습니다.

"옥수수가루로 만든 진한 죽. 아주 진한 걸로요."

그리고 "하루에 한 번이라도 좋으니 뭐든 아이들에게 먹일 수 있다면 좋겠어요" 하고 덧붙였습니다. 이 집에 먹을 것이라곤 반쯤 썩은 것 같은 말린 생선 한 마리뿐이었습니다.

이웃집의 사정도 마찬가지였습니다. 아이가 여섯이나 있는데 하나같이 말라깽이에 배만 볼록 튀어나와 있었습니다. 머리카락은 옅은 갈색을 띠었는데, 이것은 심한 영양실조로 나타나는 특징 중 하나입니다. 머리카락이 검거나 곱슬곱슬한 아이는 그래도 건강한 편입니다. 영양실조가 심해지면 먼지를 뒤집어쓴 것처럼 머리카락이 옅은 갈색이 되고 머리숱도 적어집니다.

피곤한 기색이 완연한 엄마는 이렇게 말했습니다.

"배불리 먹어본 게 언젯적인지… 하도 까마득해서 잊어버렸어요."

엄마 품에 안긴 아기는 울고 있었는데, 목소리가 나오지 않아서 우는 시늉만 할 뿐이었습니다. 갓난아기임에도 목이랑 팔, 넓적다리에 온통 주름이 져 있었습니다. 그것도 잔주름이 아니라 주름치마처럼 깊이 파인 주름이었지요.

날이 저물어 우리 일행은 아프리카 최고봉인 킬리만자로 산기슭에 있는 숙소로 돌아왔습니다. 하지만 저는 '기이욘' 하는 맑은 목소리가 귓가에 맴도는 것 같아 쉽사리 잠을 청할 수 없었습니다.

"구로야나기 씨, 이것만큼은 꼭 가슴에 새겨서 돌아가주셨으면 좋겠소. 어른은 죽을 때 괴롭다든지 아프다든지 이런저런 원망과 불평을 늘어놓지만, 아이들은 아무 말도 하지 않는다오. 아이들은 어른을 무조건 그냥 믿지. 그래서 바나나잎 그늘에서 조용히 죽어가는 거라오."

이름도 없는 작은 마을의 촌장님이 들려준 이 말이 가슴을 저미는 듯했습니다.

실은 울고 있어요

마을의 조그마한 진료소를 방문했을 때의 일입니다. 그곳에는 영양실조에 걸린 아이들이 스무 명 정도 수용되어 있었습니다. 아이들은 콘크리트 침대에 걸터앉거나 누워 있었습니다.

그런데 바로 그때였습니다. 아이들을 바라보던 저는 문득 사방이 조용하다는 것을 눈치채고 정신이 번쩍 드는 것 같았습니다.

'아이들 우는 소리가 들리지 않는걸.'

저는 같이 간 아사히 TV 카메라맨에게 넌지시 속삭였습니다.

"애들 소리가 나지 않는데요?"

카메라맨은 무거운 카메라를 어깨에 떠받치고 렌즈에 눈을 갖다 댄 채로 대답했습니다.

"예, 마이크에 아무 소리도 안 들어오고 있어요."

한두 살쯤 된 아이들이 스무 명이나 한 곳에 모여 있고 더구나 부모와 떨어져 영양실조나 병에 걸려 있으니, 칭얼거리며 빽빽 우는 게 당연한 일 아닐까요. 어린아이들이 여럿 모여 있는데도 이처럼 조용한 장면은 난생처음 보았습니다.

하지만 저는 곧 이 아이들이 극심한 영양실조 때문에 울 힘조차 없다는 것을 알게 되었습니다.

먹을 것을 제대로 주지 않으면 아이들은 무기력해진 나머지 멍하니 입을 다물고만 있게 됩니다. 그 밖에 달리 할 수 있는 일이 없기 때문이지요. 하지만 아무 소리도 내지 않는다고 해서 무감각한 것은 아닙니다. 사실은 소리 없이 울고 있는 것입니다. 커다란 눈에 가득 고여 있는 눈물을 보면 그것을 알 수 있습니다.

기력이 없는 아이들은 눈을 자주 깜박거리지 않는 탓인지 눈언저리에 새카맣게 파리가 앉아 있었습니다. 파리는 아마도 눈물이나 콧물, 입 주위에 묻어 있는 영양분을 빨아먹으려고 그렇게 달라붙어 있는 것이겠지요.

견딜 수 없는 심정이 된 저는 손을 저어 아이들의 눈언저리에 붙어 있는 파리들을 쫓아버렸습니다. 아이들은 파리를 쫓을 힘도 없어서 아무리 파리가 달라붙어도 잠자코 있을 뿐이었기 때문입니다.

아이들의 아름다운 눈이 저를 빤히 쳐다보고 있으면 아무것도 해줄 수 없는 제 자신이 부끄러워서 어쩔 줄 모르게 됩니다.

'지금 너한테 뭘 해주면 좋겠니?'

저는 말없이 아이들을 안아주었습니다. 하지만 아무리 안고 얼러주어도 도무지 웃지를 않았습니다.

그대신 아이들은 제 가슴 언저리를 손으로 꼭 쥐었습니다. 모처럼 안기니 기분이 좋다는 뜻을 저에게 전해주려는 것 같았습니다. 먹을 것에 굶주려 있는 아이들은 사랑에도 굶주려 있다는 것을 저는 절실히 깨달았습니다.

베네딕트

탄자니아의 여러 곳을 방문하면서, 저는 아무리 가슴 아픈 광경을 보아도 울지는 않았습니다. 처음부터 울지 말자고 다짐했기 때문입니다. 눈물을 흘리는 것 자체가 실례가 될지도 몰랐고, 또 실제로 가 보니 울고 말고 할 여유도 없었습니다.

하지만 단 한 번, 제 눈에서 눈물이 그치지 않은 적이 있습니다.

킬리만자로의 산기슭에 있는 고아원을 방문했을 때의 일입니다.

그 고아원은 유럽에서 온 자원봉사자들이 힘과 뜻을 모아 운영하는 곳이었습니다. 근처 사람들은 진흙으로 지은 집에서 창문도 없이 초라하게 살고 있었지만, 고아원 건물은 나무로 지어지고 유리창도 달려 있어서 주위와 비교가 되지 않을 정도로 밝고 깨끗했습니다.

건강한 아이, 병에 걸린 아이, 말라리아의 고열로 인해 앞을 못 보게 되자 부모에게 버려진 아이… 이런저런 사연으로 들어온 아이들이 갓난아기부터 여섯 살까지 50명 정도 있었습니다.

부모와 함께 사는 아이는 먹을 것이 없어 배를 곯지만 고아원에 들어온 아이는 그래도 조금이나마 먹을 수 있으니까 고아가 더 행복하다고 말하는 사람이 있습니다. 하지만 아무리 그렇다 해도 어린 나이에 부모가 없다는 것은 행복과는 너무 거리가 멀다고 생각합니다.

저는 아이들과 놀며 이야기를 나누었고 모두 식사를 하는 동안에는 곁에서 밥 먹는 것을 지켜보았습니다. 그리고 원장 수녀님의 안

내로 세 살배기 아이가 열 명 정도 모여 있는 방에 들어갔습니다.

"잠보!(안녕하세요)"

이렇게 첫인사를 하니까 아이들은 웬 사람인가 싶어 모두 호기심에 찬 눈으로 멀리서 저를 보고 있다가, 조금씩 조금씩 거리를 좁혀왔습니다. 나무 의자에 앉아 있는 제 곁에 와서 제 몸을 만져도 보고 "캭" 하고 소리지르며 달아나기도 했습니다. 모두가 정말 귀여운 아이들이었지요.

그때 다른 아이들과 떨어져서 방 한구석에서 울고 있는 초록색 옷의 여자아이가 눈에 들어왔습니다. 두 살 반쯤 되었을까, 눈이 크고 귀여운 아이였습니다. 우는 얼굴로 저를 가만히 쳐다보는 그 애와 눈이 마주쳤습니다.

"이리 온."

저는 손을 내밀며 일본어로 말했습니다. 하지만 그 애는 다가오려고 하지 않았습니다.

그사이 다른 아이들은 제 옷을 잡아당기거나 무릎 위로 기어올랐습니다. 저는 초록색 옷을 입은 아이가 마음에 걸려서 몇 번이나 "자, 이리 온" 하고 말해보았지만, 그 애는 오지 않았습니다.

저는 다른 방으로 가서 아이들이 추는 춤을 구경했습니다. 그리고 아까 그 방 앞을 지나치다가 보니, 초록색 옷의 아이는 여전히 방구석에서 울고 있었습니다.

"이리 와보라니까."

다시 얼러보았지만 역시 오지 않았습니다. 하는 수 없이 저는 다른 아이들이 있는 곳으로 갔습니다.

그 애가 있는 방을 세번째 지나칠 때였습니다. 저는 마루에 앉아서 아이에게 작별인사를 했습니다.

"자, 이제 난 돌아갈 거야."

그러자 그 애가 갑자기 달려와서는 제 무릎 위에 올라앉는 게 아니겠어요. 등뒤에 있던 수녀님이 귓속말로 말했습니다.

"구로야나기 씨, 이건 기적이에요! 이 애는 갓난아기 때 여기 들어온 후로 한 마디도 말을 하지 않았답니다. 또 아무에게도 가지 않는 외톨이었어요. 그런 아이가 처음으로 당신한테 온 거예요. 이건 정말 기적이라고 할 수밖에 없네요."

그 애의 이름은 베네딕트였습니다.

원장 수녀님의 말에 따르면, 베네딕트의 아빠는 집을 나가고 엄마는 온갖 고통을 견디다 못해 정신이 이상해져서, 삼촌이라는 사람이 고아원에 데리고 왔다고 합니다. 하지만 그는 "곧 데리러 올게" 하면서 두고 간 뒤 두 번 다시 나타나지 않았다고 합니다.

베네딕트는 제 무릎 위에 엎드려서는 고양이가 기지개를 켜듯이 몸을 쭉 폈습니다. 그 애는 저를 무척 잘 따랐습니다. 나중에는 양팔을 제 목에 두르고 두 발로 제 몸에 매달려서는 좀처럼 떨어지려 하지 않았습니다.

저는 그 애를 안은 채로 고아원 안을 둘러보아야 했지요.

드디어 돌아가야 할 시간이 되었습니다.

어느덧 해는 뉘엿뉘엿 기울었습니다. 저는 베네딕트를 무릎에서 내려놓고는 쪼그리고 앉아 인사를 했습니다.

"자, 이제 나는 가야 한단다."

베네딕트가 갑자기 제 얼굴에 자기 얼굴을 갖다 대었습니다. 그리고 작은 두 손으로 제 머리를 꽉 잡았습니다.

우리는 좋아하는 사람과 헤어지기 싫을 때 꼭 껴안든가 뺨을 대든가 어른이라면 입맞춤을 합니다. 하지만 베네딕트는 그런 감정 표현을 알지 못하기에, 자기 얼굴을 제 얼굴에 들이밀고 언제까지나 잠자코 그대로 있는 것이었습니다.

두 살배기 여자아이가 차마 헤어지기 싫다는 뜻으로 있는 힘껏 제 머리를 잡고 있는 장면을 떠올려보세요. 저는 베네딕트의 간절한 마음 때문에 숨도 못 쉴 지경이었답니다.

'그 누구도 따르지 않던 아이가 이렇게 나와 헤어지기 싫어하는구나. 아마 이제까진 혼자서 외로움을 참고 있었을 거야. 얼마나 외로웠을까, 얼마나 안기고 싶었을까.'

두 살 반이라고 하면 조금 큰 아기에 불과합니다. 그토록 어린 아이가 겪어왔을 외로움을 생각하니 갑자기 눈물이 흘러나왔습니다. 겨우 그 애를 떼어놓았을 때 베네딕트의 볼에는 제 눈물이 묻어 있었습니다. 제 얼굴에도 베네딕트의 눈물과 콧물이 얼룩져 있었습니다.

떼어놓고 다시 보니 베네딕트는 정말 아주 작은 아이였습니다.

원장 수녀님이 베네딕트를 안고 "바이, 바이!" 하며 손을 흔들어주었습니다.

저는 간신히 몸을 일으켰습니다. 할 수만 있다면 그 애를 데리고 돌아가고 싶은 심정이었습니다. 그 애가 자기를 진심으로 사랑해줄 사람을 얼마나 애타게 기다리고 있는지 너무나 또렷이 느낄 수 있었기 때문입니다.

순서, 순서!

탄자니아에서도 특히 가뭄이 심한 도도마 지구를 방문했을 때의 일입니다. 그곳에는 벌써 8개월째 비가 한 방울도 내리지 않았다고 합니다. 땅에는 풀 한 포기도 돋아 있지 않았고, 옥수수 밭은 말라 비틀어져 있었습니다. 흙을 손으로 만져보니 땅의 표면이 20센티미터 정도 부슬부슬 부스러져서 먼지처럼 바람에 흩날렸습니다. 물기라고는 눈을 씻고 봐도 없었습니다.

흙 묻은 손을 씻기 위해 물 좀 달라고 하자, 한 친절한 여성이 작은 알루미늄 대야에 물을 담아서 가져다 주었습니다. 그런데 물 색깔이 커피우유와 똑같았습니다. 손을 담그면 손이 보이지 않을 정도로 흙탕물이었지요.

"이 물, 어디에서 길어오셨어요?"

"뒤꼍에 있는 우물에서요."

저는 그 말을 듣고 뒤꼍으로 돌아가보았지만, 우물은 보이지 않았습니다.

"지금, 뒤꼍의 우물이라고 하셨지요? 하지만 없는 것 같은데요."

제가 다시 묻자, 그녀가 대답했습니다.

"우물은 여기서 5킬로쯤 떨어진 곳에 있어요."

저는 정말 깜짝 놀랐습니다.

"뒤꼍 우물에서 길어왔어요" 하는 말을 일본에서 들었다면 당연히 집 뒤편에 있는 우물이라고 생각하겠지요. 하지만 그녀는 5킬로미터나 떨어진 우물에서 길어온 물을 저에게 대접해준 것입니다. 더구나 그 우물물은 놀랄 만큼 더러운 흙탕물입니다. 제가 놀라고 미안해서 어쩔 줄 몰라 하니까, 저를 안내해준 도도마의 여성 국회의원이 목소리를 높여 이렇게 말했습니다.

"5킬로라면 가까운 편이에요. 어떤 사람은 15킬로나 떨어진 곳으로 물을 길러 가는걸요. 물이 있다는 것만 해도 행운이에요. 물이 있으니까 살아갈 수 있는 거지요!"

어린이가 머리 위에 물동이를 이고 끝없이 펼쳐진 들판을 혼자 걸어가는 사진을 보면 여러분은 '참 귀여운걸' 하고 느끼실지도 모릅니다. 하지만 물을 긷는 일은 어린이가 감당해내야 하는 고된 노동입니다. 어린이들은 동물도 식물도 바싹 말라 죽어 있는 황야를 가로질러 물을 길러 갑니다. 가까이는 5킬로미터, 멀리는 15킬로미터나 걸어서 강이나 공동 우물로 물을 길러 가지 않으면 안 됩니다.

이곳 아이들은 일을 썩 잘합니다. 물도 긷고 장작도 줍고 어린 동생들도 돌봅니다. 그런 사정 때문에 집안일을 돕느라 바빠서 학교에 못 가는 아이들이 많습니다.

돌아올 때 제가 타고 있던 차가 갑자기 심하게 흔들렸습니다. 왜 그런가 물어보니, 지금 달리고 있는 곳은 예전에 커다란 강이었는데 이제는 물이 말라버려서 길이 되었다고 하더군요. 길은 강이 있던 모습 그대로 조금 굽어 있었습니다. 강줄기에 물이 한 방울도 없는 광경은 참으로 보기 괴로웠습니다. 우리는 차에서 내려 주위를 살펴보았습니다.

아이들이 몰려와서는 "여기에 물이 나와요" 하고 가르쳐주었습니다. 아무리 참아도 물이 마시고 싶어 견딜 수 없을 때 멀리 있는 우물 대신 여기를 찾아온다고 합니다. 아이들은 그럴 때 어떻게 해서 물을 마시는지 시범을 보여주었습니다.

우선 손으로 땅을 파헤쳐서 깊이 30센티미터, 직경 40센티미터 정도의 구덩이를 팝니다. 잠시 기다리고 있으면, 밑바닥에서부터 물이

원래 강이었던 곳에 구덩이를 파고 물이 샘솟기를 기다리는 아이들. 조금 마시고 항아리에 담아 집에 가져갑니다.

조금씩 솟아 올라옵니다. 과연 말라붙었다고는 해도 원래 강이었음에 틀림없습니다. 처음에는 구덩이 밑바닥이 젖을 정도밖에 안 되지만, 좀더 참을성 있게 기다리면 조금씩 물이 고이기 시작합니다. 10분 정도 지나면 작은 그릇으로 두 잔쯤 될까 말까 한 물을 얻을 수 있습니다.

아이들은 익숙한 솜씨로 물 위의 먼지나 불순물을 알루미늄 포일로 떠서 버리고는 물을 퍼 올립니다. 그렇게 해도 반쯤은 흙탕물입니다. 그때 제가 놀란 것은 아이들이 제일 어린 아이부터 순서대로 물을 마신다는 것이었습니다. "순서, 순서!" 하고 외치면서요. 아이들은 맛있게 목을 축였습니다. 심한 갈증에 시달리면서도 어린 순서대로 물을 마시는 아이들을 보고 있노라니, 그 애들의 착한 마음씨에 가슴이 벅차올랐습니다.

일본을 비롯해 웬만한 나라에서는 수도꼭지만 틀면 집 안에서 물이 나옵니다. 저는 물의 소중함을 깨닫지 못하고 있었던 제 자신이 너무나 부끄러운 나머지 몸둘 바를 모를 지경이었습니다. 그래서 깊이 반성하는 마음으로, 질서 있게 순서대로 흙탕물을 마시는 아이들을 바라보았습니다.

A계획, B계획, C계획

탄자니아는 어디를 가나 물 사정이 매우 좋지 않아서 골치를 앓고 있었습니다. 모시라는 지역에 들렀을 때의 일입니다. 그곳에서 저는 열정을 다 바쳐 일에 몰두하고 있는 지역의회 의장 샹가리 박사님을 만났습니다. 이분은 공학박사입니다.

샹가리 박사님이 "꼭 댐을 둘러봐주십시오" 하고 미리 부탁했기 때문에, 저는 아침 일찍 서둘러 길을 나섰습니다.

영어로 댐이라고 들었지만, 막상 가보니 그리 크지 않은 늪 정도라고 해야 알맞을 것 같았습니다. 컵으로 물을 떠보니 반쯤은 진흙인 데다 올챙이도 몇 마리 들어 있었습니다.

샹가리 박사님이 말했습니다.

"이 댐에는 가끔 사람이나 동물이 떨어진답니다. 하지만 중앙 부분의 수심이 깊어서 아무리 해도 구조할 수가 없지요. 하는 수 없이 그냥 두어버린답니다."

그런 물을 마을 사람들은 그대로 배수관으로 끌어와 마십니다. 정화 장치라곤 아무것도 없습니다. 아무리 끓여 마시라고 권유해도 목이 마른 아이들은 말을 듣지 않고 이 물을 그냥 마시고 맙니다. 그러니 콜레라나 이질 같은 전염병에 걸려 죽는 것이지요.

샹가리 박사님은 청사진 같은 종이를 들고 와서 제 눈앞에 활짝 펼쳐놓더니 갑자기 물에 대해 설명하기 시작했습니다.

"보이시지요? 이게 킬리만자로 산입니다. 저는 이 킬리만자로의 깨끗한 물을 아이들에게 마시게 하고 싶어요. 산 위의 눈이 녹아서 흘러내리는 물인데 오염되지 않은 아주 깨끗한 것이지요. 킬리만자로에서 여기까지 배수관을 끌어대면, 제 계산으로는 최소한 2만 명이 물을 마실 수 있어요. 이것이 A계획이죠. 그리고 B계획은… 그 다음에 C계획은… 이 계획을 실행하는 데 필요한 배수관은 유니세프에서 보내주었어요. 하지만 배수관만 있다고 만사 해결되는 것은 아니고, 배수관과 배수관을 잘 이어서 묻어야 합니다. 마지막으로는 펌프를 달아야겠지요."

저는 댐을 견학하고 난 뒤 지프를 타고 다음 방문지로 향했습니다. 심하게 흔들리는 지프 안에서 샹가리 박사님은 아까 그 종이를 다시 펼쳐놓고 말했습니다. "자, 잘 보세요. 이것이 A계획… 그리고 B계획… 그 다음에는 C계획… 이해하시겠어요?" 그리고 하루 종일 이런 설명이 반복되었습니다. 방문지를 둘러본 다음 지프에 오를 때마다 "아까도 말씀드렸지만…" 하면서 종이를 펼쳐놓고는 "이것이 A계획… 그리고 B계획…", 낮이고 밤이고 차 안에서든 밥상 위에서든 가리지 않고 계속해서 설명하는 것이었습니다.

샹가리 박사님이 너무나 열심히 설명하는 바람에 저도 모르게 ABC계획에 세뇌가 되어버렸습니다. 마침내 저는 "얼마 정도면 될까요?" 하고 묻지 않을 수 없었습니다. 박사님은 이렇게 대답했습니다.

"대략 계산해본 바로는 2000만 엔 정도 있으면 어떻게든 될 것 같은데……."

샹가리 박사님은 하루 종일 우리와 함께하면서 ABC계획에 대해 설명하고 또 설명했습니다. 저도 어느새 흔들리는 지프에 올라타기만 하면 ABC계획을 말하는 것이 입버릇처럼 되고 말았습니다. 눈이 마주치면 제 쪽에서 먼저 "A계획은…" 하고 말을 꺼냈고, 그런 저를 보고 박사님은 빙긋 웃었습니다.

드디어 수도인 다르에스살람으로 돌아가는 비행기를 타기 위해 비행장에 도착했습니다. 샹가리 박사님은 포기라고는 모르는 듯이 대합실에서도 활짝 지도를 펼쳐놓고 말했습니다.

"이제 정말 헤어질 시간이군요. 제가 설명해드린 A계획, 그리고 B
계획, C계획을 부디부디 잊지 마시기 바랍니다."

아이들에게 깨끗한 물을 마시게 하고 싶다는 샹가리 박사님의 절
절한 마음을 분명히 느낄 수 있었습니다. 저는 그분의 소망을 가슴
에 새기며 손을 흔들어 작별인사를 했습니다.

일본에 귀국해서 두 달 정도 되었을까요. 샹가리 박사님으로부터
편지가 왔습니다.

"탄자니아에 와서 이곳 사정을 시찰해주신 것에 대해 진심으로 고
마움의 인사를 전합니다. 이곳을 그리워하실 것 같아서 약소하지만
킬리만자로의 커피를 보내드립니다. 성의로 받아주세요. 그리고 A
계획, B계획, C계획을 잊지는 않으셨겠지요? 언제나 A계획, B계획,
C계획을 기억해주시기를……."

그로부터 열흘 정도 지나서 아주 너덜너덜해진 소포가 하나 도착
했습니다. 어떻게 제가 있는 곳까지 도착했는지 알 수 없을 정도로
포장지가 찢어지고 내용물이 삐죽 나와 있는 소포였지요.

그것은 샹가리 박사님이 보내준 커피였습니다. 커피가 담긴 깡통
에는 기린이 그려져 있었습니다.

2개월쯤 지나서 샹가리 박사님으로부터 또 편지가 왔습니다.

"요전에 커피를 보내드렸습니다만 잘 받으셨는지요. 킬리만자로

가 그리우시다면 커피를 마시면서 기억해주세요."

그리고 아니나 다를까, 마지막 부분에 "A계획, B계획, C계획을 잊지 마시길…"이라고 적혀 있더군요.

저는 곧바로 TV를 통해 탄자니아의 기아와 가뭄 상태를 시청자들에게 알렸습니다. 그때 동행했던 신문사 관계자와 잡지 기자들도 합심해서 탄자니아의 사정을 전국에 알려주었습니다. 덕분에 많은 사람들이 유니세프 친선대사의 은행 구좌로 성금을 보내주었고, 그 결과 1억 3000만 엔이라는 돈이 눈 깜짝할 사이에 모였습니다. 그 중에는 유치원 아이들의 용돈이나 노인분들이 연금에서 떼어주신 돈도 포함되어 있을 것입니다. 여러 사람의 선의가 모여 커다란 힘이 되었습니다. 진심으로 고맙게 생각합니다.

대부분의 사람들이 제가 진행하는 TV 프로그램을 보고 돈을 보내주었다는 점을 감안해, 저는 제가 방문한 곳을 중심으로 성금이 쓰여질 수 있도록 유니세프 측에 부탁했습니다. 샹가리 박사님의 ABC 계획이 실현될 수 있으면 좋겠다는 희망도 덧붙였지요.

유니세프는 어떤 경우에도 성금을 그대로 전달하지는 않습니다. 언제나 현지에 전문가나 기술자를 파견해서 무엇이 지금 가장 필요한가, 어떤 일이 가장 시급한가를 연구하도록 합니다. 그 속에는 예를 들어 배수관을 끌어오면 몇 사람 정도 물을 마실 수 있는지 조사하는 내용도 들어 있습니다.

유니세프에서는 ABC계획에 대해 신중히 검토해보았지만, 샹가리 박사님이 말한 2000만 엔으로는 도저히 불가능하다는 것을 알게 되었습니다. 나아가 그 지역 어린이들의 생명과 건강을 지키기 위해서는 급수 사업만으로는 불충분하다는 것도 알게 되었습니다.

탄자니아에서는 하루에 600명 정도의 어린이가 죽습니다. 제가 다녀온 곳은 그 중에서도 특히 어린이가 많이 죽는 지역입니다. 그래서 기부금 중 4000만 엔을 가지고 급수 사업을 중심으로 건강과 위생을 개선하기 위한 종합적인 활동을 개시하기로 했습니다.

그로부터 얼마 지나지 않아, 샹가리 박사님으로부터 또 한 통의 편지가 날아왔습니다. 그 편지에는 "일본에 계신 여러분께 감사의 말씀을 전합니다"라는 사연이 적혀 있었습니다.

아마 우리의 어린이들은 대부분 물이 없으면 "주스를 마시면 되잖아?" 또는 "생수를 사 먹으면 되지?" 하고 생각할 것입니다. 하지만 이 글을 읽고 물이 얼마나 소중한지 조금이라도 알아주었으면 좋겠습니다. 탄자니아 같은 나라의 어린이들은 캔이나 병에 넣은 주스 따위는 아예 본 적도 없으니까요.

대통령은 교장 선생님

프롤로그에 썼듯이, 아프리카의 어린이들은 아프리카에 살고 있으면서도 코끼리나 사자, 기린 같은 야생동물을 알지 못합니다.

탄자니아의 초등학교를 여러 군데 돌아다녔지만, 가는 곳마다 거의 학용품도 없이 공부를 하고 있었습니다. 노트나 연필이 없으니까 학생들은 작은 나무판을 노트 대신 놓고 백묵으로 글씨를 씁니다. 산수도 국어도 교과서는 선생님만 갖고 있습니다.

어떤 학교에서는 학생들이 마당 같은 교정에 모여서 막대기로 땅에 숫자를 써가며 덧셈을 공부하고 있었습니다. 그래도 아이들은 열심히 막대기를 움직이며 입을 모아 정답을 외쳤습니다.

저는 그것을 보고 어떤 경우에도 하고자 하는 뜻만 있으면 얼마든지 공부할 수 있다는 것을 알게 되었습니다.

탄자니아의 니에레레 대통령(당시)은 예전에 교장 선생님이었다고 합니다. 교육자 출신인 니에레레 대통령은 어릴 때 공부할 기회를 갖지 못했던 어른들을 위해 이곳 초등학교에 어른들을 위한 학급을 만들어주었습니다. 어른들은 아이들과 똑같은 시간에 수업을 받고 있었습니다. 여자나 남자 할 것 없이 어른들이 열심히 산수와 역사, 읽고 쓰기를 공부하는 모습은 정말 감동적이었지요.

조금이라도 읽고 쓸 줄 알기만 해도 여러 가지 일거리를 찾을 수 있습니다. 일본은 식자율이 거의 100퍼센트에 가깝지만, 개발도상 국가들에서는 아직도 식자율이 대단히 낮은 상태입니다. 어떤 나라는 국민의 15~20퍼센트 정도만 글을 읽을 줄 안다고 합니다. 니에레레 대통령이 잘 이끌어준 덕분에 탄자니아의 식자율은 점차 높아져서 이제는 70퍼센트에 달한다고 하니, 이 얼마나 놀라운 일입니까. 이 세상에는 게을러서가 아니라 단지 가난하기 때문에 교육의 기회를 제대로 얻지 못한 사람들이 너무나 많습니다. 저는 탄자니아에 직접 가보고 나서야 그런 사실을 알게 되었습니다.

니에레레 대통령은 활기차고 씩씩한 성격에 건장한 체격을 갖춘, 대단히 매력적인 사람이었습니다. 그분을 만났을 때, 예순두 살의 대통령은 제가 쓴 『창가의 토토』 영어판을 읽었다면서 "당신이 초등학교 교장 선생님을 좋아한다면, 나도 좋아해주시겠군요. 나도 옛날에는 교장 선생이었으니까 말이오" 하고 유머가 담뿍 담긴 말을 건넸습니다. 그분은 대통령이라는 호칭보다는 '선생님!' 하고 불러주는 쪽이 훨씬 좋다고 했습니다.

한번은 대통령 댁으로 초대를 받았습니다. 어떤 여자애가 마당을 질러 쪼르르 달려갔는데, 알고 보니 대통령의 손녀딸이더군요. 대통령의 손녀가 탄자니아의 다른 아이들과 똑같이 맨발이었던 것이 퍽이나 인상적이었습니다.

아프리카에는 여러 가지 이유로 어린이의 인구 비율이 높습니다. 케냐의 어떤 지역에서 가족 단위로 조사를 해보니, 한 가구당 평균 여덟 명이라는 데이터가 나왔다고 합니다.

그 이유 중 하나는 자식을 보물이라고 생각하는 사고 방식 때문입니다. 아이들이 많으면 밭일이나 집안일을 시킬 수 있을 뿐만 아니라 부모가 늙었을 때 보살핌을 받을 수 있다는 것입니다. 하지만 또 한편으로는 슬픈 이유도 있답니다. 굶주림이나 병으로 죽는 아이가 많으니까 되도록 많이 낳아야 몇 명이라도 살아남을 수 있다는 것이지요. 또 이곳에는 노인이 죽어서 자신의 손자나 증손자로 다시 태어난다는 신앙 같은 것이 옛날부터 전해 내려오고 있습니다. 이런저런 이유로 아프리카 사람들은 아이들이 많아야 한시름 놓습니다.

그래도 현실적으로는 아이들이 많으면 가정에 많은 문제가 발생하게 마련입니다. 그래서 보건소에서는 아이를 적게 낳아 건강하게 기르자는 가족계획 운동을 널리 펼치고 있다고 합니다.

사람들이 가족계획을 실제로 실천에 옮기도록 하기 위해서는 올바른 교육이 필요합니다. 왜 아이를 적게 낳는 편이 좋은지, 피임은 어떻게 하는지 잘 알아야 가족계획이 성공적으로 실행될 수 있는 것입니다.

이곳 보건소의 간호사는 이런 이야기를 들려주었습니다.

"여기서 시행되는 피임 방법은 피임약뿐이에요. 피임약은 가난한 집일수록 더 많이 필요로 해요. 그래서 무료로 나눠주고 있지만, 곧 바닥이 나버린답니다. 피임약이 떨어져서 더 이상 나눠주지 못하면 아이들은 계속 태어날 수밖에 없는 거죠."

탄자니아에 머무르는 동안, 매일 아침 6시부터 저녁 7시 반까지 저는 쉬지 않고 여러 곳을 방문했습니다. TV 프로그램에서는 사람들의 관심을 호소하기 위해 굶주린 아이들이나 극심한 가뭄 피해를 중심으로 보여드릴 수밖에 없었습니다. 하지만 저는 유니세프 친선대사로서 정말 많은 곳을 둘러보았습니다. 신체장애자를 위한 재활센터, 직업훈련소, 여성 근로자가 많은 면직공장, YMCA의 심신장애아센터, 진료소, 병원, 소년감호소, 고아원, 빈민가, 초등학교뿐만 아니라, 비교적 생활 여건이 좋은 마을, 온갖 종류의 작물을 심은 밭, 정부 기관, 여성 수예 교실, 바자회 등도 찾아보았습니다. 시간으로 따지면 전부 합해서 100시간 이상이나 탄자니아의 다양한 모습들을 보고 온 것이지요.

그곳에는 굶주리고 병든 어린이도 많았지만 명랑하고 건강한 아이들도 많았습니다. 그 아이들은 저에게 아프리카 민속춤을 보여주는가 하면 즉흥적으로 멋진 노래를 불러주기도 했습니다.

일본에 돌아온 후 아프리카 방문에 관한 TV 프로그램을 방송으로 내보내면서도 저는 속으로 몹시 걱정스러웠습니다. 탄자니아 대사관 직원들을 비롯해서 일본에 거주하는 아프리카 사람들이 과연 어떻게 생각할지 마음에 걸렸기 때문입니다.

탄자니아의 현실이 긴급한 원조를 필요로 하고 있다는 점은 분명합니다. 하지만 불가피하게 가난하고 낙후된 현실, 어둡고 슬픈 현실만을 보여줄 수밖에 없으니 그들로서는 기분이 별로 좋지 않았을

지도 모릅니다. 유니세프 친선대사로서 저는 어디까지나 여러분이 개발도상국의 어린이들에게 관심을 갖도록 애쓰지 않으면 안 됩니다. 하지만 또한 여러분과 그 나라 사람들이 친선을 도모하도록 하는 일에도 노력을 기울이지 않으면 안 되는 것이지요.

TV 방송이 나간 후 아프리카 여러 나라의 주일 대사 스물다섯 분과 우연히 만날 기회가 있었습니다. 그때 탄자니아 대사가 맨 먼저 저에게 다가오더니 이렇게 말했습니다.

"흰옷을 입은 당신이 땅에 무릎 꿇고 아이들을 안아주실 때 저는 가슴이 벅차올랐습니다. 뭐라고 말로 표현할 수 없는 감사의 마음이 솟구쳤습니다."

이 말을 듣고 저는 몰래 안도의 숨을 쉬었습니다.

티셔츠를 훔친 소년

가난은 굶주림이나 교육 문제 말고도 많은 사회적 문제를 일으키는 원인이 됩니다.

소년감호소를 방문했을 때의 일입니다. 스무 명쯤 되는 아이들이 회색 제복을 입고 작은 마당에 나란히 줄서서 저를 맞아주었습니다.

'이 아이들은 무슨 죄를 저질렀기에 이곳에 들어왔을까?'

궁금해진 저는 담당자에게 양해를 구하고는, 줄서 있는 열 살쯤 된 아이에게 왜 이곳에 들어오게 되었는지 물어보았습니다.

그 애는 우물거리는 목소리로 말했습니다.

"티셔츠를 한 장 훔쳤어요."

티셔츠라니! 저는 귓속에서 뭔가 커다란 소리가 울린 것 같은 충격을 받았습니다.

티셔츠… 아프리카에서는 모두들 티셔츠를 갖고 싶어한다고 합니다. 그런 풍조를 생각할 때, 티셔츠를 훔치는 행위는 결코 가볍게 보아넘길 수 있는 범죄가 아닙니다. 하지만 그래봤자 기껏해야 티셔츠 한 장 아닌가요. 일본에서는 경품으로 받거나 얼마든지 싸게 살 수 있는 흔하디흔한 물건에 불과하지요.

'이 아이는 아마 티셔츠를 입고 멋을 내고 싶었을 거야.'

이렇게 생각하면서 저는 아이에게 물었습니다.

"아빠나 엄마가 면회하러 오신 적 있니?"

맨발인 아이는 발가락으로 땅바닥을 문지르면서 대답했습니다.

"한 번도 안 왔어요."

아마 부모님이 그날그날 먹고사는 일에 바빠서 못 왔을 거라는 생각이 들었습니다. 그래도 그렇지 엄마 아빠를 한 번도 못 만났다니, 그 애가 참 가여웠습니다.

"이제 다시는 그런 짓 안 할 거지?"

제가 살며시 얼굴을 들여다보면서 물었더니, 그 애는 조금 부끄러운 듯 미소지으며 "응" 하고 고개를 끄덕였습니다.

선뜻 대답을 한 것을 보면 다시 말하지 않아도 잘 알고 있겠거니 싶었지만, 저는 어쩐지 노파심에서 아이에게 한마디 더 하고 말았습니다.

"만약에 말이다, 또 무언가 훔치고 싶어지면, 여기서 만났던 일본 아줌마를 생각해주렴. 난 지금 네가 착한 아이가 될 거라 믿고 기도를 했단다."

아이는 순순히 또 한 번 고개를 끄덕였습니다.

담당자는 아이가 앞으로 몇 개월 더 이곳에 있어야 한다고 말했습니다. 그리고 덧붙여 말하기를, 감호소 안에 살인이나 폭력 사건에 연루된 아이는 한 명도 없다고 했습니다.

저는 헐렁한 제복을 입고 부끄러운 듯이 발가락으로 땅바닥을 문지르던 그 애의 모습을 잊을 수가 없습니다. 발가락이 정말 조그마했기 때문입니다.

제가 지금 이 글을 쓰면서 눈물을 흘리는 것은 단지 그 소년이 불쌍하다는 마음 때문만은 아닙니다. 마음에 들지 않거나 지겨워졌다고 해서 티셔츠쯤은 아무렇지도 않게 입고 버리곤 했던 제 자신이 너무 부끄러워 눈물을 흘리는 것입니다. 티셔츠 한 장 때문에 감옥 같은 곳에 갇히는 아이들이 있다는 것을 상상도 하지 못했던 저의 무지와 무관심이 너무나 슬퍼서 견딜 수가 없는 것입니다.

굶주린 아이들과 만나 가슴 아픈 일만 겪었던 것은 아닙니다. 물론 즐거웠던 일도 셀 수 없이 많이 있었지요.

제가 탄자니아에 머무르는 동안 줄곧 저와 함께해준 분들 가운데 국무장관인 몬게라 부인을 소개하고 싶습니다. 몬게라 부인은 정책을 실행하는 추진력과 더불어 따뜻한 마음씨를 겸비한 분입니다. 세 아들을 둔 엄마이기도 하고요.

몬게라 부인은 저를 위해 송별 만찬을 마련해주었습니다. 만찬이 열린 장소는 수도인 다르에스살람의 조그만 중학교 강당이었습니다.

국무장관이 되기 전에 초등학교 선생님이었다는 몬게라 부인은 이렇게 인사말을 했습니다.

"오늘의 송별 만찬회는 우리나라의 최고급 호텔에서 열어드릴 수도 있었습니다. 하지만 저는 『창가의 토토』를 읽은 독자의 한 사람으로서 당신께 이 학교에 와주십사 하고 특별히 부탁드렸습니다. 옛날 어릴 적 초등학교를 떠올리면서 아이들이 손수 지은 저녁밥을 드시는 것을 훨씬 더 기뻐하시리라고 생각했기 때문이지요. 이런 초라한 곳으로 초대를 하면 다른 분께는 실례가 될지 모르지만, 당신이라면 분명히 마음에 들어하실 것 같았습니다. 저의 간곡한 마음을 알아주시겠지요?"

이렇게 해서 마음이 통한 몬게라 부인과 저는 친자매처럼 사이가 좋아졌습니다. 저는 이 몬게라 부인을 통해서, 아무리 피부색이 다르고 언어가 달라도 인간은 모두 하나라는 소중한 가르침을 얻을 수 있었습니다.

제가 탄자니아를 떠날 때는 마침 아프리카에서 제일 빠른 마라토너인 이캉가 선수가 로스앤젤레스 올림픽에 출전했다가 돌아오는 날이어서 비행장이 무척 혼잡했습니다. 이캉가 선수가 탄자니아의 어느 지역 출신인지는 모르겠습니다. 하지만 탄자니아의 온갖 현실적 역경을 딛고 국가대표로서 출전한 것은 확실합니다. '참 장하구나.' 저는 마음속으로 칭찬과 존경의 박수를 보내면서 탄자니아에 작별을 고했습니다.

물을 주는 것은 목숨을 주는 것
니제르

아프리카 사하라 사막의 남쪽 끝에 니제르라는 나라가 있습니다. 국토 면적은 일본의 세 배쯤 되고 인구는 약 625만 명(당시)인데, 비가 아예 내리지 않기 때문에 국토의 반 이상이 사막이 되어버린 곳입니다.

니제르의 수도인 니아메에서, 저는 우연히 니제르의 발전을 위해 모든 힘을 쏟고 있는 일본인 지질학자를 만났습니다. 음악가 아쿠타가와 야스시 씨와 초등학교·중학교를 줄곧 함께 다녔다는데, 학창 시절에는 아쿠타가와 씨가 바이올린을 맡고 그는 피아노를 맡아서 함께 연주를 했었다고 합니다. 그 이야기를 듣고 제가 제안을 했습니다.

"자, 슈바이처 박사님처럼 여기서 피아노 연주를 들려주시면 어떨까요?"

그러자 그가 허허 웃으며 말했습니다.

"피아노 연주요? 여기서 피아노 같은 것을 갖고 있다가는 눈 깜짝할 새에 바싹 말라버려서 건반이 바삭바삭 부서질걸요."

저는 코미디의 한 장면처럼 피아노가 폭삭 주저앉는 광경을 상상했습니다. "대단하네요" 하고 웃으면서 대답했지만, '이 나라가 괴로움을 당하고 있구나' 하는 데 생각이 미치자 더 이상 웃을 수가 없었습니다.

니제르란 '큰 강 중에서도 제일 큰 강'이라는 뜻을 갖고 있습니다. 니제르 강은 총 길이가 4180킬로미터, 강폭은 800미터나 됩니다. 언젠가 책을 찾아보니 아프리카에서 세번째로 큰 강이라고 나와 있더군요. 일본에서 제일 크다고 하는 시나오 강의 길이가 367킬로미터니까 니제르 강이 얼마나 거대한 강인지 대강 짐작하시겠지요. 하지만 그렇듯 당당하고 도도하게 흐르던 강물이 오랜 가뭄 때문에 97.5퍼센트나 말라 없어져버렸습니다. 즉 남은 강물은 겨우 2.5퍼센트밖에 안 되는 것입니다. 이처럼 가뭄은 거대한 강을 말라버리게 할 정도로 무섭습니다.

모래폭풍

수도 니아메에서 군용 비행기로 900킬로미터를 날아서 우리는 니제르 제2의 도시인 진데르에 도착했습니다. 거기서 다시 지프로 갈아타고 150킬로미터 떨어진 타누라는 마을로 향했습니다.

도중에 진데르 시장님의 현지 사무실에 들렀는데, 사무실 벽에 커다란 니제르 지도가 걸려 있었습니다. 1957년에 제작된 것이더군요. 지도상으로 보니 갈색으로 칠해진 사하라 사막이 지도의 맨 위쪽, 그러니까 니제르의 북쪽 끝에 조그맣게 자리를 차지하고 있었습니다. 그랬던 것이 제가 방문한 1985년에는 나라의 절반 이상을 사막이 차지하게 된 것이지요. 불과 28년 사이에 나라의 절반이 사막으로 변하다니… 도저히 상상도 할 수 없는 일입니다.

지금 사하라 사막은 1년에 50킬로미터씩 남쪽으로 세력을 확장하고 있다고 합니다. 그래서 예전에 '먹을 것의 보물 창고'라고 불리던 타누에까지 들이닥칠 기세라고 합니다. 시장님은 타누가 사막과의 전쟁의 최전선처럼 되어버렸다고 설명했습니다.

우리와 동행했던 영국 BBC 방송국의 남자 기자 한 명이 『니제르』라는 영어책을 보여주었습니다. 프랑스어가 공용어인 니제르에서는 오랜만에 보는 영어였지요.

그 책은 1982년에 발행된 관광 안내 책자였습니다. 즉 제가 방문하기 3년 전에 발행된 것인데, 책 속에는 이렇게 씌어 있었습니다.

"진데르에서 타누까지는 어렵지 않게 갈 수 있다. 길이 있고 길 양쪽에는 이엉집들이 있으며 푸릇푸릇한 풀도 돋아 있다."

영국인 기자는 이 문장을 손가락으로 가리키더니 '이젠 더 이상 그렇지 않다'는 뜻으로 어깨를 으쓱하며 양손을 들어올렸습니다.

정말 그랬습니다. 이제는 길도 없고 이엉집도 없고 푸른색이라곤 전혀 찾아볼 수 없었습니다. 광활한 사막만이 끝없이 펼쳐져 있었습니다.

'분명히 3년 전에는 길도 있고 풀도 있고 사람 사는 집도 있었을 텐데.'

그런 생각에 잠겨 있는데 갑자기 시장님이 외쳤습니다.

"모래폭풍이 오고 있어요. 빨리 차로 돌아갑시다."

그 소리에 저는 아득히 먼 곳을 바라보았습니다. 나무 한 그루 집 한 채 없이 황폐해질 대로 황폐해진 사막의 지평선 저편으로 정말 모래폭풍이 몰려오고 있는지 찾아보았습니다. 그때 지평선 위에 가늘고 거무스름한 연기가 세 가닥 올라오는 것이 보였습니다.

'저게 모래폭풍 회오리라는 거구나. 몇천 미터나 떨어진 곳일 텐데 어째서 저리도 다급하게 서두르는 걸까.'

의아해진 저는 촬영하고 있는 방송국 사람들에게 "모래폭풍이래요. 모래폭풍이 온대요" 하고 태평스레 알려주었습니다. 그때까지만 해도 모래폭풍의 정체를 몰랐기 때문이지요.

시장님은 자꾸 큰 소리로 "구로야나기 씨, 차로 빨리 돌아오세요" 하고 외쳐댔습니다. 나중에야 시장님이 왜 그렇게 소리를 질렀는지 알게 되었지만, 하여튼 저는 서둘러 지프 안으로 돌아왔습니다.

바로 그때였습니다. 1분인가 2분 만에 저 지평선 너머에 가느다랗게 연기처럼 보이던 모래폭풍이 드디어 우리 차를 덮쳤습니다. 모래가 맹렬히 솟구쳐오르며 거대한 바람이 불어닥쳐서 말 그대로 한 치 앞도 보이지 않았습니다. 땅도 하늘도 모두 갈색 모래로 뒤덮였습니다. 모래폭풍은 엄청나게 위협적인 소리를 내면서 차창을 두들겨댔습니다. 마치 세찬 눈보라가 휘몰아치는 것 같았지요.

우리 차는 속도를 내어 앞서 가는 두 대의 호위차를 따라 달리기 시작했습니다. 어째서 이렇게 빨리 달리지 않으면 안 되는지 궁금할 정도로 굉장히 빨리 달렸습니다. 모래폭풍으로부터 한시라도 급히 빠져나가려 하는 것 같았지만, 눈앞에 아무것도 보이지 않는 모래폭풍 속을 달리고 있으니 앞차와 부딪치지나 않을까 걱정이 앞서더군요. 저는 무시무시한 속도로 달리는 차 안에서 가슴을 졸였습니다.

두두두둣!

갑자기 차가 옆쪽으로 방향을 틀더니 사막 위를 뱀처럼 지그재그로 달리기 시작했습니다. 차체가 심하게 흔들리는 바람에 깜짝 놀란 저는 시장님에게 물었습니다.

"아니, 어떻게 된 거죠? 어떻게 된 거예요?"

"앞차의 바퀴 자국에 이 차의 타이어가 빠지면 미끄러져서 뒤집힐 위험이 있기 때문에 지그재그로 달려야 해요."

모래폭풍 속을 달리는 것은 미끄러운 눈길을 달리는 것과 다를 바 없었습니다. 목숨을 걸고 10분 정도 질주한 끝에 간신히 모래폭풍

속을 빠져나올 수 있었습니다.

머지않아 우리는 다른 곳에 도착했습니다. 그곳에는 조금 전까지 비가 내렸다고 하는데, 언제 비가 내렸나 싶게 새파랗게 갠 하늘 아래 땅이 촉촉이 젖어 있고 여기저기 예쁜 웅덩이가 생겨나 있었습니다. 그때 내린 비는 바로 그해에 처음 내린 비였다고 합니다.

"사막이란 정말 불가사의하지요. 이런 비가 다만 얼마간이라도 계속 내려준다면, 이 까슬까슬한 사막에도 일주일 만에 푸른 새싹이 일제히 돋아날 텐데요."

시장님이 안타까운 듯 혼잣말처럼 말했습니다.

'사막은 살아 있다!'

갑자기 저는 그런 생각이 들었습니다.

연간 강우량 24밀리미터

니제르에서는 지난 1년 동안 24밀리미터밖에 비가 내리지 않았다고 합니다. 이 나라에서도 기록적인 대가뭄에 속합니다.

저로서는 24밀리미터가 어느 정도 양인지 금방 짐작하기 어려웠습니다. 일본에 돌아와 TV를 보고 있자니, "오늘밤 시간당 50밀리 정도의 비가 내리겠습니다. 비 피해를 입지 않도록 주의하시기 바랍니다"라는 일기예보가 나왔습니다. 그러니까 1년에 24밀리미터라고 하면 얼마나 적은 양인지요. 도쿄의 1년 평균 강우량이 1405.3밀리미터인데 니제르에서는 겨우 24밀리미터라니, 정말 기가 막힐 노릇입니다.

"구로야나기 씨, 믿으실 수 있겠어요? 4년 전까지는 여기에도 사람들이 살았답니다. 밭도 있고 집도 있고 물론 아이들도 뛰놀고 있었지요. 하지만 비가 내리지 않으면 이렇게 아무것도 안 남게 되고 말아요."

저는 그 주변을 천천히 걸어다녔습니다. 초가 지붕의 일부가 파묻힌 모래 사이로 삐죽 드러나 보였습니다. 지금은 완전히 모래로 뒤덮이고 말았지만 이곳에도 사람이 살았다는 증거가 남아 있었던 것입니다.

'아아, 사막화가 큰 문제라는 말은 바로 이런 것을 두고 하는 말이었구나.'

지프 근처에는 소 한 마리가 땅바닥에 넘어진 채 죽어 있었습니다. 원래 유목민의 소인데 죽으니까 할 수 없이 버려둔 것이라고 합니다. 물 한 방울 풀 한 포기 없는 사막에서 굶어죽은 것이지요.

우리도 잘 알고 있듯이 사막은 덥습니다. 제가 방송국의 카메라맨에게 "덥지 않아요?" 하고 물어보니 "장난이 아닌데요" 하고 되받았습니다. 그는 일본에서 가져온 온도계를 보여주었습니다. 온도계의 눈금은 최고 섭씨 63도까지 나 있는데, 빨간 수은 기둥이 거기까지 올라가고도 모자라 그 위로 더 치솟는 바람에 고장이 났다고 합니다. 그러니 지금 몇 도인지 알 수 없다는 이야기였습니다. 일본에서는 30도만 되어도 에어컨이 켜져 있지 않으면 모두들 덥다고 불평을 늘어놓겠지요.

그 소는 불과 며칠 전에 죽었는데도 더위 때문에 이미 뼈와 가죽만 남은 상태였습니다. 누런 가죽은 낡고 쭈글쭈글한 담요 같았고, 발굽은 너무 걸어서 지쳤다는 것을 알 수 있을 만큼 해어져서 너덜너덜했습니다. 이 소는 마지막 순간에 무엇을 보려고 했을까요. 소는 목을 길게 뻗어 하늘을 향하고 있는 듯했습니다.

물이 없으면 사람인들 이 소처럼 되지 않을까요. 이 얼마나 끔찍스러운 일인가요. 태어나서 처음으로 사막화가 얼마나 무서운 것인지 제 두 눈으로 똑똑히 보았습니다.

타누로 가는 길에 서른 마리쯤 되는 염소와 양에게 물을 먹이는 유목민의 아이들을 보았습니다. 황톳빛 흙탕물이었지만, 그래도 가축들은 맛있다는 듯이 마시고 있었습니다. 그 옆에서는 초등학생 나이의 남자아이 하나, 여자아이 둘이 그 흙탕물을 물통에 아주 조심스럽게 채우고 있었습니다. 그 물은 물론 마시기 위한 것이겠지요. 그 광경을 보고 있자니 가슴이 미어졌습니다.

아프리카의 아이들은 어른들과 똑같이 일을 합니다. 앞에서도 썼지만 초등학교에 갈 수 있는 아이는 정말 운이 좋은 편입니다. 유목민의 아이들은 가축에게 물이나 풀을 먹이기 위해 부모와 함께 1년 내내 사막을 헤매고 다닙니다.

물을 뜨고 있던 세 명의 아이는 각각 다른 집의 아이들이었습니다. 그래도 가축들은 모두 함께 모여 물을 마십니다. 가장 어린 여자애에게 "너희 집 염소나 양을 알아볼 수 있니?" 하고 묻자, 그 애는 "네" 하고 대답했습니다. 보통 자기네 집 가축에게는 전부 이름을 붙여준다는 것이었습니다.

"그럼, 저건 이름이 뭐니?" 하고 지나가는 양 한 마리를 가리키며 물어보니, "선물!" 하고 곧장 대답했습니다.

"왜 선물이라는 이름을 붙였지?"

"다른 사람한테서 선물받은 거니까요… 여기까지 오는 동안 가축이 스무 마리나 죽었어요."

하나하나 이름을 붙여줄 정도로 가축을 귀여워하고 소중히 여기니, 그런 가축이 죽으면 당연히 정든 가족과 헤어지는 것처럼 슬플 것입니다. 저는 그 여자애의 맨발을 내려다보았습니다. 가녀린 몸집과는 어울리지 않게 옹골차 보였지만 여러 군데 살갗이 터 있었습니다.

가축의 죽음은 유목민에게는 죽으라는 말이나 마찬가지로 치명적입니다. 유목민은 사막을 걸어다니며 가축에게 풀과 물을 먹입니다. 가축을 잘 키워서 시장에 내다 팔아야 생계를 유지할 수 있습니다.

염소나 양이나 하나같이 말라서 갈비뼈와 엉덩이뼈가 앙상하게 드러나 있었습니다. 염소 한 마리가 거의 죽어가고 있으면서도 뜯어 먹을 풀을 찾는 듯이 모래땅 위에 입을 대고 있었습니다. 가끔은 말라 죽은 잔디가 눈에 띄기도 하는데, 키가 1센티미터 정도밖에 되지 않아서 풀을 먹을 때 모래도 함께 먹기 십상입니다. 저는 사막의 모래를 손가락으로 파낸 다음 풀을 모아서 염소에게 주었습니다. 그거라도 먹으면 조금이나마 기운을 차리지 않을까 마음을 졸이면서요. 잠시 염소의 눈동자가 반짝거리는 것 같은 느낌이 들었습니다.

염소의 입보다는 사람의 손가락이 길고 가늘어서 풀을 뜯기에 유리합니다. 저는 사막에 조금이라도 풀이 보이면 열심히 모아서 염소에게 갖다 주었습니다. 사막은 정말 신기했습니다. 겉으로 보기엔 아무것도 없는 것 같은데, 막상 손가락으로 후벼 파면 풀이 있었습니다. 마치 누군가가 모래 속에 숨겨놓은 것처럼 말이지요.

염소는 맑고 커다란 눈을 가지고 있었습니다. 그 염소를 보고 있자니 굶주린 어린이들의 모습이 눈앞에 어른거렸습니다.

비의 친선대사

또다시 몇 시간이나 차로 달려 타누에 도착했습니다. 타누까지 가는 동안 제가 본 것이라곤 끝없이 펼쳐진 사막뿐이었습니다.

니제르 정부는 '기우제만 지내고 있을 때가 아니다. 나무를 심어 비가 내리도록 만들자!'는 구호를 내걸고, 타누와 사하라 사막의 경계 지역에 유니세프와 공동으로 4만 그루의 나무를 심었습니다. 품종은 성장이 빠른 아카시아 나무를 선택했습니다.

나무를 사막에 곧바로 심는 것은 아닙니다. 원래 나무가 한 그루도 없는 곳이기 때문에 먼저 모종부터 길러야 합니다. 아카시아 씨를 하나씩 땅에 심고 비닐 덮개를 씌워서 싹을 틔웁니다. 아카시아 묘목에 물을 주어 1미터 정도 자라면 나무를 사막에 옮겨 심습니다.

피난민캠프의 사람들도 힘을 합해 나무 심는 일을 도왔습니다. 이 근처에는 지하수가 없어 우물을 팔 수 없기 때문에, 사막에 아카시아를 심기 위해서는 12킬로미터 떨어진 우물까지 사람들이 줄지어 서서 양동이 릴레이를 해야 했습니다. 36도나 되는 뜨거운 날씨에 모두들 땀 흘리며 물을 나르고 나무를 심었습니다.

아카시아 나무는 사하라 사막의 남하를 막는 최전선의 방벽처럼 일렬로 심어졌습니다.

아무리 4만 그루나 심었다고 해도 드넓은 사막 가운데에서 보면 삐죽삐죽 나와 있는 정도로밖에는 보이지 않습니다. 그래도 안 심는 것보다는 나으니까 힘이 들어도 심는 것이지요.

저도 다른 사람들과 함께 구덩이를 팠습니다. 같이 간 방송국 관계자나 기자 중에는 극심한 더위 때문에 쓰러진 사람도 있었습니다. 하지만 더위에 지쳐 쓰러져도 사막에는 쉴 수 있는 나무 그늘이 없습니다. 햇볕을 피할 그늘을 만들어줄 지붕도, 양산도 없습니다. 더군다나 지열이 뜨겁기 때문에 사실은 땅 위에 쓰러지는 것조차 불가능합니다. 그러니까 정확히 표현하자면, 쓰러졌다기보다는 쭈그리고 앉아서 움직일 수 없게 되었다는 편이 적절한 표현이겠지요.

저는 웬일인지 더위를 타지 않아서 4만 그루의 나무를 전부 심을 때까지 니제르 사람들과 함께 일했습니다. 이제 비만 내려준다면 만사 형통입니다. 나무나 풀에 흡수된 빗방울이 땅 속으로 스며들고, 땅 속에 스며든 빗물이 수증기가 되어 하늘로 올라가 구름이 되고, 그 구름이 다시 비가 되어 내립니다. 그러니 뭐니뭐니 해도 나무가 없어서는 비가 내릴 리 없습니다. 그러한 자연의 순환을 순조롭게 만들어주는 일이 중요합니다.

그런데 그때 마침 비가 후두둑 떨어졌습니다. 올해 처음으로 내린 비였습니다. 일이 공교롭게도 이렇게 되자, 니제르 사람들은 저를 '비의 친선대사'라고 부르면서 웬만하면 계속 있어달라고 부탁했습니다.

게으른 것이 아니에요

타누에 있는 한 피난민캠프에 갔을 때의 일입니다. 저는 그곳에서 가슴 뭉클한 이야기를 들었습니다.

피난민캠프에는 6000명 정도가 수용되어 있는데, 제가 방문한 날에는 5000명밖에 없었습니다.

"무슨 일이라도 있었나요?"

캠프 관계자가 대답했습니다.

"자기들이 살던 북쪽 마을에 비가 내렸다는 소식을 듣고는 씨를 뿌리러 돌아갔거든요."

무더위에 아랑곳없이 어린 자식들의 손을 붙들고 50~100킬로미터나 되는 거리를 달려서 집으로 돌아가는 1000명의 사람들을 상상해보세요. 그들은 기약 없이 무작정 피난민캠프에 있기보다는 자기들이 살던 마을로 돌아가고 싶다는 마음에 맨발로 뜨거운 사막을 달려간 것입니다. 이 이야기를 들은 저는 가슴이 아팠습니다. 왜냐하면 모처럼 씨를 뿌린다고 해도 다음날 비가 내려주지 않으면 모래폭풍이 불어와서 모든 일이 헛수고로 되어버리기 때문입니다. 그러면 어쩔 수 없이 다시 피난민캠프로 돌아와야 합니다.

피난민캠프 안에 있으면 적어도 무언가 먹을 것이 나옵니다. 하지만 그에 만족하지 않고 씨를 뿌리러 자기 마을로 돌아가는 사람들에게서 저는 인간적인 훌륭함을 느꼈습니다. 시장님이 이렇게 말했습니다.

"구로야나기 씨, 일본에서는 보통 한 번 씨를 뿌리면 그해 가을에 수확할 수 있겠지요. 이 사람들은 열 번이고 스무 번이고 씨를 뿌리는 일을 되풀이하지 않으면 안 됩니다. 그러니까 제발 아프리카 사람들이 게으르다고는 생각하지 말아주세요. 노력을 하지만 결실을 맺지 못하는 것뿐입니다. 하지만 희망은 버리지 않고 있는걸요! 그리고 또 하나, 마실 물을 어린이에게 주는 것은 목숨을 주는 것과 같다는 점도 잊지 말아주세요."

옛날에는 '먹을 것의 보물 창고'라 일컬어지던 타누에도 이제는 가뭄과 굶주림을 피해 도망 온 피난민들로 붐비고 있었습니다. 이 마을은 원래 인구가 4000명인데 2만 명으로 불어나 있었습니다. 그러니 더 이상 '먹을 것의 보물 창고'라고 할 수는 없겠지요. 최근 6개월 사이에 정부와 적십자사, 국제 기관 등이 나서서 다섯 군데에 피난민캠프를 지었다고 합니다.

아이들은 비쩍 마르고 체구가 조그마했으며, 피부병 탓인지 살갗이 전부 벗겨진 아이도 있었습니다. 제가 찾아가기 얼마 전에는 홍역으로 아이들이 몇천 명이나 죽었다고 합니다.

홍역은 어린이에게 가장 무서운 병입니다. 1년에 250만 명 이상의 다섯 살 미만 어린이가 이 병으로 죽어갑니다. 일단 홍역에 걸리면 죽음을 면하더라도 영양 결핍·폐렴·설사로 인한 합병증에 시달리고, 심하면 실명하거나 귀머거리가 되는 등 여러 가지 신체 장애가 초래될 수 있습니다. 이렇게 무서운 홍역에 걸리는 어린이가 이 지구촌에는 1년에 약 7500만 명이나 됩니다. 오늘날에는 예방주사만 맞으면 좀처럼 걸리지 않는 병인데도 말이에요.

피난민캠프에서 배급 식량을 받으려고 줄서 있는 어린이들. 기온은 섭씨 50도입니다.

  니제르의 피난민캠프에서 어린이들이 배급받는 음식은 음식이라
기보다는 물에 밀가루를 탄 다음 아주 약간의 설탕과 식용유를 넣은
것에 불과합니다. 그것도 밥공기만한 작은 그릇으로 아침에 한 번,
저녁에 한 번 먹을 수 있을 뿐입니다. 한창 자랄 나이에 먹는 것이라
곤 그것밖에 없습니다.

  빵을 구워 먹는다는 생각은 꿈에도 하지 못합니다. 땔감으로 쓸
나무가 없기 때문에 불을 피워 조리하는 음식은 가장 고급스러운 음
식에 속합니다. 그러니 보통 사람들은 감히 바라지도 못합니다. 핫
케이크 재료 같은 끈적끈적한 밀가루 반죽을 어른은 아침에 두 잔,

저녁에 두 잔 받습니다. 물론 과자도 없고 음료수도 없습니다.

굶주리고 있는 사람들에 비하면 그래도 나은 편입니다.

목숨과도 같은 우물

어떤 작은 마을을 방문했을 때의 일입니다.

유니세프에서 깊이 50미터까지 파내려간 우물에서 마침 물이 콸
콸 샘솟고 있었습니다. 펌프를 설치하기 전에 잠시 물을 퍼 올리고
있었던 것이지요. 아이들도 어른들도 처음 보는 깨끗한 물이었습니
다. 마을 사람들이 모두 모여들어 솟구치는 물을 머리에 뒤집어쓰는
가 하면 항아리나 양동이를 들고 줄서서 물을 길었습니다. 아이들은
우물가에서 춤을 추었습니다.

유니세프는 니제르 사람들이 옛날처럼 스스로 먹을 것을 경작하
며 살아가게 하기 위해서는 우물을 많이 파야 한다고 판단했습니다.
그래서 먼저 지질학자가 지하수 분포 상황을 조사해서 자리를 지정
해주면, 그 다음에 기계와 기술자를 파견합니다. 유니세프는 현지
사람들의 도움으로 니제르에 여러 개의 우물을 팠습니다. 그때까지
는 마을 사람들이 손으로 땅을 팠기 때문에 깊은 우물을 팔 수 없었
습니다. 그래서 물이 더러울 뿐만 아니라 많이 나오지도 않았던 것
이지요.

펌프는 우물물을 하루 정도 퍼 올려서 정화한 뒤에 설치됩니다.

펌프 둘레에는 직경 2미터의 원형으로 콘크리트를 발라서 단단하게 바닥을 만들고 동물들이 들어가지 못하도록 울타리를 칩니다. 사람도 우물을 길러 들어갈 때에는 신발을 벗어야 합니다.

마을 촌장님은 물 사용량을 가족 수에 알맞게 하루에 몇 리터로 정해서 물을 관리하는 '우물관리위원회'를 곧바로 만들겠다고 말했습니다. 아무나 마음대로 물을 마시지 못하도록 하기 위해서이지요.

이것을 보고 저는 정말 감탄하지 않을 수 없었습니다. 주민이 500명쯤 되는 작은 마을이었지만, '우물관리위원회'까지 조직해서 이를테면 밤에는 물을 긷지 않도록 하는 등 오랫동안 우물을 사용할 수 있도록 하는 것입니다. 모두 자기 일처럼 한마음이 되어 우물을 지키려는 모습이 아주 훌륭하다고 생각했습니다.

연배 지긋한 촌장님이 말했습니다.

"유니세프 친선대사님, 이 마을에 우물을 파주셔서 고맙습니다. 비록 보잘것없습니다만 선물을 받아주시구려."

무엇을 주시려나 했더니 글쎄, 살아 있는 닭을 세 마리나 내놓는 게 아니겠어요. 닭들은 아주 기가 드세서, 날개를 푸드득거리며 목을 두리번두리번 앞으로 내밀었습니다. 오랫동안 잡아먹지 않고 소중히 기르고 있었기 때문이겠지요. 다리도 굵고 튼튼해 보였습니다.

저는 모든 동물을 좋아합니다만, 닭만은 어렸을 때 쫓겨다니며 혼난 적이 있기 때문에 무서워합니다.

'하지만 모처럼 주셨는데 받지 않으면 송구스러운 일이겠지.'

저는 고맙다는 뜻을 담아 생글생글 웃으면서도 머뭇머뭇 닭 세 마리를 받아 들었습니다. 그리고 시장님에게 제안했습니다.

"저, 그런데 이 닭들은 일본에 가지고 들어갈 수 없잖아요. 그러니 여기 아이들에게 먹이는 게 어떨까요?"

이 말을 하는 동안에도 닭은 꼬꼬꼬꼬댁 소리지르며 날개를 푸드득거렸습니다. 시장님이 말했습니다.

"아이구, 그러면 아무렴 모두들 기뻐하겠지요."

그래서 마을 아이들 모두 골고루 나누어 먹으라고 하면서 어린이 대표에게 "자, 선물!" 하고 서둘러 닭을 건넸습니다.

보물같이 귀중한 닭을 저에게 감사의 표시로 준 것은 고마운 일임에 틀림없습니다. 저는 그분들의 마음씀씀이에 가슴이 뭉클했습니다.

"마실 물을 어린이에게 주는 것은 목숨을 주는 것과 같다"는 시장님의 말이 지금도 또렷하게 귓가에 맴돕니다.

우리의 경우에는 집까지 수돗물이 공급됩니다. 언제라도 마시고 싶은 만큼 실컷 마실 수 있지요. 얼마든지 물을 마셔도 배가 아프거나 병에 걸리지 않는 물이 얼마나 소중한지 새삼 깨닫게 됩니다. 저는 소중한 물을 마음껏 마실 수 있는 우리의 어린이들에게 물의 고마움을 일깨워주고 싶습니다.

역시 가뭄은 무시무시한 것입니다. 폭이 800미터나 되는 니제르 강에 이제 물이라고는 찾아보기 힘듭니다. 강물이 거의 말라서 마치 물웅덩이처럼 조금씩 물이 고여 있을 뿐입니다. 물이 말라버린 강바닥은 길처럼 되어 사람들이 지나다닙니다. 사계절이 뚜렷하고 여름이면 장마가 오는 것을 당연하게 여기며 사는 우리로서는 이런 광경을 직접 눈으로 보지 않으면 가뭄이 얼마나 무서운 재앙인지 도저히 알 수 없을 것입니다.

물론 원래부터 강물이 없었던 것은 아닙니다. 전기나 가스가 없으니 요리를 하고 땔감을 얻기 위해서는 나무를 베어다 써야 했기 때문에 가뭄에 시달리게 된 것입니다. 그래서 쿤체 대통령(당시)은 "어디에서든 연료로 쓸 가스를 사올까 고려 중입니다. 더 이상 국토가 사막이 되어버리면 곤란하니까요" 하고 말하더군요.

언젠가 모두가 북쪽 끝까지 사막을 쫓아버리고 자기 집으로 돌아갈 수 있으면 좋으련만… 씨라도 마음껏 뿌릴 수 있으면 좋으련만… 이런 생각이 머리를 떠나지 않았습니다.

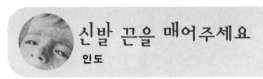

신발 끈을 매어주세요
인도

　"구로야나기 씨, 지금 지구상에는 1년에 1400만 명이나 되는 다섯 살 미만의 아이들이 죽어가고 있어요. 하루에 4만 명이 조금 안 되는 숫자이지요. 일주일 단위로 나누면 일주일에 28만 명이 죽는 것입니다. 그것도 설사 같은 흔하디흔한 병이나 영양실조 때문에. 요즘엔 그런 것쯤은 값싼 비용으로 예방할 수 있지요. 우리 유니세프가 2400만 명이라는 숫자를 금세기 안에 반으로 줄이는 데 앞장섰으면 해요."

　1984년, 뉴욕의 유니세프 본부에서 처음 만난 제임스 P. 그랜트 사무국장은 열띤 어조로 이렇게 말했습니다.

　1400만 명! 도쿄 시의 인구보다 더 많은 어린이가 1년에 죽어간다니… 대부분 아프리카 어린이겠지 생각하고 있는데, 그랜트 씨의 말은 그게 아니었습니다.

"어린이가 가장 많이 죽는 지역은 아시아예요. 아프리카에서는 연간 410만 명의 아이들이 죽어가지만, 아시아에서는 830만 명이 죽어갑니다. 인도만 해도 연간 350만 명이 설사로 인한 탈수증이나 예방 가능한 병균 감염 때문에 죽어가지요. 그 다음으로 어린이 사망률이 높은 곳은 라틴 아메리카이고요."

제가 상상하던 것보다도 훨씬 많은 숫자였습니다. 더구나 어린이가 가장 많이 죽는 곳이 아시아라는 사실은 금시초문이었습니다. 1년에 830만 명이나 되는 어린이가 우리와 가까운 아시아에서 죽어간다니… 그저 놀라울 따름이었습니다.

그랜트 씨는 예방주사가 얼마나 중요한가에 대해 설명했습니다. 왜 저 같은 아시아인이 유니세프 친선대사로서 선발되었는지를 그때 어렴풋이 깨달았습니다.

그랜트 씨는 제게 인도에 가보라고 강력히 권했습니다. 인도는 정말 기나긴 역사와 아름다운 문화를 지닌 나라입니다. 저는 오래 전부터 인도라는 나라에 대해 막연한 동경을 품고 있었습니다. 그런 나라를 방문한다니, 꿈만 같았습니다.

1986년, 인도에 도착해서 처음으로 본 것은 그때까지 제가 방문한 아프리카의 탄자니아나 니제르에서는 눈 씻고도 찾아볼 수 없던 휘황찬란한 초록빛이었습니다. 푸른 빛깔은 어디를 가나 듬뿍듬뿍 하늘과 땅 사이에 펼쳐져 있었습니다.

인도의 인구는 7억 1270만 명(당시)입니다. 그러니까 세계에서 중국에 이어 두번째로 인구가 많은 나라입니다.

무서운 파상풍

저는 인도의 수도 뉴델리를 거쳐 남부의 마드라스로 갔습니다. 마드라스는 인구가 430만 명으로 아름다운 거리 풍경을 뽐내는 관광지입니다. 일본으로 치면 고베나 나가사키 같은 항구 도시가 되겠지요. 옛날부터 선원을 가리켜 '마도로스'라고 부르곤 했는데, 마도로스라는 말은 이 도시의 이름에서 온 것이라고 합니다. 마드라스 항에는 무역이 번성하여 배가 수시로 드나들었기 때문에 선원을 '마드라스, 마드라스, 마드라스… 마도로스' 하고 부르게 되었다고 합니다. 마도로스의 트레이드 마크인 마도로스 파이프도 물론 이곳에서 비롯되었겠지요. 그 정도로 유명한 항구입니다.

그런데 현재는 그곳에 사는 어린이의 92퍼센트가 영양실조에 걸려 있다고 합니다. 세계적으로도 유명한 항구 도시인데 자그마치 92퍼센트에 달하는 어린이가 영양실조라니… 그럼 제대로 먹고 있는 아이는 겨우 8퍼센트? 이런 사정은 액면 그대로 믿기 어려울 정도입니다.

하지만 비단 마드라스뿐만 아니라 인도 어린이의 절반 이상이 이러한 현실에 직면해 있습니다. 산모들부터 영양실조에 걸린 사람이 많아서, 태어난 갓난아기의 30퍼센트가 체중이 모자라는 미숙아

(2500g 미만)입니다.

인도 정부는 전체 인구의 절반에 가까운 사람들이 최저한도의 생활조차 유지할 수 없는 소득으로 살아가고 있는 것으로 추정하고 있었습니다.

제가 곧바로 안내를 받은 곳은 소아보건센터와 소아과 병원이었습니다. 그곳에서는 약 100명의 의사가 심장, 신경, 위장, 신장 등이 좋지 않은 어린이들을 전문적으로 치료하고 있었습니다. 병상 수는 현재 250개이지만 머지않아 250개가 추가될 예정이라고 하더군요. 1년에 3만 명의 어린이가 입원하고 하루 평균 2500명의 어린이가 외래환자로 찾아오는데, 이렇게 많은 어린이 환자가 하루에 찾아오는 병원은 별로 없을 것입니다.

시설 규모에 비해 어린이 환자의 수가 많아서, 사리(인도 힌두교 여성의 의상)를 입은 엄마들은 아이를 안거나 땅바닥에 눕힌 채 길게 줄서서 진료를 기다렸습니다. 개중에는 죽은 듯이 축 늘어져서 꼼짝하지 않는 아이도 있었습니다. 그래도 다른 엄마를 밀어내면서 "우리 아이가 더 급해요. 좀 부탁할게요" 하는 엄마는 없었습니다. 모두들 다른 사람들과 똑같이 줄을 서 있었습니다. 걱정스럽고 슬픈 표정을 하고서 말이에요.

앓는 아이 못지않게 엄마도 괴롭다는 것을 공감하는 듯이 엄마와 아이는 말없이 서로를 들여다보고 있었습니다.

막 진료를 마친 아이. 설사 때문에 탈수
증을 일으켜 링거를 맞고 있었습니다.
팔이 너무 가늘어 나무판에 고정시켰습
니다.

의사 선생님이 이곳 사정을 설명해주었습니다.

"인도에서는 매년 2400만 명의 어린이가 태어나지만 그 중 10퍼
센트가 생후 12개월 내에 사망하고, 40퍼센트가 생후 1개월 내에 사
망하고, 20퍼센트가 생후 1주일 내에 사망합니다. 아기들이 죽는 이
유 중 으뜸을 차지하는 것은 파상풍이랍니다!"

파상풍은 상처 부위에 파상풍균이 들어가 생기는 병입니다. 파상

풍균이 내뿜는 독소 때문에 신경이 손상되고 고열이 나며 전신의 근육이 경직되면 결국 호흡이 불가능해지거나 폐렴을 일으켜서 죽음에 이르는 병입니다. 현재는 위생 상태가 좋아져서 거의 발견되지 않지만, 옛날에는 무시무시한 병이었지요.

TV 스튜디오에서 일하던 무대장치 담당자가 하루 만에 죽은 적이 있습니다. 그때 주변 사람들은 아무도 파상풍이라는 병의 존재를 몰랐습니다. 단지 열이 난다고만 생각했을 뿐입니다. 그래서 병명을 알았을 때에는 이미 어떻게 손을 써볼 수 없는 상태였습니다. 나중에야 그분이 별것 아닌 상처를 입었는데, 그것 때문에 파상풍에 걸려 죽었음을 알게 되었습니다. 그래서 저는 파상풍이 무서운 병임을 알고 있었던 것이지요.

인도의 집 없는 어린이들은 더러운 물이 스며들어 있는 비위생적인 땅바닥에 누워 잠을 잡니다. 어린이들은 귀에 상처가 나기 쉬운데, 땅바닥에서 자면 귀를 통해 파상풍균이 몸 속으로 들어오는 경우가 많다고 합니다. 하지만 파상풍이 아무리 무섭다고 해도 예방주사만 맞으면 걸리지 않습니다.

의사 선생님은 파상풍에 걸린 어린이 환자들이 있는 병실로 저를 안내했습니다. 그 병실에는 열다섯 명쯤 되는 어린이 환자들이 있었는데, 하나같이 정말 딱할 만큼 말라서 마치 앙상한 나뭇가지 같았습니다. 환자 수가 많다 보니 매트리스 없는 침대도 많았고, 개중에는 철망 같은 침대에 얇은 담요를 깔아놓고 그 위에 누워 있는 아이도 있었습니다.

파상풍이라는 병이 더욱 무서운 것은 이렇게 마른 나뭇가지같이 마른 상태에서 형광등이나 햇빛 같은 것에 노출되면 심한 경련과 발작을 일으키기 때문입니다. 그래서 병실의 창이란 창에는 모두 커튼을 쳐서 어둡게 해놓고 있었습니다.

제가 들어가보니 커튼과 커튼 사이를 여며놓은 부분이 10센티미터 정도 벌어져 있었습니다. 의사 선생님들도 간호사들도 커튼의 벌어진 틈에 신경 쓸 겨를이 없었겠지요. 하지만 그 틈 사이로 들어온 햇빛에 쏘인 한 남자애가 발작을 일으켰습니다. 마른 나뭇가지같이 가늘디가는 아이가 몸을 활처럼 젖히고 손발을 뻗대면서 발작을 일으키는 모습은 차마 눈뜨고 볼 수 없는 처참한 장면이었습니다. 저는 머리에 꽂은 핀을 뽑아서 커튼들 사이의 틈이 벌어지지 않도록 꼭꼭 여몄습니다. 그렇게 햇빛이 들어오지 못하도록 하는 것밖에는 제가 해줄 수 있는 일이 없었기 때문입니다.

행복하셨으면 좋겠어요

저는 잠자코 아이들의 모습을 지켜보다가 병실 구석에 누워 있는 남자애의 머리맡으로 다가갔습니다. 아이가 예쁘고 커다란 눈으로 저를 바라보았습니다. 의사 선생님이 "곧 나을 거예요" 했지만, 저를 일부러 안심시키기 위해 한 말이라고밖에는 생각할 수 없을 정도로 그 애의 상태는 절망적이었습니다.

"한번 만져보세요."

의사 선생님의 말에 따라 저는 그 애의 발에 살며시 손을 대보았습니다. 부서질 듯이 위태롭게만 보여서 사람의 발이라고는 생각할 수 없었습니다. 그것이 파상풍의 특징입니다. 근육이 경직되기 때문에 신체의 모든 부분이 부서질 것처럼 되어버리는 것이지요.

그 애는 열에 들떠서 꽤 고통스러워 보였습니다. 아이가 저를 바라보았기 때문에 일본어로 조심스레 말을 걸었습니다.

"의사 선생님이 잘 치료해주실 테니까 힘내야 돼."

아이는 제 말을 듣더니 목구멍 깊숙한 곳에서 "우, 우우…" 하는 소리를 냈습니다. 그때 비로소 알아차렸지만, 근육의 경직은 비단 손발 같은 신체 부분에만 오는 것이 아니었습니다. 입술, 혀, 성대, 턱처럼 말하는 데 필요한 기관들도 전부 경직되고 맙니다. 그런데도 아이는 열심히 무언가를 말하려고 했습니다. 아이가 뭐라고 하는지 물었더니, 간호사는 이렇게 전해주었습니다.

"행복하셨으면 좋겠어요."

그 말을 듣는 순간 저는 할말을 잃었습니다.

저는 건강하고 먹을 것도 많은 사람입니다. 파상풍 예방주사도 맞았습니다. 그런데 아이는 자기가 겪고 있는 고통에 대해 불평하기는

커녕, 도리어 저에게 행복을 빌어준 것입니다. 죽음의 늪에 빠진 아이가 행복하라는 덕담을 들려주다니… 저는 "미안해, 예방주사를 놓아주지 못해서…" 하고 간신히 몇 마디 중얼거렸습니다. 그러고는 더 이상 견딜 수가 없어서 그 병실을 나오고 말았습니다.

엄마의 고무공

옆방에는 소아마비에 걸려 위독한 어린이들이 수용되어 있었습니다.

병실 입구께에 있던 다섯 살쯤 된 아이는 이미 눈동자의 초점이 흐려져 있었습니다. 아이 곁을 지키는 엄마의 손에는 커다란 검은 공이 쥐여 있었습니다. 처음에는 엄마와 아이가 고무공을 가지고 노는가 싶었지만, 위독한 아이가 공놀이를 할 리도 없고 해서 무엇에 쓰는 고무공인지 궁금해지더군요. 그래서 잘 들여다보니 고무공에 고무관이 두 개 꽂혀 있고, 그 중 하나는 아이의 작은 콧구멍 속에 연결되어 있었습니다. 이미 자기 힘으로 호흡할 수 없는 아이에게 고무공을 양손으로 눌러 산소호흡기 대신 공기를 공급해주는 것이었습니다.

엄마는 아이의 얼굴도 보지 않고 필사적으로 고무공을 계속 주물럭거렸습니다. 그 광경을 보고 저는 우리의 어린이들을 생각했습니다. 우리의 어린이들은 가느다란 관이 달린 산소호흡기를 사용합니다. 하지만 여기 아이들은 자기 콧구멍보다 두꺼운 고무관을 꽂은 채 고무공으로 호흡을 합니다. 만에 하나 엄마가 손동작을 멈추면 죽고 마는 것이지요.

병실에 있는 동안 여기저기서 엄마들의 비명과 신음이 들려왔습니다. 아기들이 숨을 멈추어버렸기 때문입니다. 모든 병실에서 그런 비명과 신음이 끊이지 않았습니다. 들려오는 것은 엄마의 울부짖는 소리뿐, 아이들은 아무 기척도 없이 조용히 죽어갔습니다.

이때 문득 탄자니아에서 만난 마을 촌장님의 말이 생각났습니다.

"구로야나기 씨, 이것만큼은 꼭 가슴에 새겨서 돌아가주셨으면 좋겠소. 어른은 죽을 때 괴롭다든지 아프다든지 이런저런 원망과 불평을 늘어놓지만, 아이들은 아무 말도 하지 않는다오. 아이들은 어른을 무조건 그냥 믿지. 그래서 바나나잎 그늘에서 조용히 죽어가는 거라오."

저는 그때 그 말의 의미를 알 것 같다고 생각했었습니다. 하지만 실은 겉핥기로만 알아들었을 뿐입니다. 거의 죽어갈 듯한 위독한 상태에서도 저의 행복을 빌어준 아이와 만났을 때, 그리고 코에 두꺼운 고무관을 꽂고 고무공 펌프질에 의지해 겨우 숨을 쉬면서도 아무 말도 않는 아이를 보았을 때, 저는 촌장님이 말하고자 한 것이 바로 이런 거였구나 하고 절실히 가슴으로 깨달았습니다.

저는 무너지는 가슴을 안고 복도에서 잠시 멍하니 서 있었습니다.

"문제는 예방주사예요, 구로야나기 씨. 예방주사를 맞지 않으면 어린이들은 비참하게 죽어갈 뿐이에요."

위독한 어린이 환자들의 실태를 직접 보고 나니 유니세프 사무국장 그랜트 씨가 한 말이 절실히 다가왔습니다. 적어도 예방주사만 제대로 맞힐 수 있다면 그렇게 많은 어린이들이 죽지 않아도 될 테니까요.

하지만 예방주사 문제는 그리 간단한 게 아닙니다. 백신을 보관하려면 냉장고가 필요한데, 많은 아이들이 아직도 전기가 들어오지 않는 곳에 살고 있기 때문이지요. 설령 전기가 들어온다 하더라도 걸핏하면 정전이 되거나 하면 백신의 효용성은 없어져버리고 맙니다. 보관 상태가 나쁘거나 기한이 지난 백신은 아이들에게 주사를 놓아봤자 별 효과를 발휘하지 못합니다. 그래서 유니세프에서는 냉장고에 보관하지 않아도 쓸 수 있는 백신을 개발하고 있는 중입니다.

카스트 제도의 그늘

마드라스 시내의 상류층 여성들이 조직한 '여성 자원봉사단'은 성인 교육 시설이나 탁아소를 세우는 등 활발한 봉사 활동을 벌이고 있습니다. 저는 이 봉사단이 세운 신체장애자 시설에 들렀습니다. 한센병(문둥병)에 걸린 노인이나 소아마비에 걸린 아이들이 재활 치료를 받고 있는 곳이었지요.

"오늘은 유니세프 친선대사님이 오셨으니 특별히 신발을 나눠드릴게요."

자원봉사자 여성들이 사람들에게 장애자용 신발을 나눠주기 시작했습니다. 그리고 "자, 신으세요" "얼른요" 하고 권했습니다. 하지만 소아마비에 걸린 아이들은 손발이 대롱대롱 매달려 있어서, 혼자 힘으로는 도저히 신발을 신을 수 없었습니다. 게다가 신발과 끈을 따로따로 나눠주었기 때문에 모두들 어쩔 줄 몰라 했습니다.

저는 우선 소아마비에 걸린 아이 앞에 무릎을 꿇고 신발 끈을 전부 꿴 다음 신발을 신겨주었습니다. 무릎 위까지 벨트가 촘촘히 달린 신발을 신겨놓으니, 그 애는 다른 사람이 거들지 않아도 목발만 짚고 혼자 걸을 수 있었습니다.

저는 한센병에 걸린 나이 든 분에게도 잘 걸을 수 있도록 도와주는 구두를 신겨주었습니다. 인도의 국영 방송국이 가끔씩 이곳에 취재를 하러 오는데, 그날 마침 제가 신발을 신겨주는 장면을 찍었습니다. 이 뉴스는 TV를 통해 인도 전역에 여러 번 보도되었습니다. 신문도 연일 이 장면을 보도했습니다. 유니세프 친선대사인 구로야나기라는 사람은 일본의 스타인데, 그런 스타가 무릎을 꿇고 가난한 아이의 신발 끈을 매어주었다는 것이었지요.

"어째서 모두들 그렇게 놀라지요?" 하고 물었더니, 어떤 인도 사람이 이렇게 대답했습니다.

"이런 일은 인도에서는 있을 수 없거든요. 당신처럼 높은 지위에 있는 분이 가난한 아이를 올려다보는 일은 절대 없답니다."

저는 그 말을 듣고 깜짝 놀랐습니다. 인도에 카스트라는 신분 제도가 있다는 것은 풍문으로 들어 알고 있었습니다. 하지만 간디가 그것 때문에 싸우다가 죽었는데 아직도 이런 신분 제도가 굳건히 남아 있다니…….

수도 뉴델리를 떠나는 날 기자 회견이 열렸습니다. 회견이 끝날 무렵 한 신문기자가 물었습니다.

"우리도 이 나라를 어떻게든 바꿔보려고 노력하고 있는 중입니다. 당신은 우리가 할 수 있는 일이 뭐라고 생각하십니까?"

그때 저는 이렇게 답했습니다.

"이러니저러니 해도 제가 한 일을 좋게 보셨기 때문에 여러분이 그토록 매일 뉴스로 널리 알리셨다고 생각해요. 신분 제도도 언젠가 조금씩 바뀌겠지요. 당신도 신분이 낮은 사람의 신발 끈을 매어주시면 어떨까요?"

신문기자들은 새로운 사고방식을 갖고 있어서인지 이에 동감하는 이들이 많았습니다. 그렇게 기자 회견은 막을 내렸습니다.

옛날부터 인도에 전해 내려오는 카스트 제도는 현재 헌법상으로는 부정되고 있지만, 실생활에서는 여전히 결혼에서 사소한 일상에 이르기까지 엄격한 신분 차별이 적용되고 있습니다.

지금까지 방문했던 아프리카에서는 가뭄과 기아로 많은 어린이들
이 죽어간다는 사실에 충격을 받았지만, 이번 인도 방문에서는 다른
의미에서 충격을 받았습니다.

　인도는 지구상의 누구나 한번쯤 가보고 싶어하는 나라입니다. 인
도는 향기 그윽한 문화와 장구한 역사, 세계에서도 손꼽히는 부자
들, 마하라자의 전설로 이름이 높습니다. 그들의 아름다운 전통의상
사리와 격조 높은 취향을 볼 때마다, 저는 몇 번이나 걸음을 멈추고
우아한 멋이 우러나는 사람들의 자태를 뒤돌아보았는지 모릅니다.
하지만 한편으로는 눈에 잘 띄지 않는 곳에서 수많은 빈곤층 아이들
이 영양실조로 죽어가고 있다는 것도 알게 되었습니다.

　"행복하셨으면 좋겠어요."

　이 말이 제 귓전에서 떠나지 않았습니다.

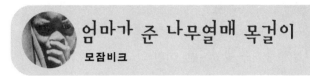

엄마가 준 나무열매 목걸이

모잠비크

1987년 10월, 저는 세계에서 최악의 상태에 놓여 있다고 하는 모잠비크를 방문했습니다. 아프리카 남동부에 위치한 모잠비크의 인구는 약 1420만 명(당시)이고 면적은 일본의 두 배입니다.

모잠비크로 떠날 때, 친구는 저를 배웅하며 이렇게 말했습니다.

"모잠비크는 아름다운 나라지? 관광지로 최고라던데……."

분명 예전에는 아름다운 관광지였을지 모릅니다.

모잠비크는 풍요로운 나라입니다. 우선 토지가 매우 비옥해서 오렌지를 많이 생산합니다. 어디에선가 들었는데 토지가 얼마나 비옥한지는 오렌지의 수확량으로 알 수 있다더군요. 또 바다에 면해 있어서 다양한 종류의 생선이 잡힙니다. 특히 맛있는 새우는 세계적으로 유명합니다. 더구나 사람들도 근면하기 이를 데 없고요.

하지만 모잠비크는 400년이라는 오랜 기간 포르투갈의 식민지였습니다. 그동안 포르투갈과의 독립 투쟁으로 많은 사람이 죽었고, 1975년도에 와서야 비로소 독립을 쟁취할 수 있었습니다. 그당시 글을 읽을 수 있는 사람은 단 2퍼센트에 불과했습니다. 한 나라가 독립을 이루었는데 식자율이 2퍼센트밖에 되지 않으니 새 나라를 건설하는 데 어려움이 무척 많았겠지요. 그런 와중에도 독립한 뒤 5, 6년간은 별 문제가 없는 듯했습니다.

게릴라

'흑인 정권이 잘 굴러간다…'

세계에서 유일하게 아파르트헤이트 정책을 실시하고 있는 이웃 나라 남아프리카공화국의 입장에서 볼 때, 이것은 대단히 위협적인 일이었습니다. 게다가 남아프리카공화국을 둘러싼 아홉 개 나라, 앙골라·나미비아·보츠와나·레소토·말라위·스와질란드·탄자니아·잠비아·짐바브웨에서도 흑인 정권이 버티고 있었습니다.

위기를 느낀 남아프리카공화국은 모잠비크와 앙골라의 반정부 게릴라들에게 무기와 자금을 원조하여 흑인 정권을 무너뜨리는 일에 나섰습니다. 그 결과, 모잠비크는 반정부 게릴라 때문에 나라 안이 엉망진창이 되었습니다. 다리, 철도, 도로, 설탕공장, 은행 등이 모조리 파괴되었고, 보건·교육 시설이 특히 커다란 타격을 입었습니다.

1982년~1987년 사이의 몇 년 동안, 국내 전체의 약 절반에 이르는 585개의 보건소나 보건센터가 무너지고 학교는 3분의 1 이상이 부서졌습니다.

게릴라들은 사회 시설을 파괴하는 데 그치지 않고 땅에 지뢰를 파묻고 갑니다. 농작물을 약탈한 후에는 집이나 밭에 불을 질러서 개미 한 마리 남기지 않고 없애버립니다. 우물에는 시체를 던져 넣어 물을 마실 수 없도록 만들어버립니다.

그들은 남자는 죽이고 여자는 강간합니다. 조금 나이 든 아이는 끌고 가서 강제 노동을 시킵니다.

눈앞에서 아버지가 살해당하고 엄마가 폭행당하고 형들은 끌려갔으니, 남겨진 어린아이들이 무슨 수로 살아갈 수 있겠어요. 나라 안에는 어린아이들로 넘쳐나고 있었습니다. 아이들끼리 풀숲에 숨어 살아가는 경우도 많았습니다.

저는 어른들이 사는 사회에 끼지 못한 채 끼리끼리 살아가는 아이들을 만났습니다. 그 아이들의 처지는 정말이지 비참하기 짝이 없었습니다.

어떤 시대를 불문하고 전쟁이 일어나면 가장 비참해지는 것은 아무것도 모르는 순진한 아이들입니다. 저도 어렸을 때 전쟁을 겪었기 때문에 이런 사정에 대해 조금은 압니다. 하지만 이제 어른이 되어 어른의 눈으로 전쟁을 마주 대하고 보니, 그 비참함이란 눈시울을 적시지 않고는 차마 볼 수 없었습니다.

게릴라들에 의해 파괴된 병원에서는 고아가 된 아이들이 매트리스도 없이 철망이 그대로 드러난 침대에서 잠을 자고 있었습니다. 그래도 침대에서 잘 수 있는 아이는 괜찮은 편입니다. 침대 수가 부족해서, 많은 아이들이 밖에 있는 나무 아래 맨땅에서 잠을 잡니다.

　병원에는 지뢰를 밟아 다리를 잃거나 바주카포의 파편 때문에 눈을 다친 사람들이 많았습니다. 그래서 병원 관계자들은 다리 없는 사람을 위해 나무로 의족을 만들어 달아주느라 정신이 없었습니다. 의사 선생님이나 간호사는 물론 의약품에 이르기까지 모든 것이 턱없이 부족하기만 했습니다.

　더욱이 언제 어디에서 게릴라가 출몰해 무시무시한 일을 벌일지 알 수 없는 상황이었습니다.

　그래도 수도 마푸토는 정부군이 지키고 있어서 평온한 편이었습니다. 마푸토 근교의 농업협동조합에서는 엄마들이 힘을 모아 어떻게 하면 더 많은 농작물을 거두어들일 수 있을지 연구하면서 열심히 일하고 있었습니다. 그래서인지 엄마들이 가꾼 밭에는 먹음직스러운 가지, 양배추, 바나나가 많이 열려 있었습니다. 엄마들은 또 돼지도 치고 있었습니다.

　아프리카의 어디든 마찬가지지만, 엄마들이 모여 일을 하면서 부르는 노래를 듣고 있으면 마음이 즐거워집니다.

　"자, 열심히 일해보세! 농업을 일으키세! 은행에 가서 저금을 하세! 자, 여성이여! 밖에 나가 일을 하세! 은행에 가서 저금을 하세!"

엄마들은 이런 노래를 함께 부르면서 밭일을 합니다. 어린이들도 틈만 나면 노래를 부릅니다.

"남아프리카를 무너뜨리자! 반드시 자유를 되찾자! 아파르트헤이트를 없애자! 우리는 용감하게 싸운다!"

투쟁가를 부르는 이곳의 어린이들은 꽤 활기차 보였습니다. 하지만 한창 공부해야 할 어린이들이 직접 만든 나무 총을 메고 절도 있는 동작과 증오에 찬 눈매로 하루 종일 투쟁가를 불러야만 한다니… 그런 어린이들의 모습이란 보기만 해도 너무 딱했습니다.

목걸이를 정표로 삼아

우리는 수도 마푸토에서 700킬로미터 떨어진 테테 주州로 향했습니다. 지뢰와 게릴라를 피하기 위해, 이동할 때에는 몇 명씩 나누어 소형 비행기에 탔습니다. 하지만 비행기가 착륙하는 곳은 비행장이 아니라 '덤불 속'입니다. 그래서 조종사는 늘 지상에 있는 군대와 연락을 취해 지뢰가 없는 곳을 확인하고 나서 착륙해야 합니다.

제가 탄 소형 비행기의 조종사들은 '에어 서브'라는 기독교 계열의 자원봉사 단체에 속해 있었습니다. 독일인, 미국인, 영국인, 캐나다인으로 구성된 그들을 보면서 저는 이런 식으로도 자원봉사를 할 수 있구나 하고 깨달았습니다. 자원봉사가 자기가 할 수 있는 일을 가지고 남을 돕는 활동이라고 할 때, 조종사 자원봉사는 훌륭한 아이디어입니다. 솜씨 좋은 조종사인 그들은 안전한 나라에서 제대로 된 보수를 받으며 즐겁고 평온하게 살아갈 수도 있었습니다. 그런데도 남아프리카공화국의 아파르트헤이트 정책에 반대한다는 신념 때문에 모잠비크로 자원봉사를 하러 온 것이지요.

보통 때라면 지뢰가 묻혀 있을지 모르는 덤불 속에 착륙하고 싶지는 않겠지요. 하지만 모두 미소 띤 얼굴이 매력적이었습니다. 위험을 무릅쓰고 열심히 활동하는 이 조종사 자원봉사자들! 정말 멋지지 않습니까.

우연히 길에서 게릴라에게 1년 동안 잡혀 있다가 구출되었다는 다섯 명의 엄마들과 만났습니다. 그들은 거의 벌거벗은 상태였는데, 모두 게릴라에게 남편을 잃었다고 합니다.

다섯 명 중 셋은 갓난아기를 품에 안고 있었습니다. 묻지는 않았지만, 남편이 살해당하고 나서 1년간이나 게릴라에게 붙잡혀 있었으니 분명 게릴라의 자식들일 거라는 직감이 들더군요. 가슴 아픈 일이었습니다. 벌거숭이인 갓난아기들은 모두 심한 설사를 하는지 샛노란 똥을 엄마 발등 근처에 흘리고 있었습니다. 엄마들은 그것을 제게 보여주지 않으려고 맨발바닥으로 열심히 발등을 문질러대었습니다.

다른 엄마들은 여덟 살 내지 아홉 살쯤 되어 보이는 남자아이들을 데리고 있었습니다. 게릴라들이 강제 노동을 시키기 위해 끌고 갔던 아이들인데, 가엾게도 신경성 탈모증으로 여기저기 머리가 빠져 있었습니다. 이런 아이들까지 끌고 가서 부려먹다니! 얼마나 참혹한 나날이었겠어요.

피난민캠프에서는 게릴라에게 받은 충격 때문에 열병에 걸린 것처럼 떨고 있는 아이를 만났습니다. 바로 눈앞에서 아버지가 살해당하고 어머니는 폭행을 당하고 집은 불타버리고 형과 누나는 끌려가고, 혼자 간신히 도망쳐 나왔다고 합니다. 그 애에게는 어떤 광경이 뇌리에 남아 있을까요.

실어증에 걸린 아이, 기억상실증에 걸린 아이, 그리고 영양실조와 피부병에 걸린 아이가 너무나 많았습니다.

제가 모잠비크를 방문했던 1987년, 일본에서는 중국 잔류 일본인 고아가 친부모를 찾으러 온 일이 세간의 화제를 모으고 있었습니다. 중국 잔류 일본인 고아란 제2차 세계대전이 끝난 후 일본 군인과 민간인들이 만주 등지로부터 철수하게 되었을 때, 사정이 여의치 않아서 중국에 버려진 아이들을 말합니다. 부모가 떼어놓다시피 해서 남겨두고 온 아이들인 것이지요. '어린아이에게 무슨 죄가 있나…' '아이를 버리고 와야 하는 엄마의 심정은 오죽했을까…' 저는 이런 생각을 하며 새삼 전쟁을 증오하게 되었습니다.

모잠비크에서도 그런 식으로 아이들을 잃고 고통스러워하는 엄마

피난민캠프일망정 아이들은 제법 의연하기만 합니다.

들이 많이 있었습니다. 물론 엄마를 잃고 울음을 터뜨리는 아이들도
많이 있었습니다.

　한 고아 소녀는 나무열매로 만든 목걸이를 목에 걸고 있었습니다.
엄마가 만들어서 걸어주었다고 하더군요.

　"언젠가 엄마하고 만날지도 모르잖아. 이걸 보고 엄마가 널 알아

보실 테니까 소중히 간직해야 돼."

제가 이렇게 말하자 소녀는 목걸이를 만지작거리면서 "네" 하고 고개를 끄덕였습니다.

문득 친부모를 찾아 일본에 온 중국 잔류 고아가 "40년 전 어머니가 목에 걸어주신 부적입니다" 하면서 정성스럽게 싸둔 부적을 내놓던 장면이 떠올랐습니다. 부모님을 찾겠다는 일념으로 소중히 간직했던 그 낡은 부적 말입니다. 저는 왠지 눈시울이 붉어졌습니다.

멋진 엄마

난민이라고 하면 보통 국경을 넘어 이웃 나라로 피난 온 사람들을 말합니다. 하지만 이곳에서는 자기 나라 안에서도 게릴라를 피해 온 난민들이 1, 2만 명씩 모여 캠프 생활을 하고 있었습니다.

이만큼 많은 사람들이 모여 있으니 배급에만 의존하지 말고 밭을 일구어 농사를 지으면 좋으련만… 하고 생각하는 분이 있을지도 모릅니다. 하지만 농사를 아무리 짓고 싶어도 게릴라들이 내려오면 다 버리고 도망가야 하니까 지으나 마나 한 것이지요.

그런 척박한 현실 속에는 마음이 따뜻해지는 훈훈한 이야기도 있습니다. 피난민캠프에서 갓난아기에게 젖을 먹이던 엄마에게 물어보았습니다.

"아이가 몇이에요?"

"에… 여덟이던가? 아아, 아니 열 명이네요!"

아니, 자기 자식이 몇 명인지도 모르다니… 설마 숫자를 못 헤아리는 건 아니겠지 하고 생각하고 있는데 그 엄마는 이렇게 해명했습니다.

"원래는 다섯인데요, 게릴라를 피해 오는 도중에 부모 잃고 우는 애들이 있어서 함께 데리고 왔거든요."

저는 다시 한 번 물어보았습니다.

"제가 지금 빵을 한 개 드린다면 몇 조각으로 나누시겠어요?"

엄마는 곧바로 대답했습니다.

"물론 열 조각으로 나눠야지요. 당연하잖아요."

저는 박수를 쳐주고 싶었습니다. 보통 엄마들은 자기는 못 먹어도 아이들에게는 어떻게든 얻어온 음식을 먹입니다. 하지만 부모 잃고 배를 곯는 다른 아이에게까지 나누어줄 여유는 없습니다. "미안해, 우리 아이가 배가 고프거든" 하면서 자기 아이만 먹일 뿐이지요. 저도 전쟁통에 여러 번 그런 일을 보았던 터라, 충분히 이해할 수 있습니다. 하지만 모잠비크의 이 엄마는 내 아이가 아닌 우리 아이라는 생각을 갖고 있는 것처럼 보였습니다.

모잠비크는 이런 멋진 엄마들이 있는 나라입니다. 빨리 내전이 끝나서 모두들 자유롭게 희망을 갖고 살아갈 수 있다면 얼마나 좋을까요.

토토의 학교와 비슷하지만

우리는 어디를 가든 얼룩덜룩한 군복을 입고 기관총이나 바주카 포로 무장한 군인들의 보호를 받으면서 이동했습니다.

모잠비크에는 아프리카에서 가장 큰 발전소 중 하나가 위치해 있습니다. 그곳을 방문했을 때의 일입니다.

이 수력발전소의 규모가 얼마나 대단한가 하면, 모잠비크 사람들이 물 쓰듯 전기를 써도 총 발전량의 10퍼센트 정도밖에 되지 않아서 남는 전기를 다른 나라로 보낼 수 있을 정도라고 합니다. 그런데 600개나 되는 커다란 송전선 철탑이 게릴라들에 의해 파괴되어 무용지물이 되고 말았습니다. 다행히도 발전소는 군대가 지키고 있어서 파괴되지 않았다고 합니다.

발전소 안에 들어가보니 그 어디에도 전기를 보낼 수 없게 된 터빈이 애처롭게 돌아가고 있었습니다. 정지하면 안 되기 때문에 계속 돌리는 것이라고 하더군요. 커다란 터빈은 아무 목적도 없이 죽음의 광기를 뿜어내는 괴물처럼 혼자 돌아가고 있었습니다.

모잠비크는 석탄이 많이 나는 나라입니다. 모아티제 역은 석탄을 실어 나르는 역입니다. 그런데 게릴라가 철도를 파괴하는 바람에 운송 기능을 완전히 잃어버렸습니다. 100량 정도 방치된 기차나 화차 안에는 게릴라를 피해 온 난민들이 9000명이나 살고 있었습니다. 더 이상 들어갈 자리가 없는 탓인지 화차 밑에서 자는 사람, 지붕 없는 차량에서 지내는 사람도 많았습니다.

저는 『창가의 토토』가 생각났습니다. 토토의 초등학교 시절에 교실로 쓰인 것이 바로 낡은 전차였습니다. 이 책을 읽은 어린이들은 "전차 교실을 갖고 싶어요." "아, 부러워라. 학교에 그런 전차가 있다면 타볼 수 있을 텐데…" "공부할 때도 여행하는 것처럼 즐거울 것 같아요." 이런 글이 적힌 편지를 많이 보내주었지요.

하지만 이 모아티제 역의 기차들 속에 사는 어린이들은 가진 것이라곤 맨몸뚱이뿐입니다. 겨우 먹을 것을 배급받아 허기를 채우고, 내일은 어떻게 될지 모르는 불안한 상태에서 살아갑니다. 맨발에 불룩 튀어나온 배, 영양실조 때문에 연갈색으로 변한 머리카락. 그 애들이 마시는 물은 거의 흙탕물입니다. 물론 학교에 다니는 것은 상상도 못합니다. 게릴라가 나타나면 또 목숨을 걸고 도망가야 하니까요.

제 초등학교 시절의 교실이었던 전차는 꿈과 희망에 부풀어 있었습니다. 언제나 웃음소리가 들렸습니다. 하지만 기차에 사는 이곳 아이들은 항상 불안에 떨고 있었습니다. TV 프로그램이나 보도사진 촬영을 위해 움직이지도 않는 차량에 올라타고 창밖을 향해 손을 흔들었지만, 저는 왠지 허탈한 기분이 들었습니다. 아무것도 모르는 아이들이 올라와서 저와 함께 손을 흔들어주더군요.

'희망도 자유도 없이 꼼짝 않는 기차라니, 정말 가슴 아프구나.'

아이들을 기쁘게 해주려고 전차를 교실로 만들어주신 토토의 교장 선생님이 이 광경을 보신다면 과연 뭐라고 하실까요. 그토록 아이들을 사랑한 선생님이셨으니까 분명 한없이 슬퍼하셨겠지요.『창가의 토토』를 쓸 때만 해도 이렇게 슬픈 기차에 타게 되리라고는 꿈에도 생각지 못했습니다. 만일 이런 일을 상상이라도 했다면 과연 그 책을 쓸 수 있었을까 생각하니 저절로 눈물이 볼을 타고 흘러내렸습니다.

갓난아이를 업은 아홉 살짜리 여자애가 곁에서 잠자코 눈물을 손으로 닦아주었습니다.

미래를 봅시다!

제가 모잠비크의 젊은 국무총리에게 요청했습니다.

"일본 사람들에게 전하고 싶은 메시지가 있으시다면요?"

국무총리는 이렇게 말했습니다.

"언젠가 반드시 아파르트헤이트가 없어져서 자유의 날이 오리라는 신념으로 투쟁하고 있습니다. 여러분에게 이런 나라가 존재한다는 것을 알려드리고 싶습니다. 우리는 알아주시는 것만으로도 기쁠 것입니다."

이당시 일본은 모순된 상황에 빠져 있었습니다. 세계에서 유일하게 인종 격리 정책을 취하고 있는 남아프리카공화국과 교역을 하는 나라 중에서 일본이 무역 총액 1위를 차지하고 있었기 때문입니다.

일본은 하이테크 산업에 필요한 남아프리카의 희귀 금속을 대량 수입했고, 남아프리카공화국은 일본에서 여러 가지 상품을 수입해 갔습니다.

하지만 모잠비크 사람들 어느 누구도 제게 비난 섞인 말을 하지 않았습니다. 저는 하루라도 빨리 아파르트헤이트가 철폐되어 모잠비크의 내전이 종식되기를 빌었습니다.

모잠비크를 떠나던 날, 저는 비행장에서 마침 외국에서 돌아온 치사노 대통령을 만났습니다. 저는 그분이 아직 갖고 있지 않을 거라고 생각해서 쌍안경을 기념으로 선물했습니다.

"자, 이걸로 게릴라를 찾아주세요."

대통령은 빙긋 미소짓더니 이렇게 대답하더군요.

"아니오. 이걸로 미래를 봅시다!"

저는 이렇게 유머 넘치는 분이 대통령으로 있는 나라가 부럽기만 했습니다.

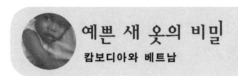

예쁜 새 옷의 비밀
캄보디아와 베트남

남북으로 갈라졌던 베트남이 통일된 것은 1976년이고, 캄보디아에서 소름끼치는 폴 포트 정권이 붕괴된 것은 1979년입니다. 이렇게 역사적인 사건을 겪은 지 오랜 세월이 흘렀습니다.

베트남과 캄보디아는 오래도록 계속된 전쟁 때문에 모든 부문의 기반이 파괴되었고, 사회의 역군으로 일할 수 있는 많은 인재를 잃었습니다. 전쟁도 전쟁이지만 되풀이되는 가뭄과 홍수 같은 자연 재해 때문에 만성적인 식량 부족에도 시달렸습니다.

우리의 이번 여행은 베트남의 수도 하노이에서부터 시작되었습니다. 하노이 공항에 착륙하기 전에 창밖을 내다보다가 군데군데 수없이 파여 있는 연못을 발견하고 놀라움을 금치 못했습니다. 그것은 바로 미국 폭격기가 북베트남에 떨어뜨린 폭탄들의 흔적이었던 것입니다.

베트남전 때 미국 폭격기들이 투하한 폭탄은 태평양전쟁 당시 미국이 일본의 전 국토에 떨어뜨린 폭탄의 100배나 되며 무게로는 1500만 톤에 이른다고 합니다. 제가 상공에서 내려다본 숱한 연못들은 폭격의 상처 그 자체였습니다. 전쟁이 끝난 지 이미 오래되었음에도, 폭탄이 대지를 파헤쳐놓은 흔적들은 마치 음침하게 아가리를 벌리고 있는 괴물처럼 보였습니다.

자, 새 건설이다!

그당시 수도 하노이의 인구는 약 300만 명이었습니다. 옛날에는 '작은 파리'라고 불릴 만큼 아름다운 거리였다고 하는데, 번화가에 자동차는 별로 보이지 않고 자전거와 인력거가 흘러 넘쳤습니다. 쌀쌀한 날씨인데도 아이들은 찢어진 셔츠를 입은 채 맨발로 뛰어다니고 있었습니다.

하노이의 거리는 종전 직후의 일본과 비슷해 보였습니다. 온갖 물자가 부족하여 연간 700~1000퍼센트에 이르는 초인플레 현상에 시달리고 있었습니다. 하지만 이제 더 이상 폭탄이 떨어지는 악몽은 꾸지 않아도 된다는 듯이, 사람들의 표정에는 안도의 빛과 함께 '자, 새 건설이다!' 하는 의지가 찰랑찰랑 넘치는 듯했습니다.

사람들은 활기에 차 있었지만 베트남의 사정은 그리 좋은 편이 아니었습니다. 지난해 가뭄과 태풍, 병충해 등의 피해로 인해 100만

톤이나 농작물 수확량이 줄었는데, 인구는 100만 명이나 증가했다고 합니다. 정부 발표에 따르면, 북부 지역에서만 800만 명이 식량 부족에 시달리고 있었고, 그 중 약 300만 명은 기아 상태에 직면해 있었습니다.

저는 구엔 코 탁 외무장관과 만나 한 시간 반쯤 이야기를 나누었습니다. 대단히 매력적인 그분은 마음을 열고 이런저런 얘기를 들려주었습니다.

"우리가 지향했던 낭만적인 혁명이 유감스럽게도 실패했다는 것을 인정합니다. 이제는 세계 각국과 우호 관계를 맺고 싶습니다."

결국 정부의 정책 실패로 경제가 파탄에 이르렀다는 점을 인정한 셈이지요.

하노이 시내의 시장은 붐비는 사람들로 떠들썩했습니다. 야채의 종류도 매우 다양했습니다. 가지가 1킬로그램에 500동(250원), 두부가 한 모에 200동(100원)으로, 꼭 필요한 물건은 비교적 싼 편이었습니다. 하지만 닭은 한 마리에 2000동(1000원)으로, 베트남 공무원의 한 달 평균 임금이 3만 동(1만 5000원)임을 생각할 때 제법 비싼 편이었습니다. 보통 가정에서는 여간해서는 닭고기 맛을 보기 힘들 것 같았습니다.

하노이 거리는 제가 상상했던 그대로 매우 밝고 활기찬 분위기였습니다. 모든 사람이 한결같이 자기 손으로 새롭게 나라를 건설하려고 노력한다는 느낌을 받았습니다.

어린이들은 모두 야무진 표정을 하고 있었는데 귀엽기가 이루 말할 수 없었습니다. 어째서 베트남 어린이가 귀여운 어린이로 세계에 정평이 나 있는지 피부로 느낄 수 있었지요.

캄보디아로

우리는 하노이를 등뒤로 하고 이웃 나라인 캄보디아의 수도 프놈펜을 향해 비행기로 날아갔습니다.

캄보디아는 녹지가 풍부한 나라입니다. 삼림이 국토의 약 73퍼센트를 차지할 뿐만 아니라 토지도 비옥해서 원래는 굶주림 따위와는 무관한 나라였을 것입니다. 하지만 캄보디아에는 전쟁과 학살의 상처가 깊이 남아 있습니다.

1976년에 정권을 잡은 폴 포트 세력은 3년 8개월 사이에 100만 명이상의 캄보디아인을 죽였습니다. 사망자의 정확한 숫자는 누구도 모릅니다. 제가 만난 한 정부 관계자는 300만 명으로 추정하고 있더군요. 더욱이 학살당한 사람 대부분이 국민들에게 커다란 영향력을 지닌 지식인 계층이었습니다. 학자, 학교 선생님, 의사, 정부 고급 관리, 승려, 배우, 그리고 심지어 해외 유학생까지 불러들여 죽였습니다. 혹자는 인텔리 열 명 중 여덟 명이 죽었다고도 하더군요. 생각만 해도 끔찍한 일입니다. 〈킬링 필드〉라는 영화를 본 분들이 많겠지요. 그 영화에 나오는 것 모두가 거짓 없는 현실이었던 겁니다.

그 결과 10년 후인 1986년에는 총 인구에서 여성이 64퍼센트, 남성이 36퍼센트를 차지하게 되었습니다. 이렇게 남녀 비율이 불균형을 이루는 인구 구성은 세계에서도 유례를 찾기 어렵습니다.

그뿐만이 아닙니다. 폴 포트 정권은 수백만 명의 국민을 강제적으로 이주시켜서, 도시를 유령 도시로 만들었습니다. 가족도 부부도 모두 뿔뿔이 흩어져야 했습니다. 그리고 강제적으로 농업을 집단화하고 화폐와 상업을 폐지하는 정책 등을 실시하는 바람에 경제는 말이 아니게 되었습니다. 내과 수술 기구에서 학교에 이르기까지 없어서는 안 되는 것들조차 모조리 부수고 파괴해버렸습니다. 폴 포트 정권은 그때까지 존립했던 교육, 문화, 문명을 모조리 부정한 것입니다. 나라와 민족을 파멸시키기 위해 일부러 그렇게 했다고밖에 생각할 수 없는 행위이지요.

9000개의 두개골

우리는 예전에 폴 포트 정권의 직할 강제수용소였던 투올슬렝 학살기념관을 찾아갔습니다. 예전에 학교였던 건물을 폴 포트가 강제수용소로 개조해 사용했는데, 이곳에서는 공식적으로 알려진 것만으로도 1만 4500명이 죽어나갔다고 합니다. 그 중에는 어린이도 2000명이나 포함되어 있습니다.

1층부터 3층까지 건물의 창문이라는 창문에는 온통 철조망이 둘러쳐져 있었습니다. 수감자가 자살을 하지 못하도록 설치한 것입니다. 이런 자살 금지 장치와 함께 이른바 '광기의 규정'이라는 것이 있었는데, 고문을 받는 도중 아무리 괴롭고 고통스럽더라도 울어서도 안 되고 소리를 내서도 안 된다는 규정이었다고 합니다. 이곳에서는 그런 식으로 학살이 되풀이되었던 것이지요.

고문실 방바닥에는 고문의 흔적인 핏자국이 아직도 선연하게 남아 있었습니다. 수감자에게 수갑과 족쇄를 채워서 묶어놓았다는 침대, 심문용 책상, 손을 뒤로 묶고 몸을 매달았다는 높은 철봉, 그리고 물 고문에 쓰인 커다란 항아리… 도대체 얼마나 많은 사람들이 여기서 고문을 받고 죽어간 것일까요.

폴 포트 정권이 100만 명 이상의 사람들을 학살했다는 사실은 저도 들어 알고 있었지만, 이렇게 직접 두 눈으로 고문실과 수감자용 칸막이 방을 둘러보니 정말 그런 일이 있었구나 하는 실감에 몸서리가 쳐졌습니다.

한쪽 벽에는 살해당한 사람들의 사진들이 빈틈없이 붙어 있었습니다. 어린이들을 죽였다는 말은 들어본 적이 없었지만, 가만히 보니 어린이 사진도 많이 섞여 있었습니다. 중학생, 고등학생의 얼굴도 가끔 눈에 띄었습니다. 학교 건물에서 학생들을 죽인 것입니다. 이제 죽는구나 하는 생각에 절망하며 끌려온 어린 학생들은 자기가 공부하던 곳에서 무슨 생각을 하면서 죽어갔을까요.

제2차 세계대전 당시 나치 수용소에서 저질러진 유대인 대량 학살은 누구나 잘 알고 있는 역사적 사실입니다. 나치의 만행을 잊지 말자는 인류의 염원이 무색하게도 이 캄보디아에서는 불과 30년 만에 똑같은 역사적 비극이 되풀이되었던 것입니다.

'이런 정도일 줄은 꿈에도 몰랐어. 그런 일이 일어나고 있을 때 우리는 정말 아무것도 해줄 수 없었던 것일까.'

여기저기서 아이들의 웃음소리가 들려오고 즐겁게 이야기를 나누는 소리도 들려왔습니다. 하지만 불과 10년 전만 해도 이곳에서는 우는 것도, 소리를 지르는 것도, 웃는 것도 전면 금지되어 있었습니다.

"두 번 다시 이런 비극이 일어나지 않기를 바랄 뿐입니다."

저는 비치된 노트 위에 그렇게 적어 넣었습니다.

대량 학살의 현장은 캄보디아 방방곡곡에 남아 있습니다.

프놈펜 교외에는 '츠응 엑'이라는 공동묘지가 있는데, 이곳에서만 200만 명이 살해당했다고 합니다.

저는 두개골 9000개가 쌓여 있는 곳에서 걸음을 멈추었습니다. 지금도 여전히 두개골을 발굴해서 소위 '흙을 털어내는' 작업이 계속되고 있었습니다. 커다란 항아리 안에는 흙을 씻어내기 위함인 듯 몇 개의 두개골이 물 속에 담겨 있었습니다. 잔디밭 위에 쌓인 두개골들은 모두 입을 크게 벌린 채 슬픈 표정을 짓고 있는 것 같았습니다.

"어째서 우리가 죽어야 하나요?"

"우리 아이들은 어떻게 되지요?"

살해당한 사람들은 그렇게 울부짖고 있는 듯이 보였습니다.

인적이 드문 풀밭 여기저기에는 커다란 구덩이들이 파여 있었습니다. 이것은 처형당한 사람들이 죽기 직전에 파놓은 것입니다. 구덩이를 강제로 파도록 시킨 다음, 다 파고 나면 손을 등뒤로 묶고 구덩이 가장자리에 무릎을 꿇린 채 앉도록 합니다. 등뒤에서 도끼 같은 것으로 머리를 쪼개서 죽인 다음 발로 차서 구덩이 속에 떨어뜨림으로써 처형을 마칩니다. 보통 구덩이 하나에 100명 이상이나 되는 사람들이 묻혀 있다고 합니다. 이런 구덩이가 129개나 발견되었는데, 그 중 86개의 발굴을 마쳤다고 합니다. 그러니까 학살당한 사람의 절반 정도가 아직 땅에 묻혀 있는 셈입니다.

저는 사람의 두개골을 실물로는 난생처음으로 보았습니다. 그것도 9000개나 말이지요. 이제까지 두개골이라고 하면 모조품이라고 해도 으스스한 기분이 들었습니다. 하지만 한꺼번에 9000개나 되는 두개골을 보고 있자니 무서운 마음도 기분 나쁘다는 생각도 전혀 들지 않았습니다. 다만 참 가엾다는 생각뿐이었습니다. 돌아가신 분들이 나라를 근심하는 한숨과 통곡 소리가 울려오는 듯했습니다.

할아버지 같은 아이 손

전국에 800개 정도 있던 병원은 폴 포트 정권 시절에 모조리 파괴되었습니다. 수도 프놈펜에 있는 전국에서 유일한 국립 소아병원도 황폐해질 대로 황폐해진 것을 겨우 재건했다고 합니다.

소아병원의 침대 수는 150개이고, 외래 환자는 하루에 500~600명쯤 됩니다. 그 환자들을 열네 명의 의사와 간호사, 그리고 157명의 보조 인력이 보살피고 있었습니다.

이 병원의 원장 선생님은 폴 포트에 의해 살해당하고도 남을 인물이었지만, 몸이 너무 말라서 폴 포트 병사로부터 "너, 농사 짓지?" 하는 소리를 듣고 농민으로 지목되었다고 합니다. 마침 농촌 출신이었던 원장 선생님은 별다른 의심을 받지 않고 농부들과 함께 씨 뿌리기 등을 하면서 겨우 살아남을 수 있었다고 합니다.

원장 선생님은 눈시울을 적시면서 말했습니다.

"프놈펜에서 일했던 500명의 의사 중에서 살아남은 사람은 단 서른두 명뿐이라오. 내 학교 동창생들은 모두 죽었지요. 치과 의사가 된 친구 한 명만 빼고……."

어린아이들의 침대 옆에는 엄마들이 걱정스러운 듯이 매달려 있었습니다. 의약품이 부족해서 입원을 해도 충분한 치료를 받을 수 없기 때문에 그저 묵묵히 지켜보는 수밖에는 없습니다. 복도는 미처 병실에 들어가지 못한 아이들로 북적거렸습니다.

이 나라의 유아 사망률은 아주 높아서 다섯 살 미만의 아이 다섯 중 한 명이 사망한다고 합니다. 사망 원인 가운데 가장 많은 것이 말라리아이고, 그 다음이 결핵입니다. 결핵 환자의 10퍼센트는 열다섯 살 미만의 어린이들입니다.

우리는 국립 결핵연구소에 들렀습니다. 폐결핵에 걸린 아이들이 입원해 있는 병실에 들어가니, 아이들은 다른 사람에게 병을 옮기면 안 된다는 의사 선생님의 지시에 따라 마스크 대신 천으로 입을 가린 채 침대 위에 앉아 있었습니다.

저는 아이들에게 "나는 괜찮아. 잘생긴 얼굴 좀 보여줄래?" 하고 말을 걸었습니다. 아이들은 모두 천을 든 손을 내리고 방긋 웃었습니다. 미소짓는 얼굴이 얼마나 예뻤는지 모릅니다. 하지만 악수를 해보니 손이 할아버지처럼 비쩍 마르고 온통 주름투성이였습니다.

침대 밑이나 좁은 통로에도 몇몇 아이들이 눕혀져 있었습니다. 살아날 가망이 없는 아이들을 바닥에 눕혀놓는다고 하더군요.

'더 위독한 아이가 바닥에 누워 있다니…'

저는 놀라지 않을 수 없었습니다. 상식적으로는 상태가 나쁜 사람일수록 우선해서 보살핌을 받는 게 당연하니까요. 하지만 살아남을 가능성이 있는 아이들을 먼저 치료할 수밖에 없을 만큼 캄보디아는 절박한 처지에 놓여 있었던 것입니다.

새 옷의 비밀

폴 포트 정권 치하에서 행해진 학살과 내전의 상처는 어디를 가나 캄보디아에 어두운 그림자를 드리우고 있었습니다.

우선 30만 명이나 되는 고아가 생겨났습니다. 그 중에서 고아원에 수용 가능한 아이는 겨우 1퍼센트에 불과합니다. 이 나라 전체에 고아원이라고는 35개밖에 없으니, 고아원에 들어간 아이들은 꽤 운이 좋은 셈이지요.

제가 어느 고아원에 들렀을 때의 일입니다.

그곳 아이들은 모두 예쁜 새 옷을 입고 있었습니다. 그 중 한 남자 아이를 업어주었더니, 그 애는 그때까지 한 번도 업혀본 적이 없었던 것처럼 기뻐하면서 제 등 위에서 소리내어 웃었습니다. 그 애가 기뻐하는 모습에 저도 절로 흥이 나서 웃었지요. 그런데 뒤를 돌아보니, 이게 웬일입니까. 거기 있던 아이들 스무 명이 한 줄로 서서 업힐 순서를 기다리고 있는 게 아니겠어요. 한없이 어리기만 한 아이들이 어른스럽게 나란히 서서 차례를 기다리고 있다니!

저는 이렇게 착하고 얌전한 아이들을 보고 가슴이 뜨거워져서 차례차례 업어주었습니다. 그 중에는 업히는 데 익숙하지 않아 등에 엉거주춤 매달린 아이도 있었습니다. 그래서 저는 말처럼 네 발로 기어다니면서 아이들을 태워주었습니다.

꽤 많이 업어주었다 싶은데도 숫자가 줄지 않아서 가만히 살펴보

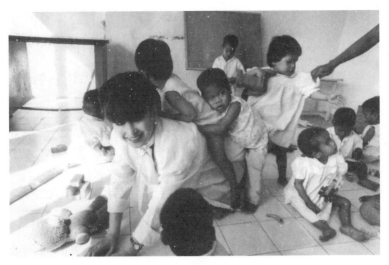

아이들이 쉴새없이 업어달라고 해서, 저는 말처럼 아이들을 등에 태웠습니다.

니, 한 번 업힌 아이가 뒤로 가서 또 줄을 서 있었습니다. 제가 그 애를 가리키며 "애, 넌 한 번 업혔잖아?" 하니까, 좀 난처한 표정으로 미소를 짓더군요. 하지만 그 애는 다시 뒤로 돌아가서 줄을 섰습니다.

고아원에는 어른들의 손길이 매우 부족합니다. 부모와 헤어진 지 얼마가 지났건 간에 아이들은 너나없이 어른들의 상냥한 손길을 필요로 합니다. 그런 심정을 충분히 헤아리고 있었기에, 저는 어두워질 때까지 쉬지 않고 아이들을 업어주었습니다. 방송국 카메라맨이 "허리 삐지 않도록 조심하세요" 하고 주의를 줄 정도였으니까요.

저와 함께 유니세프 여행을 다니는 사진작가 다누마 다케요시 씨가 그날 제가 아이들을 업어주는 장면을 찍었습니다. 날이 저물 무렵이라 플래시를 써서 사진을 찍었습니다. 하지만 어린이 사진으로 세계적인 명성을 날리는 작가이다 보니 아쉬움이 많았나 봅니다. 숙소로 돌아온 뒤 다케요시 씨가 이렇게 말했습니다.

"내일 아침에 빛이 좋을 때 아이들 업어주는 장면을 다시 한 번 찍고 싶군요."

유니세프의 현지 관계자도 그게 좋겠다고 해서, 저는 다음날 아침 다시 방문하고 싶다는 뜻을 고아원에 전했습니다. 그랬더니 전날에는 그토록 친절하게 대접해준 원장님이 "지금은 곤란해요. 오시면 안 돼요" 하고 거절하는 것이었습니다.

"점심때 지나서 와주세요. 아시겠지요? 지금은 정말 안 돼요."

저는 어렴풋이나마 그분이 거절한 이유를 알 것도 같았습니다. 이곳 아이들은 입을 옷이 없어서 평상시에는 거의 벌거숭이로 지냅니다. 하지만 우리처럼 외부에서 손님이 방문한다고 하면 어디에선가 옷을 빌려와서 아이들에게 임시로 새 옷을 입히는 것이지요.

벌거숭이 모습이 더 귀여울 수도 있으니까 상관없다고 다케요시 씨가 설득했지만 어쩔 수 없었습니다.

"안 돼요. 그러면 아이들이 불쌍해 보여요. 점심때까지 기다려주세요."

저는 그 이후에도 여러 나라의 고아원들을 둘러보았지만 어딜 가나 사정은 마찬가지였습니다. 맞지도 않는 커다란 신발에 헐렁헐렁한 옷을 걸치고 있는 아이들… 저는 고아원이나 초등학교에서 좋은 옷을 입고 있는 아이들을 볼 때마다 마음이 아픕니다. 손님에게 잘 차려입은 아이들의 모습을 보여주고 싶다는 선생님들의 심정은 잘 압니다. 하지만 자기 몸에 맞지 않는 옷을 걸치고 신발을 신은 아이들의 모습은 옷을 입은 게 아니라 옷을 떠받치고 있는 것처럼 부자연스럽기만 합니다.

그래도 정성스레 옷을 차려입고 유니세프 친선대사를 맞이하고 싶어하는 선생님들의 배려를 무시할 수는 없습니다. 그래서 선생님들을 생각해서라도 "어머나, 예쁜 옷이구나!" 하고 일부러 아이들에게 말을 걸게 됩니다. 제가 이렇게 칭찬을 해주면 그제서야 선생님들은 안심했다는 듯이 빙긋 웃는 것입니다.

지금은 방송인이라는 직업상 옷이 아주 많지만, 저 역시 어릴 적에 전쟁을 겪었기 때문에 옷 한 벌 없는 아이들에게 새 옷을 입혀 보여주려는 고아원 선생님들의 고민을 충분히 이해할 수 있습니다.

점심때가 지나 고아원에 찾아간 저는 전날처럼 업어주기와 말 태워주기로 아이들을 기쁘게 해주었습니다.

고아원에서도 분유처럼 영양가 있는 음식은 전혀 찾아볼 수 없었습니다. 고아원 아이들에게는 그나마 입양의 기회가 많아서, 작년 한 해 동안 이 고아원에서만 스무 명이나 되는 어린이들이 입양되었다고 합니다. 고아를 입양한 양부모 중에는 캄보디아의 수상도 있다고 하더군요.

먹을 것이 없는 것도 큰 문제이지만 그보다 더 심각한 문제는 보모들에게 있다고 합니다. 그들 역시 부모를 잃은 고아인지라 엄마가 아이들을 어떻게 다루는지 자연스럽게 몸에 익히지 못했기 때문이지요. 그러니 엄마 같은 보모 역할을 기대할 수 없는 것입니다. 누구 탓을 할 수도 없고, 참 딱한 노릇입니다.

홀로 살아남은 배우

캄보디아에는 폴 포트 정권 시절에 없어지다시피 한 크메르 전통 음악이나 전통 춤을 부흥시키고자 애쓰는 젊은이들이 있습니다. 이들 역시 90퍼센트 이상이 부모 형제를 잃은 고아입니다.

캄보디아의 전통예술 부흥에 대해 설명해준 문화부 장관님은 체격이 크고 포용력이 있어 보이는 온화한 분이었습니다. 장관님은 이렇게 말했습니다.

"구로야나기 씨, 당신도 배우라고 하셨지요? 저도 배우랍니다. 홀로 살아남은 배우……."

배우로서 외톨이가 되었다는 말에 저는 할말을 잃었습니다. 배우는 혼자서는 연극을 꾸려나갈 수 없습니다. 적어도 몇 사람은 있어야 합니다. 하지만 그는 함께 연극 공연을 하거나 이야기 나눌 동료가 없었습니다. 과거에는 분명 훌륭한 배우였을 그가 이제는 홀로 남아 죽은 배우 동료들을 쓸쓸히 떠올리고 있는 것이지요. 저도 배우의 한 사람으로서 더 이상 무대에 오를 수 없는 그의 처지가 애석하기 그지없었습니다. 한없이 온화한 얼굴의 주인공이지만 마음속 깊이 슬픔을 간직하고 있었던 것입니다.

폴 포트 정권은 초등학교 선생님들마저 거의 남기지 않고 죽였기 때문에 지금은 교사 부족으로 어려움을 겪고 있습니다. 교사 부족은 당연히 교육의 질 저하로 직결됩니다. 이러한 교육 문제가 커다란 사회 문제로 되고 있지만, 현재 캄보디아 정부는 아이들의 교육과 어른의 재교육을 최우선으로 실시하고 있기 때문에 식자율이 아주 높은 편이라고 합니다.

교사뿐만 아니라 교과서도 부족합니다. 제가 방문한 프놈펜 교외의 한 초등학교에서는 겨우 다섯 명당 한 권씩 교과서를 가지고 있었습니다. 지방으로 가면 선생님만 교과서를 가지고 수업하는 곳도 많다고 합니다. 칠판·책상·의자·노트·연필·종이·잉크 등의 교육 자재와 학용품도 절대적으로 부족하고, 교실 수도 적어서 제가 들른 초등학교만 하더라도 100명 이상의 미취학 아동들이 입학 대기 중이었습니다.

캄보디아에는 안심하고 마실 수 있는 물도 거의 없었습니다. 캄보디아 전체로 보면 3퍼센트, 도회지에 한정하면 10퍼센트의 사람들만이 안심하고 물을 마실 수 있을 뿐이었습니다. 유니세프는 인구 200명당 우물 하나를 목표로 삼아 계속 지하수를 파고 있습니다.

앙코르와트

마지막으로 우리는 캄보디아 문명의 상징이자 동양의 신비로 알려진 앙코르와트에 갔습니다. 캄보디아 정부의 관대한 배려 덕분이었습니다. 캄보디아에서 내전이 계속되는 동안, 전 세계의 이목은 석조 건축물의 최고 걸작이라고 할 수 있는 이 앙코르와트에 집중되었습니다. 전란 가운데 혹시 어떻게 되지나 않을까 하는 근심 때문이었지요.

앙코르와트는 프놈펜에서 북서쪽으로 250킬로미터 떨어진 곳에 있습니다. 우리는 군대의 보호를 받으며 비행기를 타고 그곳으로 날아갔습니다.

앙코르와트로 가는 길은 울창한 밀림 사이로 끝없이 뻗어 있었습니다. 앙코르와트 앞에는 원래 일류 호텔 몇 개가 번듯하게 들어서 있었는데, 지금은 폴 포트 정권에 의해 파괴되어 흔적조차 남아 있지 않았습니다.

앙코르와트 안에는 머리 없는 불상들이 죽 늘어서 있었습니다. 이 돌부처들의 머리는 폴 포트 정권이 떼어냈다고 합니다. 그들은 무엇 때문에 불상의 머리를 잘라 가져간 것일까요. 물론 복구하는 방법도

강구할 수 있겠지만, 기술자가 모두 죽어버리는 바람에 손을 쓰지 못하고 있다고 합니다.

주위에는 총알에 넣는 화약통들이 여기저기 흩어져 있었습니다. 아름다운 앙코르와트에 도저히 어울리지 않는 물건이었지요.

앙코르와트는 먼 곳에서 가끔씩 들려오는 포탄 소리만 빼면 한없이 고적하기만 했습니다. 오랜 기간 전쟁이 끊이지 않았던 곳이라고는 믿기지 않을 만큼.

이렇게 해서 저의 캄보디아 방문 일정은 막을 내렸습니다. 하지만 무엇보다 저 하늘을 올려다보던 두개골 더미가 뇌리에서 쉽사리 잊혀지지 않았습니다.

야간 초등학교

우리는 아침 6시경 프놈펜을 출발해서 1번 국도를 따라 다시 베트남으로 떠났습니다. 자동차로 달린 지 약 1시간 15분 만에 메콩 강에 도착했습니다. 메콩 강은 놀랄 만큼 크고 수량이 풍부했는데, 건너편 강기슭이 바로 베트남이었습니다.

강을 건너는 페리에는 머리 위에 짐을 인 많은 사람들로 붐볐습니다. 머리에 핀을 꽂은 열 살쯤 되어 보이는 여자아이가 제 눈에 띄었습니다. 그 애는 베트남의 명물인 군만두를 팔고 있었습니다. 보통 같으면 학교에서 한창 공부할 시간인데도 말이에요. 그 밖에 야채나 과일을 파는 아이들도 제법 있었습니다. 모두 학교에 가지 않고 장사에 나선 것이지요. 베트남의 어린이들은 50퍼센트 정도가 일 때문에 초등학교에 가지 못하거나 퇴학당한다고 합니다.

메콩 강을 건넌 후 황무지 사이로 난 1번 국도를 자동차로 열 시간 정도 달려서 옛 남베트남의 수도인 호치민(사이공) 시에 도착했습니다. 호치민 시는 인구가 300만 명으로 베트남에서 가장 큰 도시입니다. 당연한 이야기지만, 호치민의 거리도 전쟁의 후유증을 앓고 있었습니다. 하노이에 비하면 훨씬 활기찬 편이지만 속사정은 그렇지 못합니다. '부랑자 8만 명, 매춘부 7만 명, 마약중독자는 수를 셀 수 없다'는 통계에서 알 수 있듯이, 그 비참한 실태가 통계 수치를 통해 여지없이 드러납니다.

호치민 시에서 만난 시장님이나 여성 부시장님도 하노이에서 만났던 외무장관님과 비슷한 의견을 갖고 있었습니다.

"경제가 발전하지 않고서는 아무 일도 할 수 없습니다. 구시대의 나쁜 습관이 아직도 청산되지 않고 있어요. 야간 초등학교에 다니는 아이들을 주간반으로 옮겨줄 수만 있어도 좋을 텐데……."

이렇게 말하면서 부시장님은 무척 마음 아파했습니다.

호치민 시에는 취학 적령기 아동이 약 100만 명이나 있습니다. 그 중 가족의 생계를 돕기 위해 장사를 하거나 어린 동생들을 보살피거나 집안일을 해야 하기 때문에 초등학교에 다닐 수 없는 어린이가

6만 명이나 된다고 합니다. 야간 초등학교란 그런 아이들이 다니는 학교입니다.

우리는 야간 초등학교 중 한 곳을 방문했습니다. 이 킴 리엔이라는 학교는 호치민 시내에서도 특히 가난한 사람들이 몰려 사는 지역에 있었습니다. 여자 스님의 집을 빌려 밤 7시부터 9시까지 공부방을 여는데, 일곱 명의 선생님이 여섯 살부터 열다섯 살까지의 아이들 193명을 가르치고 있었습니다. 저는 야간 초등학교라는 것을 베트남에서 처음 보았습니다. 이제까지 일본은 물론 아프리카나 인도에서도 야간 초등학교에 대해서는 전혀 들은 바가 없었거든요.

여섯 살짜리 아이들이 어둑한 전깃불 아래 눈을 비벼가면서도 귀엽게 목청 돋우며 책을 읽었습니다. 덧셈, 뺄셈 같은 산수 문제도 풀었습니다. 개중에는 자꾸 눈이 감기니까 엄지와 검지손가락으로 눈꺼풀을 잡아서 억지로 눈을 뜨고 있는 아이들도 있었습니다.

가장 시급한 문제는 노트, 교과서 같은 학용품이 절대적으로 부족하다는 것입니다. 종이도 연필도 충분하지 않기 때문에, 아이들은 누런 갱지에 개미처럼 작은 글씨로 깨끗하게 써내려갑니다. 물론 종이를 아껴 쓰려고 글씨를 작게 쓰는 것이지요. 보통 초등학교 저학년 아이들은 글씨를 작게 쓰기 어려운데도 말이에요. 그것을 보니, 글씨를 큼지막하게 대충 쓰고는 대수롭지 않게 종이를 찢어버리는 제 자신이 몹시 부끄러워지더군요.

선생님들은 아이들이 하루 빨리 이 야간 초등학교를 그만두고 주간 초등학교에 다닐 수 있는 경제 형편이 되면 좋겠다고 입을 모아 말했습니다. 하지만 아무리 시간이 흘러도 아이들은 야간 초등학생 신세를 면하지 못한다고 합니다.

가난하기 때문에 낮에는 일하고 밤에 학교에 와서 공부하는 아이들. 천진난만한 목소리로 칠판에 쓰인 글자를 읽는 여섯 살 난 남자아이를 보고 있자니 갑자기 눈물이 나왔습니다. 보통 어린이들이라면 TV를 보거나 목욕을 하고 벌써 잠자리에 들었을 시간에, 베트남의 아이들은 학교에 나와 공부를 하는 것입니다.

우리의 어린이들도 입시 경쟁 때문에 공부하느라 힘들기는 마찬가지입니다. 학교뿐만 아니라 학원에도 다녀야 합니다. 그래도 이아이들보다는 행복하다고 생각됩니다. 우리의 어린이들이 스스로 얼마만큼 행복한지 알지 못하는 것처럼 불행한 일도 없습니다. 그런 생각을 하고 있자니 저절로 눈물이 맺혔던 것입니다.

언제나 당하는 것은 아이들

미군이 사용한 고엽제, 불발탄의 폭발 사고, 영양실조 때문에 앞을 볼 수 없게 된 아이들이 호치민 시에만 5000명이나 됩니다. 하지만 장애자 아이들을 위한 교육 시설은 턱없이 부족하기만 합니다.

호치민 시에 있는 구엔딘 차우 맹인학교는 학생 수가 81명인데,

베트남 곳곳에서 모인 아이들이 전원 기숙사 생활을 합니다. 이 학교도 다른 학교와 마찬가지로 교재나 학용품의 부족 때문에 고통을 겪고 있었습니다. 해외에서는 유일하게 네덜란드에서 점자 교과서를 제작하는 데 필요한 원조금을 보내주고 있을 뿐이었습니다.

불발탄 폭발 사고로 양팔과 두 눈을 잃은 여자아이가 있었습니다. 눈은 의안이지만, 정말 귀엽고 머리가 좋은 아이였습니다. 그 애는 점자를 손가락 끝으로 감지하면서 제게 책을 읽어주었습니다. 베트남에서는 부모를 도와 밭일을 거들다가 불발탄이 폭발해서 상처를 입는 아이들이 끊임없이 생겨난다고 합니다. 가난과 전쟁 때문에 겪는 가슴 아픈 이야기입니다.

고엽제의 영향으로 태어날 때부터 앞을 보지 못한 여자아이도 있었습니다. 중학생쯤으로 보이는 이 아이는 뺨 중간까지 앞머리를 내려뜨려서 얼굴을 가리고 있었습니다. 제가 "안녕(곤니치와)" 하니까 베트남 말로 "안녕하세요(신 차오)" 하고 인사했습니다.

머리카락 좀 올려보라는 선생님의 말에 따라, 그 애는 머리카락을 넘겨서 제게 얼굴을 보여주었습니다. 이마부터 양쪽 볼까지 피부가 이어져 있고 눈이 있어야 할 자리에는 아무것도 없었습니다. 제 뒤쪽에서 TV 카메라를 돌리고 있던 카메라맨이 놀라서 숨이 멎는 듯한 소리를 냈습니다. 뭐라고 표현하면 좋을까요. 그저 코와 입만 있는 두루뭉실한 얼굴이었습니다.

선생님이 우리를 놀라게 해서 민망하다는 듯이 말했습니다.

"그만 앞머리를 내려뜨리렴."

제가 손을 잡아주니까 그 여자애는 귀엽게 웃었습니다.

"힘내야 해."

그렇게 말하고 저는 교실을 나왔습니다. 나올 때 뒤를 돌아다보니, 그 애는 열심히 머리카락으로 얼굴을 감추고 있었습니다.

'저 아이는 저렇게 평생 얼굴을 가리고 살아야 하는구나. 아무런 잘못도 없는데……'

저는 참을 수 없는 기분이 되었습니다. 언제나 전쟁이 일어나면 가장 비참하게 당하는 것은 어린이와 엄마들이라는 사실을 그곳에서도 절실히 깨달았습니다.

맹인학교의 학생들이 떠나는 저를 위해 음악을 연주해주었습니다. 다른 사람이 기타 치는 모습을 한 번도 본 적이 없으련만, 기타를 껴안은 남자아이는 멋있는 연주를 들려주었습니다.

베트와 독

베트남전쟁에서 미군이 사용한 고엽제는 지금도 여전히 맹위를 떨치고 있습니다. 고엽제의 영향으로 많은 기형아가 태어나고 있기 때문입니다.

유명한 시암쌍둥이인 베트와 독이 입원했던 쓰즈 산부인과 병원의 여성 원장님은 일주일에 평균 다섯 명의 기형아가 태어난다고 침통한 표정으로 말했습니다. 그 전해에는 베트와 독 같은 시암쌍둥이가 열 쌍이나 태어났다고 합니다. 베트와 독은 수술을 통해 몸이 분리되었지만, 다른 아이들의 경우에는 평생 둘이 붙어서 살아야 합니다. 물론 기형아만 문제가 되는 것은 아닙니다. 정상적인 아이라고 해도, 엄마의 영양 부족 때문에 신생아 다섯 중 하나는 출생시 체중이 2500그램 미만이라고 합니다.

어느 날 베트와 독이 건강하다는 기쁜 소식이 날아왔습니다. 분리수술 후 두 달이 지나자, 독은 휠체어를 타고 병원 복도를 왔다갔다할 정도로 건강이 회복되었고, 베트는 아직 침대 신세를 면하지는 못했지만 훨씬 몸이 좋아지고 체중도 3킬로그램이나 불었다고 하더군요.

"빨리 건강해져야지."

병원에 찾아간 저는 베트와 독에게 안에 손을 넣어 움직이는 판다곰 인형과 고양이 장난감을 선물했습니다. 반응이 느리다는 베트도 제가 판다곰을 보여주니까 방긋 웃었습니다.

저는 건강해진 독에게 한 가지 부탁을 했습니다. 나중에 열심히 공부해서 자립하게 되면 세계를 돌아다니며 자기가 겪은 일을 알려달라는 것이었습니다. 독이 이다음에 커서 평화와 자유가 얼마나 소중한지 만방에 호소하는 '평화의 사자'가 되어주면 좋겠다고 생각했기 때문이지요.

"그럴게요."

독은 또렷한 음성으로 대답했습니다.

앞으로도 곤란은 수없이 닥치겠지요. 하지만 베트남에도 캄보디아에도 차분히 정신을 가다듬고 나라를 부흥시키려는 뜨거운 열의가 넘쳐흐르고 있었습니다. 아이들도 발벗고 나서서 밝은 미래를 향해 달려가고 있었습니다. 이렇게 자기 나라를 자랑스럽게 여기는 사람들을 보고 있노라면 저절로 기분이 좋아집니다. 저는 이 두 나라를 보고 가슴이 참 뿌듯했습니다.

아름다운 꽃다발
앙골라

유니세프 친선대사로서 방문할 나라가 정해지면, 저는 먼저 그 나라에 대한 공부부터 시작합니다. 그 나라에서 특파원으로 활동하고 온 저널리스트, 후생성이나 외무성 직원으로 파견되어 그 나라에 오래 산 적이 있는 분이나 그 나라의 주일대사를 통해서 정치·경제·풍속·종교 등 다방면에 걸쳐 많은 이야기를 듣습니다. 주로 공부하는 곳은 유니세프 주일 사무소입니다.

앙골라에 대해 설명을 듣기 전의 일입니다.

"이번엔 아프리카의 앙골라에 가게 되었어요."

제가 이런 말을 꺼내면 대부분의 친구들은 "앙고라토끼가 있는 곳이지요?" 하고 되물었습니다.

'아프리카 사막에 그렇게 다보록한 털을 가진 토끼가 있다면 무척 더울 텐데…….'

그래서 백과사전을 들춰보니, 앙고라토끼의 원산지는 터키였습니다. 터키의 수도 앙카라를 옛날에는 앙고라라고 불렀는데, 거기에 사는 털이 복슬복슬한 토끼를 앙고라토끼라고 부른 데서 유래된 것이라 하더군요.

이것은 단적인 예에 불과하지만, 우리는 그만큼 아프리카에 대해 무지합니다.

앙골라는 남아프리카의 남서부, 대서양과 면한 곳에 있습니다. 인구 1000만 명에 수도는 루안다, 공용어는 포르투갈어입니다. 본디 다이아몬드, 철광석 등 지하자원이 풍부한 나라이기 때문에 평화롭기만 하다면 조금도 아쉬울 것 없는 나라입니다. 석유와 금뿐만 아니라 하이테크 산업에 필요한 희귀 금속도 산출됩니다.

하지만 식민지 독립전쟁에서 앙골라가 포르투갈에 승리하자 포르투갈의 전문 기술자들이 전부 본국으로 철수하면서 문제가 발생했습니다.

앙골라에서 일할 수 있는 기술자의 수는 아주 적습니다. 그것도 대부분 일반 노동자로 일하던 사람들이어서 전문 기술자로서는 부족한 점이 많습니다. 한편 농민들은 계속되는 내전 때문에 제대로 농사를 지을 수가 없습니다. 앙골라 커피라고 하면 품질 좋기로 정평이 나 있지만, 지금은 생산량이 뚝 떨어져서 전성기 때의 10분의 1 정도만 생산되고 있습니다. 사정이 이런데도 앙골라는 국가 예산의 60퍼센트를 군사비로 쓰지 않으면 안 됩니다. 어린이 1000명 중 375명이 다섯 살도 되기 전에 죽을 정도로 내전이 오랜 기간 이어지고 있기 때문이지요.

영빈관

1989년 10월 말, 앙골라에 대해 여러 가지 지식을 얻은 우리는 드디어 앙골라를 향해 출발했습니다.

수도 루안다에 도착했을 때 제일 먼저 눈에 띈 것은 지뢰로 다리를 잃고 목발을 짚고 다니는 수없이 많은 상이군인들의 모습이었습니다.

앙골라에서는 내전이 15년째 계속되고 있었습니다. 포르투갈과 독립전쟁을 벌였던 14년을 보태면 장장 30년 동안 줄곧 나라 안이 전쟁 상태였던 셈이지요. 여러분은 30년 동안이나 계속되는 전쟁을 상상하실 수 있겠어요?

시내에는 제대로 남아 있는 건물이 하나도 없었습니다. 창문이라는 창문은 대개 부서져 있었습니다.

제가 머문 영빈관은 포르투갈 풍의 건물입니다. 영빈관이라고 하면 대단히 고급스러울 것 같지만 툭 하면 정전이 됩니다. 생각해보니 니제르, 모잠비크, 베트남에서도 영빈관에서 묵었습니다. 하지만 하루 종일 돌아다니다 밤늦게 돌아와서 발이나 씻고 자고 싶어도, 온

수는커녕 수돗물조차 나오지 않는 곳이 대부분이었지요.

모잠비크의 영빈관에서 잤을 때에는 12센티미터쯤 되는 거미가 벽에 붙어 있었습니다. 하얀 색에 검은 줄무늬가 있어서 보고만 있어도 소름이 끼치는 거미였습니다. 자고 있는데 그놈이 얼굴 위로 떨어지면 큰일이니까 살충제를 뿌리면서 대격투를 치른 끝에 겨우 퇴치했습니다.

일본에서 이런 벌레를 만났다면 끔찍하다고 여겼겠지만, 아프리카로 올 때 웬만큼 각오를 다진 탓인지 '꺄아' 하고 소리지를 정도는 아니었습니다. 다만 이런 놈들이 신발 속에라도 들어가 있으면 곤란하니까 모든 소지품에 커버를 씌우거나 지퍼를 채워놓고 자야 한다는 게 다소 귀찮다면 귀찮은 일이었지요.

의자를 가지고 학교에

앙골라는 여러 면에서 모잠비크와 비슷합니다.

앙골라와 모잠비크는 1975년 포르투갈로부터 독립하여 처음에는 흑인 정권 치하에서 잘 해나갔습니다. 하지만 이웃 나라인 남아프리카공화국이 흑인 정권의 존립에 위협을 느낀 나머지 반정부 게릴라들에게 무기와 자금을 지원하면서부터 상황이 달라졌습니다.

게릴라들은 나라 안을 엉망으로 파괴해버렸습니다. 폭파당한 병원과 학교, 엉망으로 파괴된 철도… 그리고 게릴라를 피해 도망 온

학교에 가는데 자기 의자를 집에서 가져가는 아이. 의자가 없는 아이는 그냥 바닥에 앉습니다.

사람들이 피난민캠프 안에 여기저기 흩어져 있었습니다. 넘쳐나는 피난민들은 다른 나라에서 온 것이 아니었습니다. 바로 앙골라 각지에서 도망 온 사람들이었습니다.

앙골라의 사태는 듣던 것 이상으로 심각했습니다.

아침에 보니, 아이들이 나무로 만든 이상한 물건을 머리에 인 채 걸어가고 있었습니다. 무얼까 궁금해서 자세히 관찰해보니 의자였습니다. 가방도 도시락도 없이 단지 의자만 머리에 이고 학교에 가는 것이었습니다. 물론 모두 맨발이었지요.

아프리카는 날씨가 더우니까 사람들이 맨발로 다니는 것이겠지 하고 지레 짐작하는 분도 있겠지요. 하지만 그게 아닙니다. 단지 신발이 없어서 못 신고 다니는 것뿐입니다. 그들 역시 맨발로 울퉁불퉁한 땅 위를 걸으면 발이 아픕니다. 신발을 갖고 있다면 당연히 신고 다니겠지요. 하지만 신발을 신은 아이는 거의 본 적이 없습니다.

앙골라에서는 그 어떤 학교나 고아원에도 책상과 의자가 없었습니다. 아이들은 콘크리트 바닥에 직접 앉습니다. 집에서 의자를 들고 와서 앉는 아이는 그나마 좀 형편이 나은 아이입니다. 의자라고 해봤자 주워온 나무로 만든 조잡한 것입니다. 가뭄 때문에 나무를 구하기란 거의 불가능하기 때문이지요.

이런 이야기를 들려주면 우리의 어린이들은 '의자가 없으면 사면 되지?' 하고 생각할지도 모릅니다. 하지만 이곳의 학교나 고아원에는 의자를 살 돈이 없을 뿐만 아니라, 막상 사려고 해도 의자를 파는 가게가 아예 없습니다. 오랜 내전으로 가게는 대부분 문을 닫았습니다. 팔 물건이 없기 때문이지요. 일본도 전쟁 중에는 그랬습니다. 이따금 문을 여는 가게가 있으면 사람들은 물건을 사기 위해 긴 줄을 섭니다. 무엇을 팔고 있는지 알지 못해도 가게 앞에 무작정 줄을 서 있습니다. 전쟁이란 그런 것입니다.

앙골라는 500년 가까이 포르투갈의 식민지 지배를 받았습니다. 1975년 포르투갈로부터 독립했을 때 글을 읽을 줄 아는 사람은 겨우 15퍼센트에 불과했다고 정부 관계자는 말했습니다. 식민지 통치하에서는 극소수의 사람만이 교육을 받을 수 있었기 때문입니다. 모잠비크도 마찬가지입니다. 모잠비크도 독립했을 당시 2퍼센트의 사람만이 읽고 쓸 줄을 알았습니다. 그런 상황에서 독립을 이루었으니 교육 문제만 해도 여간 힘든 게 아니었겠지요.

게다가 앙골라는 독립 후에도 내전이 계속되어 젊은이란 젊은이는 모두 군대에 끌려갔습니다. 후방에 남은 사람들도 우왕좌왕 도망치기에 바빴습니다. 그러니 차분히 계획대로 교육을 실시하기란 불가능했을 것입니다.

의료 문제 역시 마찬가지입니다. 의사가 절대 부족한 상태여서 인구 1000만 명에 의사는 겨우 750명에 불과했습니다. 더구나 그 750명 가운데 450명은 멀리 쿠바에서 원조하러 온 의사들이었습니다. 이 쿠바 의사들이 머지않아 철수할 경우, 앙골라 인구 1000만 명에 의사는 300명밖에 안 되는 것입니다. 마실 물이나 의약품이 부족한 것은 굳이 말할 필요도 없겠지요.

수많은 사람들이 영양실조에 걸려 있었습니다. 제가 방문한 해에는 가뭄으로 200만 명이 피해를 입었습니다. 아이들뿐만 아니라 전쟁터에 나간 군인들조차 제대로 먹지 못해 영양실조에 걸렸습니다.

전선까지 식량을 나를 수 없었던 데에는 물론 지뢰나 게릴라의 습격 탓이 큽니다. 하지만 또 한편으로는 트럭이나 석유가 턱없이 부족했던 탓도 큽니다. 전쟁에 많은 비용이 들어가기 때문에 물자 수송에는 쓸 돈이 없었던 것이지요.

아름다운 꽃다발

육군 병원에는 지뢰 폭발로 다리를 잃은 젊은 군인들이 셀 수 없이 많았습니다. 박격포탄에 눈을 맞아서 실명한 군인들도 있었습니다. 그 군인들은 하나같이 비쩍 말라 있었는데, 의사 선생님은 그게 다 영양실조 때문이라고 설명해주었습니다.

저는 열여덟 내지 열아홉 살밖에 되지 않은 어린 병사들에게 물어보았습니다.

"만약 전쟁이 끝나고 평화가 찾아오면 어떤 일을 하고 싶어요?"

"중학교에 가고 싶습니다."

"다시 공부하고 싶습니다."

군인들은 입을 모아 이렇게 대답했습니다.

무릎 아래 부분을 지뢰 폭발로 잃은 한 군인은 전쟁이 끝나면 의학 공부에 전념해서 병원에서 일하고 싶다고 대답했습니다. 그 소망이 이루어지면 좋을 텐데… 저는 소년 같은 젊은 군인들의 눈을 보면서 마음속으로 빌었습니다.

군인들은 모두 다 가족과 연락이 끊긴 상태였습니다. 자기가 살던 집은 어떻게 되었는지, 가족들은 무사한지, 고향의 부모님은 살아 계신지 그들은 전혀 알지 못했습니다. 뿔뿔이 흩어진 가족들이 서로 생사도 모른 채 지내고 있는 것입니다.

한 병사는 이렇게 덧붙였습니다.

"모든 게 엉망입니다. 편지를 부치고 싶어도 어디로 부치면 좋단 말입니까?"

박격포탄에 눈을 맞아서 얼굴의 반을 붕대로 휘감은 군인이 대표로 저에게 해바라기, 히비스커스, 일일초로 만든 꽃다발을 주었습니다. 꽃다발의 밑동은 리본 대신 붕대로 묶었더군요. 도대체 이 꽃들을 어디에서 구한 것일까요. 꽃이라고는 눈에 띄지 않는 황폐한 곳인데 말이에요.

그 꽃다발은 그때까지 받았던 그 어떤 꽃다발보다도 아름다웠습니다. 머뭇머뭇 쑥스러워하면서 저에게 꽃다발을 건네준 군인의 한쪽 눈 역시 꽃다발 못지않게 아름다웠습니다.

의족을 만드는 자원봉사자

모잠비크에서도 지뢰로 피해를 입은 사람이 많았습니다. 그런데 앙골라는 모잠비크보다 더 큰 피해를 입었습니다.

앙골라에는 지뢰를 밟아서 다리를 잘린 사람이 5만 명에 달합니다. 인구 비례로 치면 세계 최고라고 합니다.

지뢰는 정말 끔찍한 무기입니다. 의족센터에서 만난 한 젊은 엄마도 지뢰 때문에 다리를 잃었습니다. 여덟 살과 두 살짜리 아이를 데리고 밭에서 일하다가 지뢰를 밟은 것입니다. 바로 전날만 해도 지뢰가 없었던 곳인데 말이에요. 그녀의 오른쪽 다리가 날아가는 동시에 곁에 있던 두 아이는 목숨을 잃었습니다. 이미 남편은 전사했기에 이제 가족 모두를 잃은 것이지요. 이 젊은 엄마는 의족을 받기 위해 순서를 기다리고 있었습니다. 저는 위로의 마음을 담아 커다란 눈을 가진 그녀의 단단한 어깨에 손을 얹었지만 뭐라고 위로해야 할지 말이 나오지 않았습니다.

어른은 지뢰를 밟으면 대개 발목을 다칩니다. 다리를 잃는 일도 큰일이지만 목숨까지 잃는 일은 그리 많지 않은 듯합니다. 하지만 어른과 달리 어린이들은 몸이 작기 때문에 지뢰를 밟으면 거의 죽고 맙니다. 다행히 곧장 죽지는 않는다 해도 파상풍에 걸려 죽는 아이들도 많습니다. 또 지뢰가 터질 때 받은 충격으로 두뇌 장애를 일으키는 아이들도 적지 않다고 합니다.

그뿐 아닙니다. 지뢰 파편이 눈에 들어가 맹인이 되거나, 폭탄이나 지뢰가 터질 때 일어나는 폭발음 때문에 귀가 먹는 아이들도 허다합니다.

수도인 루안다에는 폭발음 때문에 귀머거리가 된 아이들을 위한 농아학교가 있습니다. 이곳 아이들은 수화가 아니라 입술을 통해 다른 사람의 말을 이해하는 공부를 열심히 하고 있었습니다. 다른 사람의 입술을 읽는 일은 아주 어려워 보였습니다. 이 농아학교에도 의자가 없어서 아이들은 우유통 같은 작은 깡통에 걸터앉아 공부를 하고 있었습니다.

앙골라에서는 최근 9년 동안 내전으로 50만 명이 죽었습니다. 그 가운데 33만 명이 어린이입니다. 내전이라고 하면 흔히 군인들만 죽는 것으로 알기 쉬운데 그렇지 않습니다.

앙골라는 세계에서 아동 사망률이 가장 높은 나라입니다. 1000명 중 375명이나 되는 어린이가 병에 걸리거나 내전에 휘말려 다섯 살이 되기 전에 죽습니다. 이것을 비율로 환산하면 열 명 중 네 명 가까이 사망하는 셈이지요. 고아도 많아서, 15만 명 정도로 추정됩니다.

앙골라에서 제가 특별히 감격한 곳은 스웨덴이 출자하여 세운 의족센터입니다. 의족센터는 지뢰 피해를 많이 입는 앙골라 사람들에게 무엇보다도 필요한 시설입니다. 의족센터에는 스웨덴의 젊은 의족 기술자 네 명이 근무하고 있었습니다. 앙골라는 말라리아와 파상풍의 위험이 있고 마실 물조차 넉넉하지 않은 나라입니다. 더구나 위생 상태도 나쁜 환경에서 그들은 앙골라 사람들을 위해 열심히 일을 하고 있었습니다.

금발의 젊고 아름다운 여성 기술자는 한쪽 다리를 잃은 사람의 다리 길이를 신중하게 재고 있었습니다. 본디 의족이라는 물건은 한 사람 한 사람 맞춤형으로 만들어주지 않으면 소용이 없으므로 꽤 품이 많이 드는 작업입니다. 의족은 나무를 깎아서 만드는데, 남은 한쪽 다리와 길이가 똑같아야만 합니다. 그러니 한꺼번에 대량 생산할 수가 없습니다. 한마디로 필요한 사람을 위해서 하나하나 주문 생산을 해야 하는 것이지요.

기술자 한 명이 필사적으로 부지런히 움직여야 하루에 열 다섯 명에서 스무 명분 정도의 의족을 만들 수 있다고 합니다. 하지만 하나의 의족이 완성되면 다리를 잃은 사람 한 명이 걸음을 걸을 수 있게됩니다. 의족의 가치는 그만큼 소중합니다.

그런데 여기저기 둘러보고 깜짝 놀란 것은 실로 여러 나라에서 많은 사람들이 앙골라를 돕기 위해 와 있었다는 사실입니다.

제가 방문한 몇몇 고아원도 앙골라 정부가 지은 것은 아니었습니다. 외국의 정부와 민간 단체가 도와서 얼마 전에 세웠다고 합니다.

일본은 세계에서 돈이 많은 나라로 알려져 있습니다. 하지만 성금은 보내도 사람은 거의 보내지 않는다고 합니다. 저는 일본인 한 사람 한 사람이 부자라고는 결코 생각하지 않습니다. 자기 집을 마련하는 일은 꿈도 꿀 수 없고, 어쩌다가 집을 산다고 해도 통근하는 데 왕복 네 시간이나 걸릴 정도로 변두리에 있는 집을 사게 됩니다. 집에 돌아와도 아이들과 놀아줄 시간이 없을 만큼 아버지는 회사 일로 바쁩니다. 이렇게 일이 바빠서 자유롭게 시간을 낼 수 없는 것이야말로 풍족하지 않다는 뜻이 아닐까요.

일본은 왜 돈은 보내도 사람은 보내지 않는다는 말을 듣는 것일까요. 이 스웨덴의 의족 기술자들처럼 지금 당장 그 나라에 무엇이 가장 필요한지 조사하고 연구하는 데 익숙하지 않다는 뜻일 테지요. 만약 지금 도움을 필요로 하는 나라의 사정을 알게 된다면 의족을 만드는 일이든, 우물을 파는 일이든, 두려움에 떠는 아이들을 안아주는 보모 일이든, 두 팔 걷어붙이고 무슨 일이든 도와주고 싶어할 사람들이 많이 있으리라 믿습니다.

안전한 화장실은 어디에

수도 루안다는 군대가 완벽하게 보호하기 때문에 그럭저럭 안전한 편이었습니다. 하지만 루안다에서 조금만 떨어져도 무슨 일이 일어날지 알 수 없는 위험한 상태였습니다.

우리는 루안다에서 400킬로미터쯤 떨어진 벵겔라라는 주州에 가기로 했습니다. 곳곳에 지뢰가 묻혀 있는 데다 게릴라들이 습격해올 수 있기 때문에 육로는 위험하다고 하여 소형 비행기를 타고 가야만 했습니다.

그 비행기는 국내 항공편이 아니라 유니세프가 전세 낸 비행기였습니다. 유니세프의 현지 관계자는 비행기를 빌리는 일이 "평생 가장 힘든 일"이었다며 혀를 내둘렀습니다. 그만큼 앙골라에서 비행기를 전세 내기란 여간 어려운 일이 아닙니다. 지뢰나 포격의 위험을 무릅쓰고 비행기를 조종하려는 조종사를 찾기 힘들기 때문이지요.

공항에 착륙한 다음부터는 자동차로 이동했습니다. 앞쪽에도 뒤쪽에도 기관총을 든 많은 군인들이 제가 탄 차를 호위했습니다. 차창 밖을 보니 높은 언덕 위에도 병사들이 총을 메고 서 있었습니다. 그 정도로 경비를 삼엄하게 하지 않으면 벵겔라 주에 갈 수 없는 것입니다.

저는 길을 떠나기 전에 만약 용변이 급할 경우 차를 멈춘 곳에서 볼일을 봐달라고 엄중히 주의를 받은 바 있었습니다. 만약 조금이라도 길을 벗어난 풀밭에서 용변을 보려 하다가는 언제 지뢰에 당할지 몰랐기 때문입니다. 앞을 향해 달리는 이 자동차 도로 외에 안전한 곳은 어디에도 없었습니다. 저는 되도록 수분을 취하지 않음으로써 용변 볼 일이 생기지 않도록 신경 썼습니다. 그래도 명색이 유니세프 친선대사인 이상 자동차 옆에서 바지 내리는 모습을 보여서야 되겠어요. 참고로, 앙골라에는 공중화장실이 없었습니다.

아프리카 최대의 철도라는 벵겔라 철도는 총 연장이 2000킬로미터에 달합니다. 그러던 것이 지금은 지뢰 때문에 선로가 토막토막 끊어져 30킬로미터의 구간밖에는 이용할 수 없습니다.

벵겔라 철도의 종착지는 로비토 항구입니다. 로비토는 게릴라들에 의해 철도가 파괴되기 이전에는 번영을 누리던 항구였습니다. 역에는 못쓰게 되어버린 기관차들이 줄줄이 늘어서 있었습니다. 이 기관차들은 모두 시한폭탄 장치로 폭파되어 도저히 수리할 수 없을 정도로 망가진 것이지요. 쓸 수 있는 기관차는 10량밖에 되지 않는다고 합니다.

우리가 로비토 항을 뒤로하고 자동차로 달리고 있을 때였습니다. 들판 한가운데 멈춰 서 있는 기차가 보였습니다. 기차는 당장이라도 출발할 듯이 기적을 삐— 삐— 울렸습니다. 아무 표지도 없고 플랫폼도 없어서 제 눈에는 그냥 버스 정류장처럼 보였는데, 알고 보니 그곳은 기차역이었습니다.

기차 안에는 어른 아이 할 것 없이 빼곡이 타고 있었습니다. 그뿐 아닙니다. 객차뿐만 아니라 화물차에도 사람들이 찰싹 들러붙어 주렁주렁 매달려 있는 게 아니겠어요.

그런데 그와는 대조적으로, 기차 맨 앞에 있는 무개차 세 량에는 아무도 타고 있지 않았습니다. 왜일까요. 선로 밑에 지뢰가 파묻혀 있다 해도 맨 앞의 무개차들이 먼저 폭파될 것이기에 그 뒤에 있는 승객들은 목숨을 건질 수 있다는 계산에서 나온 슬프디슬픈 고안이었던 것이지요.

한마디로 죽음을 이웃 삼아 살아가고 있는 사람들이었습니다.

팔다리를 잘리고

벵겔라에서 80킬로미터 정도 자동차로 달려 사막 한복판에 있는 피난민캠프에 도착했습니다. 그곳에는 2000명의 피난민이 수용되어 있었습니다. 흙으로 지은 집이 350여 채 있었고, 한 집에 많게는 일고여덟 명이 살고 있었습니다.

제가 갔을 때는 유니세프 사람들이 피난민들에게 밭 일구는 법을 가르치고 있었습니다. 밭에는 파릇파릇한 초록빛 떡잎들이 힘겹게 고개를 내밀고 있었습니다. 괭이나 쟁기 같은 농기구가 부족한 데다 가뭄으로 물이 말라붙어 밭을 일구기가 무척 어렵다고 하더군요.

이곳 캠프는 전선에서 가까운 탓인지 심한 부상을 입은 아이들이 많이 눈에 띄었습니다.

이곳의 반정부 게릴라는 남아프리카공화국의 지원을 받는 앙골라 전면독립민족동맹(UNITA)이라는 조직입니다. 현지 사람들의 말에 따르면, 남아프리카공화국의 군대는 뛰어난 장비를 갖추고 있어서 주변 나라들의 군대가 모두 뭉쳐도 대적하지 못할 만큼 강하다고 합니다. 앙골라 전면독립민족동맹은 그런 강력한 군사력을 등에 업고 활동을 벌이고 있는 것입니다.

그런데 앙골라의 게릴라들은 다른 어떤 나라의 게릴라에게서도 찾아볼 수 없는 잔인한 면모를 갖고 있습니다. 게릴라들은 일반적으로 수확기에 농가를 덮쳐 식량을 약탈합니다. 아버지는 죽이고, 엄마는 강간한 다음 마음에 들면 데려갑니다. 일 좀 하게 생긴 나이의 아이들은 강제 노동을 시키기 위해 데려갑니다. 여기까지는 모잠비크의 게릴라와 별로 다르지 않습니다.

앙골라의 게릴라가 다른 나라의 게릴라보다 잔인한 점은 엄마에게 어린 아기를 놔두고 가라고 명령한 뒤, 아기를 나무에 덜렁 붙들어 매놓고는 팔이나 다리를 잘라버린다는 것입니다. 아기들은 혼자 남겨져 대부분 목숨을 잃지만, 운좋게 살아남는다 해도 팔다리 없는 고아가 되어 평생 다른 사람의 도움을 받으며 살아가야 합니다.

머리카락을 가늘게 몇 갈래로 따서 늘어뜨린 여덟 살짜리 귀여운 여자아이는 양팔이 없었습니다. 부모님이 게릴라에게 살해당했을 때 게릴라가 그 애의 양팔을 칼로 잘라냈다고 합니다. 저는 불쌍한 마음이 들면서도 큰맘 먹고 물어보았습니다.

"그때 무슨 일이 있었는지 기억하니?"

"글쎄요. 별로 기억이 없어요. 엄마와 아빠는 그때 죽었어요."

아이는 고개를 숙인 채 조그만 목소리로 대답했습니다.

오른쪽 다리에 엉성한 의족을 단 남자아이도 게릴라에게 다리를 잘렸다고 하는데, 그때 일만은 죽어도 말하지 않겠다는 듯이 입을 꾹 다물고 있었습니다. 도망치다가 붙잡히는 바람에 나무에 묶여 양팔을 잘린 소년도 있었습니다. 그 애는 그때 일어난 일을 자세히 얘기해주었습니다.

도대체 게릴라들은 무슨 생각으로 그런 짓을 저지르는 것일까요. 그렇게 해서라도 "우리는 이만큼 무서운 사람들이야. 조심해!"라는 메시지를 모두에게 알리고 싶은 것일까요. 그토록 귀여운 아이들이 아무 죄도 없이 평생 병신으로 살아가야 한다는 것을 그들은 모르는 것일까요.

앙골라의 아이들은 누구라 할 것 없이 죽음의 비상 사태 속에서 살아가고 있었습니다. 저는 하루 빨리 앙골라에 평화가 찾아오기를 진심으로 빌었습니다.

대통령도 외무장관도 이렇게 말했습니다.

"우리는 아이들의 행복을 최우선으로 생각합니다. 하지만 물자가 너무 없어서 아무것도 해줄 수가 없답니다. 그저 있는 힘을 다해 자유롭게 해주려고 노력할 뿐입니다. 그것만이 아이들을 행복하게 해줄 수 있는 유일한 길이니까요."

저는 앙골라의 여러 곳을 둘러보고 그 말이 옳다고 생각했습니다.

환영의 춤

앙골라 사람들은 전쟁의 참화 속에서 온갖 고통을 겪으며 생활하고 있음에도, 의외다 싶을 정도로 모두들 밝고 씩씩하게 살아가고 있었습니다.

제가 만나본 앙골라 사람들은 교육을 받은 사람이든 교육을 받지 못한 사람이든 큰 소리로 화를 내거나 허둥대는 모습을 보인 적이 없습니다. 모두들 침착하고 상냥하고 유머 감각이 있었습니다.

고향 마을이 전쟁터로 변하는 바람에 집에서 쫓겨난 사람들이 2000명 정도 모여 있는 피난민캠프에 갔을 때의 일입니다.

피난민캠프에는 남자와 여자가 섞여 있게 마련인데, 여기에서는 웬일인지 어린이·여자·남자, 이렇게 세 그룹으로 나뉘어 저를 마중 나왔습니다.

저는 먼저 어린이들과 악수를 나누었습니다. 그 다음 여자들에게 악수를 청했습니다. 그러자 그녀들은 "환영의 춤을 추어드릴게요" 하더니 격렬한 동작으로 춤을 추기 시작했습니다. 새처럼 높은 소리로 노래부르며 젖 먹던 힘까지 내서 모두가 흥겹게 춤을 추었습니다. 악기 같은 것은 물론 있을 리 없었지요. 노래에 맞추어 손과 발로 박자를 맞추는데 땅이 울릴 만큼 우렁찬 소리가 났습니다.

기온이 40도 이상인 데다 반사열도 만만치 않아서 엄청나게 더웠습니다. 이런 날씨에 저렇게 춤을 추다가 일사병에 걸리지나 않을까 염려스러울 정도였답니다.

저는 집들을 둘러보기 위해 방송국 사람들과 함께 캠프 안으로 향했습니다. 그러자 우리를 안내해준 캠프 책임자가 뒤따라오더니 이렇게 말했습니다.

"구로야나기 씨, 어린이와 여자들하고만 악수하시고 남자들과는 악수하시지 않았어요. 남자들이 기가 죽어 있으니, 악수 좀 해주세요."

"어머나, 그랬군요. 곧장 춤이 시작되는 바람에 경황이 없었어요……."

저는 돌아가서 남자들에게 사과했습니다.

"미안해요. 그럴 생각은 없었는데, 춤이 시작되어서 그만… 죄송해요."

그리고 남자들 모두와 악수를 했습니다. 남자들 중에는 나이 든 분이 많았는데, 모두들 쭈그리고 앉아서 무슨 글자라도 쓰는지 손가락으로 땅바닥을 긁고 있었습니다. 고개를 푹 수그린 채 애꿎은 모래만 들쑤시고 있는 모습이 꽤 활기가 없어 보였습니다.

이때 저는 남자와 여자의 차이를 느꼈습니다. 흔히 여자가 남자보다 생명력이 더 강하다고 하는데, 이 나라 역시 마찬가지였습니다. 여자들은 찌는 듯한 더위 속에서도 세 시간이나 춤추며 노래했고, 제가 돌아갈 때에도 손을 흔들어주면서 또 춤을 추었습니다. 뭐 하나 제대로 먹지 못하는 몸 어디에서 그런 에너지가 나오는지 놀라지 않을 수 없었지요.

남자보다 여자가 더 현실적이기 때문일까요. 그녀들은 고향에서 쫓겨나면서 남편을 잃고 어쩌면 자식도 잃었는지 모릅니다. 그래도 지금 이렇게 살아 있음에 감사하면서 "오늘은 춤을 추자!" "오늘은 힘을 모아 일하자!" "인생은 즐길 수 있을 때 즐기자!" 그런 마음으로 살아가는 것 같았습니다.

그에 비하면 남자들은 이상에 치우쳐서 살아가는 것인지도 모릅니다. 나이 든 남자들은 자식 다 키우고 손자도 보고 이제부터는 인생을 즐길 수 있겠다고 생각하던 차에 집도 잃고 재산도 잃었을 것입니다. 더구나 아들이 전사하고 손자가 다치면 "이럴 리 없어" "이제부터 어쩐담" 하고 낙담만 할 뿐 충격을 떨치고 일어나기가 힘듭니다. 그래서 그들은 피난민캠프로 들어와 일단 목숨은 건졌음에도 여전히 의기소침하게 생활하는 것이겠지요.

수도 루안다로 무사히 돌아온 저는 연안 부두로 나가보았습니다. 커다란 불구슬 같은 태양이 바다 저편으로 가라앉고 있었습니다. 위대한 자연이 숨쉬는 이 항구에서 900만 명이나 되는 앙골라 사람들이 노예로 팔려 아메리카 대륙으로 끌려갔습니다. 한창 일할 나이의 건장하고 장래가 촉망되는 청년 몇백만 명이 노예로 끌려갔던 역사를 지닌 나라가 바로 앙골라입니다.

가 장 원 하 는 것 은 자 유 !

제가 지금까지 계속해서 유니세프 친선대사 활동을 하고 있는 이유는 지구상에 도움을 필요로 하는 아이들이 있다는 것을 한 사람에게라도 더 알리기 위해서입니다. 물론 저 자신도 세계의 어린이들이

처한 사정을 조금이라도 더 알고 싶었고요.

앙골라에서의 마지막 일정으로, 저는 앙골라에서 느낀 감상을 이야기하는 장면을 촬영하기 위해 방송국 관계자들과 함께 공원으로 갔습니다.

제 주변에 있던 아이들은 방송 촬영을 하는 모습이 신기했던 모양인지 "차! 차! 앙골라" 하고 큰 소리로 외치더니 합창을 하기 시작했습니다. 주위가 시끄러워지자 저도 지지 않고 목청껏 소리를 높였습니다. 저는 "앙골라 여행은 이것으로 마칩니다" 하고 어떻게든 촬영을 마무리지으려 했습니다. 하지만 아이들의 목소리가 어찌나 큰지 제 목소리는 군데군데 끊기고 말았지요.

이제껏 제가 만난 아프리카 어린이들은 대부분 울 힘조차 없었습니다. 하지만 이렇게 건강한 아이들도 있었습니다. 모두 귀엽고 해맑은 얼굴을 하고 있을 뿐만 아니라, 어린 나이답지 않게 어떤 비참한 상황에 부딪혀도 의연하게 대처합니다. 공원에 있던 앙골라 어린이들에게 "지금 당장 제일 필요한 게 뭐니?" 하고 물으니까, 일제히 소리 높여 "자유!"라고 외치더군요. 그 아이들이 '먹을 것'을 외치지 않은 것은 결코 강한 척하느라고 그런 게 아닙니다. 또 누군가가 옆에서 그렇게 말하라고 시켜서도 아닙니다.

그처럼 몸을 꼿꼿이 세우고 '자유'를 외치는 어린이들을 보고 있으면 정말 그 희망을 들어주고 싶다는 마음이 간절해집니다.

앙골라의 대통령을 만났을 때 그분은 이렇게 말했습니다.

"구로야나기 씨, 이 나라를 둘러보시고 어린이나 어른들이 전하고 싶어하는 메시지를 이해하셨으리라 생각합니다. 그건 바로 평화입니다. 참된 평화, 바로 그겁니다."

막대한 희생을 치른 앙골라 사람들은 이제 자유와 평화를 갈구하고 있었습니다. 평화에 길들여져 있는 우리로서는 이해할 수 없는 것투성이입니다. 하지만 앙골라 사람들이 진실로 자유와 평화를 원하고 있다는 것은 어디에서나 실감할 수 있었습니다.

'그래, 할 수 있는 일이라면 무엇이든지 하자.'

저는 이렇게 생각하며 앙골라에 작별을 고했습니다.

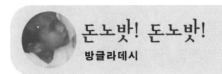

돈노밧! 돈노밧!
방글라데시

    1990년, 저는 세계에서 가장 가난한 나라 중 하나로 알려진 방글라데시를 방문했습니다.

    방글라데시는 인도 북동부의 벵골 만 연안에 위치한 나라입니다. 방글라데시는 '벵골 사람이 사는 땅'이라는 뜻이고, 공용어는 벵골어입니다. 인구는 약 1억 1300만 명(당시), 국토 면적은 홋카이도의 두 배쯤 됩니다.

    인구는 일본과 비슷하지만, 놀라운 것은 그 중 절반에 해당하는 5350만 명이 열여섯 살 미만의 어린이라는 사실입니다. 어린이의 사망률이 매우 높아서, 다섯 살 미만의 어린이가 1년에 90만 명이나 죽는다고 합니다. 하루에 2400명, 한 시간에 100명 꼴인 셈이지요.

    방글라데시의 어린이들에게는 다섯 살까지 살아남는 일이 힘겹기만 합니다.

홍수의 나라

본디 방글라데시는 '황금의 벵골'로 불릴 만큼 비옥한 토지와 풍부한 수확물을 약속받은 땅이었습니다. 주식은 쌀인데 1년에 세 번 정도 수확을 할 수 있습니다.

그럼에도 농민들은 늘 극심한 빈곤을 강요받아왔습니다. 농민 대다수가 토지를 소유하고 있지 않아서, 수확을 거둔다 해도 대부분 소작료로 날아가버리기 때문이지요. 어떤 때에는 가족이 먹을 쌀조차 남아나지 않을 지경이라고 합니다. 어쩔 수 없이 사람들은 돈이 되는 일거리를 찾아 도시로 몰려갑니다. 다만 인도처럼 빈부 격차가 그리 심각하지는 않습니다.

방글라데시 사람들이 가난으로 고통스러운 생활을 영위한 것이 하루 이틀에 걸친 일은 아닙니다. 오히려 '황금의 벵골'이기 때문에 시대를 불문하고 풍요로운 자연의 혜택을 빼앗겨왔던 것입니다. 영국 식민지 시대에도 그랬고, 인도에서 분리 독립한 후에도 사람들은 한결같이 가난을 견뎌내야 했습니다. 방글라데시는 300만 명의 사망자를 낸 독립 전쟁을 거쳐 1971년에 자유를 쟁취했습니다. 하지만 전쟁으로 나라가 황폐해질 대로 황폐해졌기 때문에 1000만 명 이상의 사람들이 난민이 되어 인도로 흘러들어 갔습니다.

전사자 위령탑에는 이런 글이 새겨져 있습니다.

"영웅이나 투사의 붉은 피, 그리고 어머니의 눈물, 이 모든 것이

이 땅에 헛되이 흘렀다. 우리는 천국도 살 수 있을 만큼 커다란 대가를 치른 것이다."

이만큼 모든 이의 안타까움을 잘 표현한 말은 없을 것입니다.

독립 후에도 방글라데시가 가난으로부터 헤어나지 못하는 중요한 이유 중 하나로, 이 나라를 매년 급습하는 홍수 같은 자연 재해를 들 수 있습니다. 국토의 약 90퍼센트가 해발 9미터 정도밖에 안 되는 저지대 평야입니다. 그래서 한 번 강물이 흘러 넘치면 막아낼 도리가 없습니다.

인공위성에서 방글라데시를 찍은 사진을 보니, 나라 전체에 강이 실핏줄처럼 퍼져 있었습니다. 국내의 강물뿐만 아니라 히말라야의 눈이 녹아내린 물 등 이웃 나라에서도 굉장한 양의 물이 강으로 흘러들어 옵니다. 한 번 홍수가 나면 국토의 3분의 1이 침수되는 나라가 세상에 또 있을까요. 그만큼 방글라데시는 홍수로 악명이 높은 곳입니다.

우리는 자동차를 타고 수도 다카에서 90킬로미터쯤 떨어진 코밀라 시로 향했습니다. 20분 정도 지나니 메그나 강이 나타났습니다. 이곳에서 페리로 갈아타고 강을 건너야 합니다.

강기슭의 높이는 수면과 별 차이가 없었습니다. 엎드린 자세로 보니 강물이 강기슭보다 볼록한 것처럼 보이기도 했습니다.

'이러니 홍수가 지면 강가의 집은 모두 떠내려가고 물은 거침없이

마을로 흘러들어 오겠구나.'

결국 제방을 쌓는다고 해도 강의 길이만큼 쌓지 않으면 안 된다는 결론이 나옵니다. 그렇게 강을 따라 둑을 쌓으려면 엄청난 자금이 필요하므로 사실상 불가능하다고 할 수 있겠지요.

우리가 찾아가기 2년 전에 있었던 기록적인 대홍수는 막대한 피해를 안겨주었다고 합니다. 국토의 3분의 2가 물에 잠기고 4000만 명이 수해를 입을 정도였으니까요. 우리가 간 그 다음해에도 대홍수와 사이클론(벵골 만 태풍)이 몰아쳐서 14만 명에 이르는 사람들이 사망했습니다. 일본에서 한 번의 홍수로 14만 명이 죽는다면 과연 어떻게 될까요. 정신을 차릴 수 없을 정도로 대혼란이 일어날 것입니다. 하지만 남의 나라 일이니까 그런 기사를 보고도 그저 흘려듣고 말았던 거지요.

언젠가 큰 사이클론이 들이닥쳤을 때의 일입니다. 한 엄마가 아이를 바람에 날아가지 않도록 나무에 묶어놓았다고 합니다. 그런데 그 나무가 바람에 뿌리째 뽑히는 바람에 아이도 함께 강물에 쓸려 내려갔다는 것입니다. 저는 그 이야기를 유니세프 보고서에서 읽고는 너무 딱해서 한동안 아무 말도 하지 못했습니다.

자연 재해는 사람의 목숨을 앗아갈 뿐만 아니라 소중한 농작물까지 망쳐놓습니다. 방글라데시의 굶주림, 질병, 빈곤은 이러한 자연 재해에서 비롯됩니다. 하지만 아이로니컬하게도 농사가 잘 되도록 땅을 비옥하게 가꿔주는 것도 홍수의 몫입니다. 델타 삼각 지대의 농민들은 이런 모순 속에서 농사를 지으며 생활해나갑니다.

악수

우리는 코밀라 시에서 자동차로 30분 거리에 있는 농촌 마을을 방문했습니다. 치야란블 마을 입구에는 사람들이 건너다니도록 대나무로 된 외나무다리가 강 위에 걸쳐져 있었습니다.

저는 옛날부터 이런 외나무다리를 건너는 것이 특기였기 때문에 별 문제가 없었습니다. 신발을 벗고 맨발로 달려서 거뜬히 건너버렸습니다. 그런데 저와 동행한 젊은 신문기자는 오금을 못 펴고 도저히 못하겠다며 주저앉았습니다. 저는 "이쪽으로 건너오지 않으면 취재를 할 수가 없잖아요" 하고 심술궂게 놀렸습니다. 사실 외나무다리는 그렇게 겁을 먹을 만큼 높은 다리는 아니었습니다. 수면으로부터 3미터쯤 될까요.

제가 손쉽게 다리를 건너는 모습을 보고 마을의 아이들은 무척 즐거워했습니다. 하나같이 비쩍 마른 데다 입은 옷이라곤 누더기처럼 낡아빠진 것이었지만, 아이들의 얼굴에는 웃음이 가득했습니다.

방글라데시의 어린이들은 어른 한 사람 몫을 거뜬히 해내는 일꾼 중에 일꾼이었습니다. 머리에 장작을 이고 나르는 여자아이, 자기 몸무게보다 무거워 보이는 볏단을 나무 막대기 양끝에 매달아 나르는 남자아이, 이 아이들은 모두 집안일을 돕기 위해 어릴 적부터 학교에도 못 가고 힘든 일을 하는 것이었습니다.

아이들 가운데 소똥을 열심히 줍는 남자아이가 있었습니다. 연료로 쓸 작정이었겠지요. 저는 그 애에게 말을 걸었습니다.

"안녕! 꽤 많이 주워 모았구나."

제가 악수하려고 손을 내미니까, 아이는 손에 묻은 소똥 때문에 어쩌면 좋을지 당황한 눈치였습니다. 하지만 제가 무안해할까 봐 곧 악수를 받아주었습니다. 저는 아이의 손에서 묻은 소똥을 일부러 보여주면서 "이것 봐, 어쩌면 좋지?" 하고 놀리듯이 일본어로 말했습니다. 그러자 그 애는 마치 제 말을 알아듣기라도 한 것처럼 큰 소리로 웃더군요. 한 점의 그늘도 없는 귀여운 웃음이었습니다.

그때까지 멀찌감치 떨어져 지켜보던 아이들도 이 광경을 보고는 곧 제 주위에 모여들었습니다. 모두 호기심 많고 어른을 잘 따르는 아이들이었습니다.

"자, 나랑 악수하자. 악수 좀 하자니까?"

제가 소똥 묻은 손을 내밀며 짓궂게 구니까 아이들은 "싫어!" 하고 깔깔거리면서 도망갔습니다. 소똥을 맨손으로 줍는 아이들이었지만, 그들 역시 그게 깨끗하지 않다는 것쯤은 알고 있었던 것이지요.

제가 아이들에게 제일 먼저 배운 뱅골어는 '돈노밧(고맙습니다)'입니다. 대부분의 아이들은 읽고 쓸 줄을 모릅니다. 그런 사정은 부모들도 마찬가지입니다. 방글라데시에서 글을 아는 사람은 성인 남성은 약 42퍼센트, 여성은 22퍼센트밖에 되지 않습니다. 양쪽을 합치면 식자율이 30퍼센트쯤 되니까, 국민의 70퍼센트는 글을 읽거나 쓸수 없다는 결론이 나옵니다.

그라민(농촌) 은행

방글라데시의 심각한 문제는 빈곤만이 아닙니다. 여성 차별이 아주 심해서 여성들은 늘 고통스러운 처지에 처해 있습니다.

예를 들어, 집에 남자아이와 여자아이가 함께 있으면 장래 일꾼의 몫을 할 남자아이만 학교에 갈 수 있습니다. 먹을 것도 남자아이만 실컷 먹을 수 있습니다. 하물며 여성이 교육을 받거나 집회를 연다는 것은 생각조차 못할 일입니다. 그런 풍조가 예로부터 오늘날까지 변치 않고 남아 있습니다.

여성에 대한 차별과 학대 가운데 가장 비참한 예는 결혼 지참금 제도입니다. 이것은 어느 정도 인도와 비슷한 제도인데, 여성은 결혼할 때 시댁에 지참금 또는 그에 상응하는 예물을 가지고 가야 합니다. 그래야 그 집의 어엿한 며느리가 될 수 있습니다.

법률로는 차별이 금지되어 있다고 하지만 현실은 다릅니다. 집안이 가난해서 충분한 지참금을 가져가지 못한 경우, 남편이나 시어머니로부터 괴롭힘을 당합니다. 심하면 학대를 당한 끝에 집에서 쫓겨나거나 심지어 남편에게 맞아 죽기도 한답니다. 남편이 사리(민속 의상)에 불을 놓아 아내를 태워 죽인다는 이야기에 이르면 그저 말문이 막힐 뿐입니다. 하지만 그런 짓을 해도 시어머니나 남편은 아무 벌도 받지 않습니다. 그래서 특히 농촌에서는 여자아이가 태어나면 실망이 여간 큰 게 아니라고 하더군요.

어째서 여성은 이토록 애처로운 처지에 놓여야 하는 것일까요. 방글라데시의 기혼 여성은 자유롭게 외출을 할 수 없기 때문에 시장도 남편이 봐 옵니다. 물론 남편이 벌어오는 돈만으로는 생활이 어려워서 일을 하고 싶어하는 아내들도 적잖이 있습니다. 하지만 여성이 일할 만한 직장이 없는 걸 어떡합니까.

그런데 이게 웬일입니까. 여성 차별이 엄연히 존재하는 방글라데시에 여성의 아군이 나타났습니다. 아무 혜택도 못 받는 여성들에게 돈을 빌려주거나 자립을 도와주는 은행이 생겨난 것입니다. 바로 그라민(농촌) 은행입니다.

그라민 은행은 담보 없이 신용만으로 여성들에게 돈을 빌려줍니다. 물론 이제까지 방글라데시에서 돈도 담보도 없는 여성에게 돈을 빌려주는 은행 따위는 전무했었지요. 이 은행 채무자의 94퍼센트는 가난한 여성입니다. 가난한 사람만을 위한 은행이라니! 멋지지 않습니까.

그라민 은행은 무하마드 유누스 박사라는 경제학자가 주머닛돈

30달러를 가지고 시작했다고 합니다. 그러던 것이 14년 만에 2억 2000만 달러의 자금을 움직이는 대형 은행으로 발전한 것입니다.

유누스 박사님은 매력적인 사람이었습니다. 박사님은 1976년 단돈 30달러로 사업을 시작했던 시절의 이야기를 차근차근 들려주었습니다. 박사님의 훌륭한 점은 여성을 신뢰하는 마음에 있다고 생각합니다. 그분은 집 밖 출입을 못하는 여성들이 조금이라도 자립할 수 있도록 하자는 뜻에서, 농촌 여성 42명에게 30달러를 나누어 빌려주고 그것으로 닭을 사서 기르라고 권했습니다. 그리고 닭이 알을 낳으면 그것을 팔아서 조금씩 저금하도록 하는 저축 방법을 가르쳤습니다.

유누스 박사님은 특별히 여성의 신용을 높이 산 이유를 이렇게 설명했습니다. 남성 중에는 돈을 갚을 날이 되어도 술을 마시거나 도망을 감으로써 약속을 제대로 지키지 않는 이들이 많다고 합니다. 하지만 여성은, 그것도 가난한 여성일수록 약속 날짜를 꼭 지켜서 이자를 지불한다는 것이지요.

유누스 박사님은 채무자 여성들이 그룹을 만들어서 상부상조하도록 했습니다. 만약 누군가 돈을 갚지 못하는 사람이 생기면, 같은 그룹에 속한 다른 여성이 돈을 빌려줌으로써 서로 도울 수 있다고 생각했기 때문입니다.

점차 닭이 늘어남에 따라 여성들은 적은 액수나마 착실히 돈을 저축할 수 있게 되었습니다. 그러는 동안 닭이 양이 되고 양이 소가 되어갔습니다. 선진국 사람들의 관점에서 보면 소소한 벌이라고 얕볼지도 모르지만, 방글라데시에서는 이만큼의 벌이도 대단한 수입이 될 수 있습니다. 이제는 세계의 여러 나라에서 그라민 은행의 경영 시스템을 참고로 삼아 응용할 정도랍니다.

처음에는 가난한 여성에게만 돈을 빌려주었던 그라민 은행은 1990년 제가 찾아갔을 당시에는 2억 2000만 달러의 자금을 운용하고 있었습니다. 그러니 이 보잘것없는 것처럼 보이는 벌이가 얼마나 커다란 의미를 지니는 것인지 짐작하고도 남으시겠지요.

여성들은 한번 돈을 손에 넣으면 모든 면에서 앞으로 앞으로 전진합니다. 우선 돈을 계산하려면 산수가 필요합니다. 글자도 배워야 합니다. 그러다 보면 교육의 필요성을 절로 깨닫게 되어, 벌어놓은 돈으로 아이들을 학교에 보내게 됩니다. 이리하여 여성의 눈길이 점점 사회로 향하게 됩니다. 가난한 여성들은 그라민 은행을 통해 물질적으로나 정신적으로나 진보하는 것입니다.

제가 들렀던 마을에서는 그라민 은행을 이용하는 여성들이 집회를 열고 있었습니다. 그라민 은행에서 돈을 빌리기 전까지는 현금을 손에 쥐어본 적이 없는 여성들이었습니다. 저도 집회에 참가해서 그들의 의견을 들어보았습니다.

"여성 집회에 나가는 것을 남편이 허락하게 되었어요."

"다카에 일하러 갔다가 소식도 없던 남편이 마을로 돌아왔어요."

"남편이 아이들을 돌봐주게 되었어요."

그라민 은행에서 여섯 차례 빌린 돈으로 가축 사업을 벌여 성공했다는 어떤 여성은 며느리가 함께 살자고 한다며 기뻐했습니다. 그 여성의 얼굴에는 주름이 깊게 파여서 할머니로밖에 안 보였지만, 나이를 물어보니 이제 겨우 마흔다섯 살이더군요.

집회에 참가한 여성들은 모두 자신감에서 우러나오는 생기 넘치는 표정을 짓고 있었습니다. 이제 방글라데시의 여성들도 무엇이든 할 수 있다는 것을 보여주는 증거가 아닐까요.

유누스 박사님은 이런 이야기도 해주었습니다.

"우리는 그라민 은행을 통해 이익을 추구하기보다는 사람들을 개혁하려고 합니다. 그래서 담보로 잡힐 재산이 없는 사람들에게 도움의 손길을 내민 겁니다. 현재 85만 명에 이르는 채무자의 98퍼센트가 어김없이 이자를 꼬박꼬박 내고 있습니다. 지금까지 사람들이 돈을 갚지 않아서 재판에 회부하거나 경찰에 고발해본 적이 전혀 없답니다. 이것은 가난한 사람들도 하면 된다는 것을 증명해준다고 봐요. 이런 일은 세계 어디에서나 가능한 일입니다."

이렇게 실천력 있는 경제학자도 있구나! 유누스 박사님의 훌륭한 생각에 저는 저절로 고개가 숙여졌습니다. 제가 아는 은행은 모두 부자를 떠받드는 은행들뿐입니다. 그라민 은행은 가난한 사람들이

야말로 신뢰할 수 있는 고객임을 확실하게 보여줍니다. 이런 식으로 조금씩 조금씩 앞으로 나아가는 것이야말로 인간의 희망을 북돋우는 소중한 일이 아닐까요.

와시무의 웃음

우리는 수도 다카의 중심지인 코모라블 지구의 빈민가를 방문했습니다. 이 빈민가에는 약 1000명이 살고 있었는데, 대부분이 홍수로 집이 떠내려가는 바람에 농촌에서 떠밀려온 사람들이었습니다.

이 빈민가를 둘러보고 저는 심한 충격을 받았습니다. 이곳 사람들은 메탄 가스에 불이 붙어서 연기 자욱한 쓰레기 더미 속에서 생활하고 있었습니다. 그 냄새는 그곳 토박이들도 코를 손으로 감싸쥐고 지나다닐 정도로 지독했습니다. 이런 빈민가가 다카에만 1125개나 되는데, 다카 시민 약 470만 명 가운데 40퍼센트가 이런 지역에서 지낸다고 합니다. 도저히 믿기지 않는 일입니다. 도쿄 시민의 40퍼센트가 이런 쓰레기 더미 속에서 생활한다고 상상하세요.

자루를 짊어진 아이들은 막대기로 쓰레기를 헤집으면서 뭔가 쓸모 있는 물건이나 먹을 만한 것을 찾아다녔습니다. 일본처럼 대형 쓰레기 같은 것은 하나도 없었습니다. 하다못해 비닐 봉지조차 보이지 않았습니다. 만약 그런 물건이 버려져 있으면 아이들이 게눈 감추듯 주워서 폐품 회수업자에게 팔아넘기기 때문입니다.

물이 고인 웅덩이에는 벌레들이 꿈틀댔고 파리들도 새까맣게 날아다녔습니다. 그런 환경에서도 아이들은 귀여 보이기만 했습니다. 아이들은 제 몸을 만지거나 손을 잡고 떨어지지 않았습니다. 제가 안아준 와시무도 제 스웨터를 꼭 잡고는 놔주지를 않았습니다. 다섯 살인 그 애는 영양실조로 배가 불룩 나왔습니다. 와시무의 엄마는 요즘 그 애가 계속 피똥을 흘린다며 무척 걱정하고 있었습니다. 영양실조로 피똥을 흘린다니! 필경 몸이 아주 안 좋다는 표시이겠지요. 하지만 병원에 데리고 갈 돈이 없는 엄마는 어떻게 해야 좋을지 몰라 안절부절못했습니다.

방글라데시의 빈민가에서는 1000명당 200명의 갓난아기가 첫돌을 맞기 전에 죽는다고 합니다. 과연 그도 무리는 아니지요. 근처에 우물도 없을 뿐더러 깨끗한 물을 사려면 항아리 하나에 400원이나 내야 합니다.

와시무는 다섯 형제 가운데 넷째입니다. 와시무의 집은 폐품과 함석 조각으로 만든 조잡한 오두막인데, 가족 전체가 잠을 자기에는 너무 좁아 보였습니다. 흙투성이 바닥에는 조그마한 돗자리를 깔아놓았을 뿐이고, 냄비와 물을 담는 항아리 외에는 이렇다 할 가재도구도 없었습니다. 이 근처는 어느 집이나 사정이 비슷했습니다.

와시무 가족의 하루 생활비는 7, 8다카(약 300원)쯤 되는데, 하루에 한 끼도 못 먹는 날도 있다고 합니다. 그런데 이런 빈민가의 오두

막집에도 집세가 있다는 이야기를 들었을 때, 저는 깜짝 놀라고 말았습니다. 이 근방은 한 달 집세가 350다카(14000원)에서 400다카(16000원)나 한다더군요. 하지만 와시무의 엄마는 이런 환경에서도 자식을 둘이나 학교에 보낸다는 게 대단한 자랑거리였습니다.

어쨌거나 아이들은 한없이 천진난만하고 명랑했습니다. 제가 사진가 다누마 씨를 "다누마 씨!" 하고 부르면, 아이들이 곧바로 "다누마 씨!" 하고 귀엽게 따라 외쳤습니다. 쓰레기 속에서 제가 똥을 밟은 것을 아이들이 알려주기에 "발 디디기가 힘들어" 하니까, "발 디디기가 힘들어" 하면서 까다로운 일본말까지 따라 했습니다. 사람이 살아가기에는 최악의 환경으로 여겨지는 곳인데, 아이들의 이 해맑고 눈부신 웃음은 과연 어디에서 오는 것일까요.

그런데 이 빈민가에 얼마 전 경찰로부터 퇴거 명령이 떨어졌다고 합니다. 곧 와시무 가족의 오두막도 부수어버리겠지요. 아마도 이곳 아이들은 더욱 환경이 나쁜 곳으로 옮겨가야 할지도 모릅니다.

'무슨 일이 있어도 명랑함을 잃지 않도록, 강하게 살아가야 해.'

아이들을 위해 그렇게 빌지 않고서는 배길 수 없었습니다.

포토콜리 학교

방글라데시를 방문하던 중에 놀라운 일이 일어났습니다. 그것은 제가 만난 대통령에 관계된 일이었습니다.

모하메드 에르샤드 대통령은 저와 가진 회견에서 나라의 미래와 어린이의 장래에 대해 진지하게 털어놓았습니다. 그때는 마침 야당과 민중이 8년 8개월째 정권을 쥐고 있던 에르샤드 대통령에게 퇴진을 요구하고 있던 때였습니다. 대통령과의 회견이 끝난 뒤 저는 비행기에 올랐습니다. 그런데 제가 방글라데시를 떠난 바로 그 시각에 에르샤드 대통령이 체포되었다는 소식을 전해 들었습니다. 결국 대통령과의 회견 장면은 쓸 수 없게 되어버렸지요.

어느 나라를 가나 마찬가지지만, 불안정한 정치 정세도 어린이의 생활을 비참하게 만듭니다.

다카의 거리에 대한 소문은 들은 적이 있었지만 그렇게 사람이 많을 줄은 몰랐습니다. 자동차와 릭샤, 그리고 사람이 흘러 넘쳐 혼잡하기가 이루 말할 수 없었습니다. 릭샤란 자전거 뒤에 좌석을 붙여서 사람이 페달을 밟아 끌고 다니는 삼륜차입니다.

농촌에서 일자리를 찾아 수도로 상경한 사람이 가장 재빨리 시작할 수 있는 일이 이 릭샤 운전입니다. 다카에만도 9만 6000대가 등록되어 있고 하루 2교대로 근무한다고 하니, 단순히 계산해도 19만 2000명이 릭샤 운전을 하고 있는 셈이지요. 그렇게 말하고 보니 여러 곳에서 만난 아이들이 "아빠 직업은 릭샤 운전사예요" 하고 말했던 게 생각납니다.

릭샤 운전사의 대부분은 릭샤를 빌려서 장사를 시작합니다. 하루 벌이 가운데 15다카(600원)는 임대료로 릭샤 주인에게 주고, 집에 가지고 돌아가는 것은 대략 50다카(2000원)밖에 되지 않습니다. 저도 릭샤를 타보았지만, 때로는 뚱뚱한 아주머니가 네 명이나 커다란 짐을 들고 함께 타는 경우도 있다고 하니… 페달을 밟아서 움직이자면 힘 꽤나 들겠지요.

가계를 돕기 위해 많은 어린이들이 어떤 일이든 임금 노동에 종사합니다. 다카에는 이런 아이들이 일을 하면서 공부할 수 있는 포토콜리 학교가 있습니다. 포토콜리라는 말은 '길가의 꽃봉오리'라는 뜻으로, 여의치 않은 환경에 있는 아이들을 아직 피지 않은 꽃봉오리에 비유하여 따온 이름이라고 합니다. 꽃을 피울 수 있도록 도와준다는 의미에서 시인이기도 한 에르샤드 대통령이 이름을 짓고 문을 연 학교이지요. 시인 대통령이라니 정말 멋진 일이지만, 뭔가 문제가 있으니까 결국 체포를 당해 감옥에 갇힌 게 아닐까 싶어 유감스럽기만 합니다.

포토콜리 학교의 한 학급은 35명으로 구성되는데, 전부 여섯 학급이 있습니다. 주로 국어인 벵골어를 읽고 쓰는 법을 가르칩니다. 수업료가 무료인 데다 학교에 오면 아침밥도 먹을 수 있고 의료 시설까지 갖추어져 있는 혜택 받은 학교입니다. 전국에 65개교가 있어서 1만 3500명의 어린이들이 이 포토콜리 학교에서 공부를 합니다. 하지만 입학하고 싶어도 학생 수에 제한을 두고 있어서 많은 아이들이 순서를 기다리고 있습니다.

수업 시간은 하루에 두 시간입니다. 아이들이 일하러 가기 전에 들러서 공부할 수 있도록 두 개의 시간대로 나뉘어 있습니다. 아침 10시부터 일을 시작하는 아이들은 아침 7시부터 9시까지 공부하고, 조금 늦게 일하러 가는 아이들은 아침 9시부터 11시까지 공부합니다.

수업을 참관해보니 아이들 모두 표정이 진지했습니다. 친구들과 떠드는 아이는 없었습니다.

저는 포토콜리 학교의 학생들이 일하는 작업장을 방문했습니다. 두 평 남짓한 비좁고 더운 방에서, 일고여덟 살쯤 되는 여자아이들이 골판지로 아이스크림 콘 같은 모양을 한 원추형 실패의 심을 만들고 있었습니다(방글라데시는 양복 봉제업으로 외화를 벌어들입니다). 아이들은 나이에 비해 발육이 부진해 보였지만, 그래도 모두들 손을 놀리는 법 없이 부지런히 일하고 있었습니다. 이렇게 해서 하루 여덟 시간, 휴식 없이 일을 하면 겨우 10다카(400원)를 받는다고 합니다.

그 다음에 방문한 작은 마을 공장에서는 남자아이들이 선반 같은 기계를 사용해서 금속 철판을 반짝반짝 윤이 나게 깎는 일을 하고 있었습니다. 첫눈에 보더라도 꽤 숙련된 솜씨였습니다. 한 아이에게 일한 지 얼마나 되었냐고 물으니 2년 반쯤 되었다고 했습니다. 그래서 몇 살이냐고 하니까 "아홉 살이에요" 하고 대답하더군요. 그렇다면 여섯 살 때부터 노동에 종사했다는 말이 됩니다. 그 애가 하루 종일 선 채 일해서 받는 임금 역시 10다카에 불과했습니다.

"이 일은 어렵지도 않고 위험하지도 않아서, 아이들이 하기 편한 일거리예요."

안내인은 이 지역에서 태어나 뼈가 굵어서 그런지 아무렇지도 않은 듯 말했습니다.

저는 이제 한 달만 있으면 새해로구나 하는 데 생각이 미쳤습니다. 새해가 되면 우리의 어린이들은 세뱃돈을 받겠지요. 요즘 아이들은 세뱃돈을 만 원 단위로 받습니다. 어쩌면 몇십만 원쯤 받는 아이들도 있을지 모릅니다. 하지만 여기 아이들은 하루 여덟 시간 한눈팔지 않고 일해서 겨우 400원을 법니다. 그것도 자기를 위해서가 아닙니다. 아이의 수입만을 바라보며 사는 가족들도 있습니다. 직접 눈으로 보지는 못했지만, 구걸을 하면 돈을 많이 벌 수 있다고 해서 부모가 아이의 팔이나 다리를 자르는 경우도 있다고 합니다. 되도록 처참하게 보여야만 동정을 더 많이 살 테니까요. 이렇듯 잔인하기 짝이 없는 현실은 비단 방글라데시 아이들만의 것이 아닙니다. 인도 등지에서도 그와 똑같은 이야기를 들었던 것입니다.

그런데도 여전히 막대한 금액의 돈이 인간끼리 죽이고 죽는 전쟁에 쓰이고 있습니다.

유니세프에서는 이렇게 말합니다.

"향후 10년간 어린이의 사망이나 영양 불량 상태를 막기 위한 사업을 추진하는 데 드는 비용은 1990년대 말 현재 연간 25억 달러로 추정됩니다. 25억 달러는 결코 작은 돈이 아닙니다. 꽤 많은 편에 속합니다. 하지만 이 금액은 세계적으로 지출되고 있는 군사비 총액의 2퍼센트에 불과합니다. 구체적으로 말하면 스텔스 폭격기를 다섯 대 살 수 있는 돈이지요!"

군사비로 지출되는 막대한 규모의 돈을 생각하면, 하루 종일 일해서 고작 400원밖에 벌지 못하는 어린이들의 신세가 더욱 가련하게만 느껴집니다. 다음 시대를 맡아나갈 인재는 바로 이런 어린이들이 아니던가요.

세 계 제 일 의 설 사 병 원

코밀라 시의 카프탄 바자르 초등학교에 갔을 때, 마침 학교에서는 갓난아기들을 대상으로 한 예방 접종이 실시되고 있었습니다. 정부가 추진 중인 예방 접종 프로그램의 일환이었습니다.

'우리 모두 예방 접종을 실시하여 6대 질병에서 어린이를 구하자!'

우리를 마중 나온 여자아이들이 들고 있던 깃발에는 이런 구호와 함께 그림이 그려져 있었습니다. 여기서 6대 질병이란 결핵, 파상풍, 디프테리아, 백일해, 소아마비, 홍역을 가리킵니다.

이곳의 수많은 어린이들이 태어날 때부터 영양실조 상태입니다.

엄마부터가 원래 영양실조이거나 너무 어린 나이에 출산하는 일이 많기 때문입니다. 그래도 예방주사를 맞으면 연간 죽어가는 다섯 살 미만의 아이 90만 명 중 30만 명이 목숨을 건질 수 있다고 합니다. 방글라데시 전국에는 예방 접종을 하지 않아 죽어가는 아이들이 여전히 더 많답니다.

아이들을 죽음으로 내모는 또 하나의 원인은 비위생적인 식수 때문에 생겨나는 설사입니다.

특히 위험한 것은 홍수가 날 때입니다. 홍수가 나면 우물물을 쓸 수 없을 뿐만 아니라, 취사용 연료를 구할 수 없으니 물을 끓여 마시지도 못합니다. 그래서 쓰레기나 오물이 섞인 불결한 물을 그대로 마시는 것이지요. 정부는 '마실 물은 반드시 끓여서 마시자!'는 내용의 포스터를 붙이고 급수 활동도 벌여보지만, 별로 효과가 없다고 합니다. 죽은 동물의 시체가 휩쓸려간 물, 사람의 배설물이 흘러든 물, 이런 물이 많은 목숨을 빼앗고 있는 것입니다.

우리는 국제설사병연구소 부속병원을 방문했습니다. 설사에 관한 한 세계에서 이 정도로 연구가 진척되어 있는 병원은 없다고 합니다. 이곳에는 하루에 200명 이상의 설사 환자가 찾아옵니다. 가장 무더운 시기인 3, 4월이 되면 환자가 하루에 600명으로 늘어납니다. 하지만 병상이 200개밖에 없기 때문에 환자들로 복도가 터져나갈 지경입니다. 물론 환자의 대다수는 어린아이들이고요.

대기실에서는 간호사가 젊은 엄마들에게 예방 접종의 효과와 위생 정보 등에 관해 교육을 하고 있었습니다. 그곳은 설사가 그리 심하지 않은 아이와 엄마들이 진료를 기다리는 곳이었습니다.

설사에는 구강수분보충요법이 효과적이라고 합니다. 이 치료법은 아주 간단해서, 소금과 설탕 따위가 들어 있는 구강수분보충염을 물에 타서 마시게 하는 것입니다. 이것으로 설사에 의한 탈수증을 멈추게 할 수 있습니다. 유니세프는 값싼 비용(한 봉지에 약 100원)으로 탈수증에 의한 어린이 사망을 막을 수 있는 이 치료법을 전 세계에 보급하기 위해 노력하고 있습니다.

병실에 들어가니 파란 고무 시트 위에 아이들이 괴로운 듯이 누워 있었습니다. 그 옆에는 젊은 엄마들이 걱정스러운 표정으로 자기 아이를 지켜보고 있었습니다. 침대 한가운데에는 구멍이 뚫려 있어서, 그곳에 설사를 하면 밑에서 용기로 받아내도록 되어 있더군요.

설상가상으로 설사하는 어린이들의 대부분이 영양실조에 걸려 있었습니다. 침대에서 자고 있던 생후 1개월 된 갓난아기도 그랬습니다. 저는 이제까지 방문한 그 어떤 병원에서도 이렇게 작은 갓난아기를 본 적이 없습니다. 아이는 제 양손에 쏙 들어올 정도로 작았습니다. 두개골이 그대로 드러날 정도로 뼈와 가죽만 남았고, 피부는 쪼글쪼글한 주름으로 덮여 있어서 마치 할아버지 같았습니다. 그런데도 아이는 어떻게든 살아보겠다는 듯이 있는 힘을 다해 울고 있었습니다. 아마 다른 곳이었다면 금세 죽고 말았겠지요. 하지만 설사에 관한 한 손꼽히는 세계 제일의 병원이니까 이렇게라도 목숨을 부지할 수 있는 것입니다.

그 옆의 여자아이는 두 달이나 계속된 설사로 여러 가지 합병증에 걸려 있었습니다. 그 애는 제 눈앞에서 경련과 발작을 일으켰습니다.

중병에 걸린 아이들은 우는 소리도 못 낼 만큼 체력이 고갈된 상태였습니다. 노인 같은 눈으로 저를 빤히 쳐다보았는데, 마치 '좀더 살고 싶은데…' 하고 호소하는 듯했습니다.

'미안해. 아무것도 해줄 수 없어서… 그래도 힘을 내야 해.'

생후 7개월 된 갓난아기는 16일째 설사와 고열에 시달리고 있었습니다. 영양실조로 배가 볼록 튀어나온 아기의 다리는 물이 차서 퉁퉁 부어 있었습니다. 합병증으로 매우 위독한 상태였지요. 아기 엄마는 아무리 해도 낫지 않는다며 울었습니다. 그녀는 제 발 아래 엎드리더니 이렇게 말했습니다.

"제발 이 아이를 위해 기도해주세요."

"울지 마세요. 선생님이 괜찮을 거라고 하셨으니까 곧 낫겠지요. 애기 엄마, 부디 마음 굳게 먹으세요."

젊은 엄마들 중에는 나이가 이제 겨우 열서너 살밖에 안 된 엄마들도 있었습니다. 정상적인 경우라면 중학교에 다닐 나이의 어린 엄마들이 아이 때문에 괴로워해야 하다니, 너무 잔혹한 일입니다. 눈을 감아버리고 싶은 광경이었습니다. 하지만 이것이 현실인걸요.

방글라데시 전국에서 설사성 질환으로 죽는 어린이가 1년에 30만 명이나 됩니다. 병원에서 진찰을 받을 수 있는 아이는 정말 운이 좋은 편이지요. 대다수는 어떻게 손써볼 도리 없이 죽어갑니다.

분명 방글라데시를 둘러싼 상황은 엄혹하기만 합니다. 하지만 사람들은 웃는 얼굴로 역경과 맞서 싸우고 있었습니다. 모두 내일이 있다는 것을 믿고 오늘 이 순간을 열심히 살고 있었습니다. 무엇과도 바꿀 수 없는 소중한 보물은 바로 어린이들입니다. 어떤 어린이도 결코 무기력하지 않았습니다. 살아가고자 하는 의욕으로 넘쳐 있었습니다. 쓰레기 더미 위에서 제가 하는 말을 흉내내던 아이들이 아직도 눈에 선합니다.

방글라데시를 방문할 기회가 저에게 주어진 것은 참 다행스러운 일이었다는 생각이 듭니다. 저를 따뜻하게 맞아주고 불평 한마디 없이 진지하게 살아가는 자세를 가르쳐준 어린이들에게 다시 한 번 감사드립니다.

"돈노밧! 돈노밧!"

갓난아기의 눈
이라크

1991년 1월 17일 오전, 미군을 주축으로 한 다국적군은 이라크에 대규모 공습을 개시했습니다. 이른바 걸프전쟁이 시작된 것이었지요. 저는 공습 장면을 TV로 유심히 지켜보면서 이런 생각이 끊이지 않았습니다.

'저런, 폭격을 당하는 곳에는 아이들이 있을 텐데… 어쩌면 좋단 말이냐.'

'얼마나 많은 집이 자갈과 모래 더미로 변해버릴까.'

매일 밤 저는 TV를 통해 다국적군의 미사일과 그에 맞서 쏘아올린 이라크의 미사일이 밤하늘에 부딪혀 폭발하는 장면을 보았습니다. 미사일 한 대가 15억 원이니까 그때마다 공중에서 30억 원씩 사라져버리는 셈이었지요. 단 한순간에 30억 원이라니. 도대체 얼마만큼이나 미사일이 사용되었을까요.

걸프전쟁이 끝난 지 5개월쯤 지난 7월 하순, 저는 이라크의 어린 이들이 어떻게 지내는지 알고 싶어 이라크 방문을 결정했습니다.

이라크는 아시아 남서부, 아라비아 반도와 페르시아 만의 접경에 위치해 있습니다. 인구는 1831만 7000명(당시)입니다. 걸프전쟁 이후 전 세계로부터 경제 제재를 받고 있어서 다른 나라의 비행기로 입국하는 것은 불가능했습니다. 그래서 우여곡절 끝에 수도 바그다드에 도착할 수 있었습니다.

죽순 생활

바그다드 거리의 건물들은 믿기 어려울 만큼 멀쩡했습니다. 자갈과 모래 더미로 변했을 거라고 상상했던 저는 여우에게 홀린 것만 같았습니다.

'그럼 매일 TV로 봤던 폭격 장면은 대체 뭐지?'

여기저기 지붕 모서리나 벽 귀퉁이가 떨어져나가긴 했지만, 그래도 거의 멀쩡해 보이는 건물 사이를 걷고 있노라니 어리둥절하기만 했습니다. 건물이 불타거나 무너져내린 폭격의 흔적은 전혀 찾아볼 수 없었습니다. 겨냥한 곳만 골라서 정확하게 폭탄을 투하하는 핀 포인트 폭격을 퍼부었다는 말을 듣긴 했지만, 그럼에도 의문은 좀처럼 가셔지지 않았습니다. 그렇다면 다국적군은 대체 어디에 폭탄을 퍼부은 것일까요.

기온이 63도까지 오르는 아프리카의 더위에도 별 문제 없었던 저이지만, 이라크의 기후에는 두 손을 번쩍 들지 않을 수 없었습니다. 이곳의 기온은 50도 정도인데, 엄청난 습기를 머금고 있는 데다 얼굴로 훅 끼쳐오는 뜨거운 열풍 때문에 견디기가 몹시 힘들었습니다. '아유 더워!' 하는 소리가 절로 나오더군요. 여러분들도 이런 더위를 손쉽게 체험할 수 있습니다. 헤어 드라이어를 제일 세게 틀어놓고 1미터쯤 떨어진 곳에서 하루 종일 그 바람을 얼굴에 쐬고 있다고 생각해보세요. 그런 더위 속에서 툭하면 정전인 데다 수돗물도 냉장고도 없이 살아가는 사람들은 얼마나 고통스럽겠습니까.

전쟁이 끝난 지 5개월이나 지났건만 전쟁의 상처는 기억 속에서 엷어지기는커녕 보이지 않는 곳에서 더욱 깊게 곪아가고 있는 듯했습니다. 전쟁의 후유증은 이라크의 어린이와 엄마들을 점점 더 심각한 상황으로 몰아넣었습니다. 무엇보다 먹을 것과 분유가 부족했고, 영양실조나 설사·병균 감염 등으로 인해 많은 아이들이 죽어가고 있었습니다. 저는 어린이를 한 명이라도 더 살릴 수 있다면 좋으련만 하는 마음으로 여행에 임했습니다.

우리는 먼저 바그다드 시내의 시장을 둘러보았습니다.

이라크는 이번 전쟁이 시작될 즈음만 해도 식량의 70퍼센트를 수입에 의존하고 있었습니다. 제가 방문했을 때에는 1년 이상 계속된 경제제재 조치의 영향으로 물자가 거의 바닥나 있었습니다. 시장에

나도는 생활 물품은 주로 요르단에서 실어 나른 것들이었습니다. 이란이나 터키에서도 조금씩 들어온다고 합니다.

경제제재에 따른 무역 중단으로 물품 구입의 길이 막힌 이라크 사람들은 암시장을 이용하는 수밖에 없습니다. 하지만 보통 사람들은 차마 물건을 살 엄두도 내지 못합니다. 격심한 인플레로 인해 고기 1킬로그램의 가격이 평균 월급의 10퍼센트에 이릅니다. 일자리조차 가지지 못한 사람은 자기가 지닌 물건을 팔아서 식량을 구하는 형편입니다. 일본에서도 전후에는 이렇게 소지품을 조금씩 처분해서 식량을 구하는 생활을 '죽순 생활'이라고 불렀습니다. 하나하나 껍질이 벗겨지듯이 가진 물건이 없어지는 생활이라는 뜻이지요.

바그다드의 거리에는 물품도 없고 사려는 사람도 없어서 문을 닫은 가게가 많았습니다. 한때는 망치 소리 요란했던 구리 전통공예점 거리에서도 손님의 발자취를 찾아볼 수 없었습니다.

살아가기 위해 반드시 필요한 생필품 이외의 것을 사는 사람은 없었습니다. '배급'으로 타는 분유나 밀가루, 설탕, 기름 등은 물건이 없어서 줄을 서도 구할 수 없습니다. 가장 먼저 바닥이 나는 물건은 분유입니다. 분유는 전쟁 전보다 열 배나 가격이 올랐기 때문에 보통 가정에서는 도저히 살 수가 없습니다. 엄마가 영양실조에 걸린 까닭에 모유도 나오지 않습니다. 모유로 아기를 키울 수 있는 엄마는 겨우 25퍼센트에 불과합니다. 폭격에 대한 공포 때문에 모유가 나오지 않는다는 엄마도 있습니다. 이런저런 사정으로 다섯 살 미만 어린이의 3분의 1이 영양실조에 걸려 있는 것입니다.

단, 이라크에서 과일만은 풍부합니다. 이 나라에서 수입하는 과일은 바나나뿐입니다. 상인들이 무화과, 포도, 사과, 배, 오렌지 등을 늘어놓고 파는 모습을 쉽게 찾아볼 수 있었습니다. 하지만 아무리 과일이 풍족하다고 해도 돈이 없으면 살 수 없는 법이지요.

전기가 끊기면

바그다드. 시내를 걷고 있자니 이상한 냄새가 코를 찔렀습니다. 이 냄새의 진원지는 바로 도로 곳곳에 넘쳐 있는 하수였습니다.

왜 거리에서 하수 냄새가 진동하는 것일까요. 저의 의문은 곧 풀렸습니다. 다국적군은 정확한 핀 포인트 폭격으로 이라크 내의 모든 발전소를 파괴했습니다. 전기가 없으니 하수 펌프가 작동을 멈추고, 그 바람에 하수관에 오물이 막히거나 관이 파열되어 도로 위로 넘친 것이지요. 바그다드 시내에만 이런 곳이 472곳이나 있어서 어떻게 손써볼 도리 없이 방치되고 있는 상태였습니다.

하수 처리가 되지 않는 관계로 거리의 도로는 군데군데 물에 잠겨 있었습니다. 이 더러운 물은 집 안으로도 흘러들어 갑니다.

한 아줌마가 저에게 매달려 울면서 호소했습니다.

"하수 때문에 우리 집이 어떻게 되었는지 좀 봐주세요."

그녀의 집 1층은 홍수 피해라도 입은 것처럼 더러운 하수에 침수되어 있었습니다. 아무리 보아도 도저히 이 집에서 살 수 있을 것 같지가 않았습니다. 가족들이 2층에 살고 있다고 해서 계단을 올라가보니 그곳은 옥상이었습니다. 한마디로 밖에서 노숙을 하는 것이나 다름없었습니다. 가구도 없고 지붕도 없이, 바닥에 매트리스만 깔려 있었을 뿐입니다. 낮에는 기온이 50도 이상으로 올라가는 무더위인데도 말이에요.

아줌마가 저에게 갓난아기의 몸을 보여주었습니다. 그 애의 몸은 더위 때문인지 땀띠 같기도 하고 화상으로 생긴 물집 같기도 한 습진으로 온통 뒤덮여 있었습니다. 그늘이 될 만한 것이 아무것도 없으니 아이의 몸인들 견뎌낼 수 있겠어요.

이라크는 산유국이므로 결코 가난한 나라가 아닙니다. 오히려 비교적 풍요로운 나라라고 할 수 있습니다. 과거 이라크 사람들은 전기를 켜고 수돗물을 마시는 생활을 영위했습니다. 도시를 가로지르는 티그리스 강은 수량이 풍부해서, 각 가정에서는 이 강물을 정화한 깨끗한 수돗물을 마셨습니다. 그런데 발전소가 폭격을 당함으로써 정화 시설을 돌릴 수가 없게 된 것입니다. 결국 사람들은 티그리스 강까지 물을 길러 가서 그 물을 직접 마십니다. 하지만 티그리스 강에는 화장실의 오물마저 섞인 하수가 그대로 흘러들어 옵니다. 상수의 공급도, 하수의 처리도 전력이 없으면 불가능합니다.

이런 사정은 이라크 전국이 마찬가지라고 합니다. 전기가 끊겨서 정화 처리를 할 수 없으니, 대개 마실 물은 하수로 오염된 강에서 길어 오는 수밖에 없습니다. 또 물을 끓여 먹고 싶어도 연료가 없습니다. 정수용 약품도 경제제재 조치 때문에 수입이 불가능합니다.

이렇듯 극단적으로 비위생적인 상태에서 가장 많은 피해를 입는 것은 어린이입니다. 장티푸스 같은 전염병이나 설사에 걸리는 아이들이 점점 늘어나고 있습니다.

전기 공급이 중단되면 무엇보다 곤란한 것은 마실 물이 없어지는 것임을 새삼 깨달았습니다.

갓난아기의 눈

저는 바그다드에 있는 가둬시아 종합병원을 방문했습니다. 아직 아침 9시 40분밖에 되지 않았는데 벌써 온도계의 눈금이 40도를 넘어섰습니다. 이런 날씨에 아이를 데려온 엄마들은 병원 바깥에서 진찰 순서를 기다리고 있었습니다.

하지만 이 병원에는 아무것도 없었습니다. 우유, 의약품, 마취제 할 것 없이 모든 것이 바닥났습니다. 예방 접종에 쓰이는 백신도 전기가 끊겨 보존용 냉장고를 쓸 수 없게 되자 아무 소용 없는 물건이 되어버렸습니다.

의사 선생님은 이렇게 말했습니다.

"병에 걸린 아이들을 진찰하면 무슨 소용입니까. 아무 치료도 해줄 수 없으니 이렇게 가슴 아픈 일이 또 있을까요. 수술을 하고 싶어도 전기가 들어오지 않으니… 그저 아이들이 죽는 것을 바라보기만 하는 저의 심정을 헤아리실 수 있겠어요?"

한 갓난아기는 영양실조 때문에 뺨이나 입술 주위가 온통 주름투성이여서 마치 노인 같은 얼굴을 하고 있었습니다. 두 다리는 나무 젓가락 같았습니다. 엄마 역시 영양실조에 걸려 모유가 나오지 않기 때문에, 아기는 우유 대신 설탕물을 받아먹었습니다.

갓난아기가 노인처럼 보이는 이유는 주름 말고도 눈동자 때문이기도 했습니다. 눈동자에 수분이 부족해 말라붙으면 노인의 눈처럼 되는 것이지요. 보통 아기의 눈을 들여다보면 윤기가 있고 초롱초롱해서 품질 좋은 검은콩처럼 보이지 않습니까. 영양 상태에 따라 눈동자는 이처럼 천차만별입니다.

비록 노인 같은 눈이 되어버리긴 했지만, 그 아기는 아주 또렷하게 저를 바라보았습니다. '제가 왜 이 지경이 되었을까요?' 하고 눈으로 탄식하는 것 같았습니다. 아니, 다르게 해석될 수도 있겠지요. 이런 식으로 너무 일찍 생을 마감하는 갓난아기는 보통 아기보다 하나라도 더 많은 것을 보아두기 위해 노력하는 것인지도 모릅니다. '보아둘 수 있는 것은 다 보고 떠나자.' 그래서 노인처럼 어른스러운 눈을 하고 빤히 이 세상을 보고 있는 것은 아닐까요.

이토록 가여운 생명이 또 있을까요. 모처럼 귀중한 생명을 얻어 태어났는데, 어쩌면 세상의 아이들을 모두 구할 수 있는 재능을 타고난 아이인지도 모르는데, 하필 전쟁이 일어난 나라에 태어났다는 이유 하나만으로 넝마 조각처럼 위태위태하게 살다가 죽어가다니…….

저는 항상 그렇듯이 "미안해. 이렇게 되어서… 아무것도 해줄 수 없어서…" 하는 말밖에 할 수 없었습니다. 제가 할 수 있는 일이란 고작 그 아기의 작디작은 손을 붙들고 위로해주는 것뿐이었습니다.

영양실조, 설사, 수막염, 장티푸스, 소아마비 같은 병에 의한 어린이 사망은 분유나 기초 약품, 예방 백신만 있으면 얼마든지 막을 수 있습니다. 그런데 이곳에는 그마저도 없는 것입니다. 환자가 그렇게 많아도 병원 침상은 언제나 텅 비어 있습니다. 입원시켜봤자 아무것도 해줄 수 없는 의사 선생님이 환자들을 대개 돌려보내기 때문이지요.

저는 하마디 국무총리를 만났습니다. 그분은 제가 정치적인 입장을 떠나 인도적인 차원에서 이라크 어린이를 위해 방문해준 것에 감사하면서 이렇게 덧붙였습니다.

"아무것도 감추지 않고 보여드리겠습니다. 직접 보시고 보신 그대로를 전달해주시기 바랍니다. 그것으로 이라크에 대한 판단을 내려주시면 좋겠습니다. 그리고 다른 나라의 의견도 참조해서 이라크 문제에 대응해주시면 고맙겠습니다."

우리는 어디든지 갈 수 있을 뿐만 아니라 아무데서나 사진을 찍어도 좋다는 허락을 받았습니다. 완전히 자유로운 취재를 허용받은 것이지요.

핀 포인트 폭격

우리는 이라크 내에서도 어린이의 영양실조 문제가 가장 심각한 도시인 바스라를 향해 떠났습니다. 바스라는 수도 바그다드에서 남쪽으로 600킬로미터 떨어진 곳으로, 자동차로 8시간 거리입니다. 우리는 가는 도중 많은 전차를 만났습니다. 떠나기 전날, 북쪽 지방에서 쿠르드족과 정부군이 충돌하여 500명의 사상자가 발생했습니다. 북으로 달리는 전차가 그 사태를 진압하러 출동한다고 생각하니 마음이 아팠습니다.

송전선을 지탱하는 철탑들은 거의 모두 쓰러져 있었습니다. 다리들 역시 다국적군의 핀 포인트 폭격으로 무너져 있었습니다. 다리 안으로는 통신 케이블이나 수도관이 깔려 있습니다. 통신 케이블이나 수도관이 통하는 다리만을 정확하게 포착해서 캄캄한 밤에 폭격을 퍼붓는 기술이 바로 핀 포인트 폭격입니다. 통신 케이블이 지나지 않는 작은 다리 따위는 폭격하지 않습니다. 현대의 전쟁 기술은 이렇게까지 발전했습니다.

폭격을 당한 다리들은 괴물처럼 유프라테스 강 속에 처박혀 있었습니다. 저는 핀 포인트 폭격의 위력을 두 눈으로 목격했습니다.

바그다드 시내에서 본 방공호 건물도 그러했습니다. 그 건물은 이란-이라크 전쟁 때 마련된 것인데, 1층과 지하 1층이 각각 150평 정도 됩니다. 그 건물은 새까맣게 타버린 벽과 천장, 삐죽삐죽 드러난 철근 등으로 폭격의 참상을 증언하고 있었습니다.

안으로 들어가니 캄캄한 방의 중앙 위쪽으로부터 밝은 빛이 내려 꽂히고 있었습니다. 천장에 구멍이 나 있었는데, 그 구멍은 두 대의 미사일이 완벽하게 같은 지점에 떨어져서 생긴 것이라 합니다. 본디 공습에 대비해 지어진 건물이라 콘크리트의 천장이 제법 두꺼웠을 것입니다. 그래서 처음에는 회전하면서 떨어지는 미사일로 구멍을 뚫은 다음, 두번째 미사일을 똑같은 지점에 떨어뜨려서 안에 대피한 사람들을 죽인 것이지요.

이라크 국방부에 의하면 폭격 당시 이 안에서 400명이 사망했는데, 그 중 절반은 어린이였다고 합니다. 목숨을 건지려고 피해 온 사람들은 무슨 생각을 하며 죽어갔을까요. 다국적군은 이것이 군사 시설로서 원래 방공호가 아니었다고 밝혔습니다. 하지만 군사 시설이었든 방공호였든 이곳에서 많은 어린이가 죽은 것은 엄연한 사실입니다. 과연 핀 포인트 폭격이 얼마나 무시무시한지 잘 아시겠지요.

바스라 근처에서는 훨씬 더 많은 전차들을 볼 수 있었습니다. 바스라는 쿠웨이트 국경과 가까운 데다 걸프전쟁이 끝난 후 반정부 운동이 활발한 곳이어서 정부군이 경계를 늦추지 않고 있었습니다.

일찍이 '중동의 베니스'라 일컬어졌고 신드바드의 전설로도 잘 알려진 바스라는 이란-이라크 전쟁에 이은 걸프전쟁으로 결정적인 타격을 입었습니다. 바스라 교외의 대형 발전소는 13회에 걸친 폭격으로 완전히 파괴되었습니다. 25만 킬로와트의 출력을 자랑하며 바스라 일대의 주민 100만 명에게 전기를 공급했던 발전소가 지금은 거대한 고철 덩어리가 되어버렸습니다.

전력 공급이 중단되었기 때문에 바스라 일대 역시 식수의 정화나 하수 처리, 농업용 관개 용수 공급, 병원 시설의 냉방과 수술 같은 것이 전혀 불가능한 상태였습니다.

우리에게 발전소를 안내해준 가이드는 이 발전소가 처음 생겼을 때부터 여기에서 일을 했다고 합니다. 그는 "제 자식처럼 여겼던 발전소가 엉망이 되어버린 걸 보면 눈물이 나온답니다" 하며 안타까움을 감추지 못했습니다.

이런 식으로 이라크 전체 발전소의 90퍼센트가 파괴되었습니다. 이런저런 이유가 있었겠지만, 만약 발전소가 파괴되지 않았다면 얼마나 많은 어린이가 생명을 부지할 수 있었을까요. 얼마나 많은 엄마들이 울지 않아도 되었던 것일까요. 몇 번이나 강조해서 말씀드리지만, 전쟁이란 이토록 참혹한 것입니다.

엄마는 울부짖는다

바그다드와 마찬가지로 바스라 시내에도 하수가 넘쳐서 악취가 진동했습니다. 그래도 하수의 양이 줄어든 편이어서, 전에는 시내 전체가 연못 같았다고 합니다. 공중위생 전문가들은 이 하수가 콜레라나 장티푸스 등 전염병을 유행시키지 않을까 걱정하고 있었습니다.

아이들은 씩씩하게 놀고 있었지만 위험은 늘 도처에 도사리고 있었습니다. 한 마을을 방문했을 때, 저는 마침 급수차가 마을을 돌며 물을 배급하는 장면을 볼 수 있었습니다. 탁한 물임에도 아이들은 맛있다는 듯이 꿀꺽꿀꺽 마셨습니다. 영양 상태가 나쁘고 생활이 불안정해도 언제나 천진난만하기만 한 아이들은 호기심에 가득 찬 눈으로 우리를 따라다녔습니다. 어린이는 천사 같은 존재들입니다. 그런데도 언제나 희생당하는 것은 이런 귀여운 어린이들이지요.

바스라 의과대학 부속병원에서 처음으로 안내받은 곳은 중환자실이었습니다. 전쟁 당시 병원 근처에 떨어진 폭탄의 영향으로 유리창이며 침대가 엉망으로 망가져 있었습니다. 산소 호흡기도 고장나는 바람에 당시 중환자실에 입원해 있던 몇 명의 환자가 죽었다고 합니다. 병이 위중해서 중환자실로 들어갔는데 기계가 작동 불능이 되어 죽는다는 것은 정말 비참한 일입니다.

창밖을 내다보니 떨어진 폭탄 자국이 연못 같은 구덩이로 남아 있었습니다. 병원에 직접 폭탄이 떨어진 것도 아닌데, 폭발음과 후폭풍 때문에 이렇게 제 구실을 할 수 없게 되다니… 정말 무서운 일입니다.

폭격이 계속되는 동안 중단되었던 소아과 진료가 1개월 전부터 재개되었습니다. 하지만 전기가 들어오지 않으니, 긴급을 요하는 심장 수술이나 신장 투석 같은 것은 엄두도 내지 못합니다. 물론 미숙아로 태어난 갓난아기를 위한 인큐베이터도 사용할 수 없습니다.

50도를 상회하는 사우나 같은 무더위 속에서 장티푸스에 걸린 남자아이가 고열에 시달리고 있었습니다. 하지만 해열제가 없어서 침대에 누운 채 천장만 바라보며 고통을 견뎌내고 있었습니다. 그 애는 무슨 생각을 하고 있었던 것일까요.

아델 보건센터도 사정은 마찬가지였습니다.

"우유를 주세요."

"먹을 것을 주세요."

울면서 부르짖는 엄마들의 팔에는 영양실조에 걸린 아이들이 축 처진 채 안겨 있었습니다. 한 살이 되었건만 아직도 목을 가누지 못하고 흔들흔들거리는 아이, 생후 9개월이 되었는데도 체중이 생후 3개월 된 아기와 같은 아이… 그런 아이들이 하루에 200명씩 이 보건센터를 찾아옵니다.

저도 전쟁 중에 엄마들이 어떻게 지냈는지 잘 알고 있습니다. 아이들도 고통스럽지만 그것을 지켜보는 엄마들은 더욱 고통스럽습니다. 그런 탓인지 그곳의 엄마들은 서른대여섯 살쯤 되었다는데 제 눈에는 할머니처럼 보였습니다.

젊은 남자 의사 선생님이 카메라를 향해 말했습니다.

"아무것도 없는 병원에서 환자를 치료하지 못하는 것만큼 괴로운 일은 없습니다. 제발 도와주십시오."

바그다드의 의사 선생님도 그런 말을 했지만, 이런 상황은 의사로서 말할 수 없이 쓰라린 현실일 것입니다.

지뢰 탐지기로 쓰이는 아이들

우리는 바그다드로부터 북쪽으로 350킬로미터 떨어진 알비르로 향했습니다. 쿠르드족 사람들이 많이 거주하고 있는 도시입니다. 걸프전쟁 직후 내전이 일어나, 알비르는 일시적으로 유령 도시가 되었습니다. 봉기에 실패한 쿠르드족 난민들이 국경을 넘어 이란으로 도망갔기 때문입니다. 그런데 100만 명의 난민 가운데 85만 명이 겁을 내면서도 머뭇머뭇 다시 이곳으로 돌아왔고, 이제 그들은 먹을 것도 없고 마실 물도 없이 근근이 살아가고 있었습니다.

알비르에서 자동차로 120킬로미터를 달려서 쿠르드족의 피난민 캠프에 도착했습니다. 이곳에서 이란 국경까지는 60킬로미터 거리입니다. 20만 명이나 되는 쿠드르족 사람들이 쨍쨍 해가 내리쬐는 황야에서 텐트 생활을 하고 있었습니다. 언제쯤 자기 집에 돌아갈 수 있을지 기약할 수 없습니다. 정부와의 평화 교섭은 기미도 찾아볼 수 없습니다. 그들은 이라크 군대에게 공격을 당하면 곧장 이란으로 도망갈 수 있도록 이란 국경 가까운 곳에 사는 것이라고 합니다.

7월인 지금은 50도나 되는 무더위가 기승을 부리지만, 앞으로 3개월 뒤인 10월이 되면 눈이 내린다고 합니다. 그런데 이곳의 허름한 텐트에서는 겨울을 날 수 있을 것 같아 보이지 않았습니다. 텐트라고 해도 제대로 만들어진 것이 아니었습니다. 옷이나 모포의 헝겊 조각을 이어붙여 새둥지처럼 씌워놓은 것에 불과했지요.

어린이들은 모두 맨발이었습니다. 물론 영양 상태도 좋지 않았습니다. 하지만 세상의 모든 어린이가 그런 것처럼, 이곳의 아이들도 곧 다가와서 스스럼없이 친구가 되어주었습니다. 제가 "안녕" 하고 일본어로 말을 걸면 아이들도 "안녕" 하고 흉내를 냈습니다.

저는 쿠르드족 피난민들이 빗속에서 달랑 옷만 몸에 걸친 채 아이들의 손을 잡아끌고 이란으로 도망가는 비참한 광경을 TV에서 본 적이 있습니다. 도중에 죽은 아이들도 많았겠지요. 우리도 전쟁 중에 그랬지만 아이들은 어른들이 하라는 대로 할 수밖에 없습니다. 부모가 걸으라고 하면 묵묵히 걷습니다. 부모가 아이를 떼어놓으면서 "저리로 가야 해. 알았지?" 하고 말하면 그렇게 합니다. 저처럼 "어째서?" 하면서 꼬치꼬치 캐묻기를 좋아하는 아이조차 아무 말 못하고 다른 사람의 손에 이끌려 부모 곁을 떠나가는 것입니다.

이란과 이라크의 국경에는 이란-이라크 전쟁 때 묻힌 지뢰가 아직도 수없이 묻혀 있습니다. 지뢰 탐지기를 갖고 있지 못한 어른들이 지뢰 묻힌 곳을 알아내기 위해 부모 없는 아이들을 앞장세운다는 충격적인 이야기를 들은 적이 있습니다. 지뢰를 밟은 아이는 목숨을 잃지만 그 다음 어른들은 안전하게 걸어갈 수 있기 때문입니다. 이 이야기가 정말인지 아닌지는 알 수 없습니다. 어딘가 다른 지방의 이야기인지도 모릅니다. 어쨌거나 아무것도 모르는 아이들은 자기가 무언가 도움을 준다는 생각에 자랑스러워하며 지뢰밭 위를 걸어가는 것입니다.

쿠르드족의 혼

이 피난민캠프에서도 우유와 물을 달라는 엄마들의 호소가 끊이지 않았습니다.

걸프전쟁 당시 일본이 다국적군에 출자한 막대한 돈은 지구상에서 1년에 죽어가는 1400만 명의 어린이 가운데 절반인 700만 명을 구할 수 있는 금액이었습니다. 그 돈이면 700만 명의 어린이에게 질병 없는 깨끗한 환경을 제공함으로써 생명을 구할 수 있었습니다. 공중에서 눈 깜짝할 사이 사라져버린 미사일 값으로 그 수많은 아이들은 미래를 향한 밝은 발걸음을 디딜 수도 있었을 것입니다.

피난민캠프의 아이들에게 작별인사를 하고 막 떠나려 할 때, 한 노인이 달려오더니 저에게 무언가를 건네주었습니다. 조그마한 장식이 붙은 낡은 칼이었습니다.

노인은 헉헉 숨을 가쁘게 몰아쉬면서 말했습니다.

"우리는 긍지가 높은 민족이오. 이 칼은 나의 혼이자 쿠르드족의 혼이라오. 이것을 드리겠소. 아이들을 위해 애써주시는 당신에게……."

낡아빠진 옷을 입은 노인은 얼굴이 햇볕에 잔뜩 그을린 데다 체격은 작고 말랐지만 어딘가 의연한 기품이 느껴지는 분이었습니다.

저는 받아든 칼을 노인의 손에 다시 쥐여주면서 양해를 구했습니다.

"어르신의 기분은 잘 알겠습니다. 영혼처럼 소중한 물건을 제게 주시다니 정말 기쁩니다. 하지만 이 칼은 일본에 가지고 갈 수 없습니다. 저 대신 간직해주세요. 아이들을 위해 일하겠다고 약속드릴 테니 부디 거두어주세요."

달리는 차창 뒤편으로 흙먼지 속에 꼿꼿이 서 있는 노인의 모습이 보였습니다. '약속할게요! 진심으로 약속드릴게요!' 저는 몇 번이나 이 말을 되풀이했습니다.

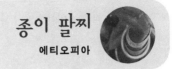

종이 팔찌
에티오피아

제가 처음으로 탄자니아에 갔던 1984년은 아프리카에 대가뭄이 닥쳐왔던 해입니다. '아프리카의 뿔'이라 불리는 지역에 있는 에티오피아도 가뭄 피해가 이만저만 아니었습니다. 당시 TV에서도 기아 소식이 연일 방송되었지요.

그로부터 8년이 지난 1992년 7월 하순, 저는 에티오피아를 방문했습니다. 1991년에 내전이 끝나서 평화를 되찾았으니 당연히 그전보다 조금은 상황이 나아졌겠거니 생각했지요. 하지만 그런 저의 기대는 보기 좋게 빗나갔습니다. 30년 동안 지속된 내전의 후유증에다 엎친 데 덮친 격으로 몰아닥친 가뭄 때문에 끔찍하리만큼 피폐해져 있었던 것입니다.

피난민들이 나라 안에 넘치고 또 넘쳤습니다. 집 없고 일자리 없고 먹을 것 없는 사람들이 어쩔 줄 몰라 우왕좌왕하고 있었습니다.

수도 아디스아바바는 거리 전체가 커다란 피난민캠프처럼 되어 있었습니다.

필사의 탈출

우리는 아디스아바바에서 비행기로 세 시간 정도 날아가서 소말리아 국경에 인접한 시다모 주의 드로오드 마을을 방문했습니다. 이곳에는 이웃 나라 소말리아에서 격렬한 전투를 피해 도망 온 난민들이 무척 많았습니다.

드로오드는 1년 반 전에는 인구 3500명의 아담한 마을이었지만, 내전이 끝날 즈음 소말리아에서 흘러들어온 난민들로 인해 눈 깜짝할 사이에 7만 2000명으로 불어났습니다. 그리고 매일매일 불어나는 추세에 있었습니다.

이곳에는 가슴 아프게도 나무가 한 그루도 없었습니다. 사상 최악의 가뭄으로 3년간 비가 한 방울도 내리지 않았다고 합니다. 어디고할 것 없이 시뻘건 황토땅 위에 뜨겁고 건조한 바람이 세차게 불어대고 있었습니다.

사막 같은 황무지 가운데 흙을 약간 두툼하게 쌓아올린 흙더미가 많이 눈에 띄었습니다. 알고 보니 죽은 아이들의 무덤이었습니다. 나무를 구할 수 없어서인지 무덤에는 이름을 적은 나무 표지조차 꽂혀 있지 않았습니다. 그리고 그 주변에는 야생동물이나 가축의 시체가 여기저기 흩어져 있었습니다. 풀도 없고 물도 없으니 동물들조차 살아남지 못한 것이지요. 저에게는 그 광경이 세상의 종말처럼 보였습니다.

난민들의 집은 차마 집이라고 부르기 민망할 만큼 허술했습니다. 나뭇가지를 새장처럼 엮어, 그 위에 마른 풀이나 헝겊을 뒤집어씌워 놓은 것이 그들의 집입니다. 한 평 정도밖에 안 되는 면적에 대여섯 명이 삽니다. 이런 집이 강한 햇빛과 차가운 밤공기를 막아주리라고는 도무지 생각할 수 없었습니다. 어떻게 견디면서 사는 것일까요. 그래도 아무것도 없는 사람보다는 낫겠지요. 나뭇가지를 구하지 못해 집을 짓다 만 채로 그대로 살거나, 집이 없어 사막에 쭈그리고 앉아 있는 사람들도 헤아릴 수 없이 많았으니까요. 어쨌든 눈 뜨고는 볼 수 없었습니다.

저는 사막에 무릎을 꿇고 울고 있는 젊은 여인에게 말을 붙여보았습니다. 너무 여위어서 눈도 입술도 전부 금이 간 것 같았습니다.

"배가 고파요."

여인의 목소리는 갈라져서 목구멍을 맴돌기만 할 뿐 제대로 말이 되어 나오지 않았습니다.

"밥을 실컷 먹어본 지 얼마나 되었어요?"

"여덟 달 전……."

어른도 이럴 지경이니 어린이 사정이야 말할 것도 없겠지요. 이곳에서는 다섯 살 미만 어린이의 절반이 굶주려 죽는다고 합니다.

이 마을에서 10킬로미터쯤 남쪽에는 폭이 50미터쯤 되는 게날레 강이 있는데, 이 강이 소말리아와의 국경 역할을 합니다.

에티오피아 쪽의 강기슭에 서서 바라보니, 뗏목을 탄 아이와 어른이 강을 건너 오고 있었습니다. 안내인의 설명에 따르면, 뗏목 주인에게 돈을 내고 매일 150명 이상이 도망쳐 온다고 합니다. 그들은 짐이라곤 거의 없이 달랑 몸뿐이었습니다. 기껏해야 그릇 비슷한 물건이나 물을 담는 표주박밖에 없었지요.

그들에게 "어째서 이쪽으로 옵니까?"하고 물어보니 "먹을 것이 있다고 들어서요"라고 대답했습니다. 이쪽에도 먹을 것이나 마실 물은 물론 모든 것이 턱없이 부족하기만 한데도 말이에요.

저는 이제까지 비쩍 마른 아이들을 볼 만큼 보아왔다고 생각했습니다. 하지만 몸 안의 뼈가 다 드러나 보일 정도로 말랐는데도 병에 걸려 누워 있는 게 아니라 걷고 있는 아이를 본 것은 그때가 처음이었습니다.

소말리아에서 도망 온 아이, 에티오피아의 아이 모두 너나 할 것 없이 말라 있었습니다. 해골의 행렬이라고나 할까요. 그곳에서 본 아이들은 너무 말라서 무릎의 종지뼈까지 뚜렷이 보였습니다. 저는 종지뼈 양쪽에 작고 둥근 뼈가 있다는 사실을 그때 처음 알았습니다. 아이들은 머리카락이 죄다 빠져버려서 두개골의 모양도 확실히 보였습니다. 그런데도 어른들과 함께 필사적으로 그곳까지 걸어온 것입니다. 저는 목이 메어와 차마 말이 나오지 않았습니다.

종이 팔찌

제 가슴이 더욱 쓰라렸던 것은 먹을 것을 배급받을 아이를 골라내기 위해 텐트 안에서 몸무게를 재는 장면을 목격했을 때입니다.

사람 수가 나날이 불어나기 때문에, 이 난민캠프에서는 아이들 모두에게 배급품을 나눠줄 수가 없습니다. 그래서 몸무게를 잰 다음 연령과 신장으로 나누어서, 표준 체중의 70퍼센트에 못 미치는 아이에게만 먹을 것을 나눠주도록 한 것입니다. 가령, 평균 체중이 5킬로그램인 나이의 갓난아기는 몸무게가 3킬로그램 이하일 때만 먹을 것을 받을 수 있습니다. 그런데 아이들은 어른보다 훨씬 더 많은 먹을 것이 필요합니다. 왜냐하면 두뇌가 발달해야 하니까요. 또 몸 안의 혈관이나 내장 등 모든 신체기관이 어릴 때 형성되니까요.

체중계는 우리가 흔히 사용하는 종류가 아니라 추를 매달아 재는 튼튼한 저울이었습니다. 하긴 보통 저울로 그렇게 많은 사람의 체중을 재다가는 얼마 못 가 망가지고 말겠지요. 세 살 이하의 어린아이는 포대에 넣어서 매달아 몸무게를 잽니다. 어떤 아이라도 매달아놓으면 더욱 말라 보입니다. 세상에 이렇게 비참한 광경은 또 없을 것입니다.

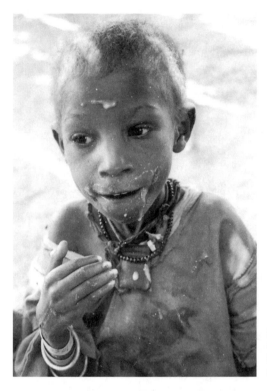

팔찌를 찬 아이는 배급 식량을 받고 아주 기쁜 듯했습니다. 이 아이도 영양실조에 걸려서 머리카락이 많이 빠졌습니다.

　우리들은 어떻게 하면 살을 뺄 수 있을까 고민합니다. 모두들 다 이어트를 하느라 정신이 없습니다. 여성 주간지도 절반 이상은 다이어트 광고가 차지하고 있지 않습니까. 여기 아이들은 누가 더 말랐는지 분간할 수 없을 만큼 모두 말랐습니다. 그럼에도 단 100그램이라도 표준 체중의 70퍼센트를 상회하면 배급을 받을 수 없습니다. 배급 담당자들도 웬만하면 모든 아이들에게 골고루 나눠주고 싶을 테지요. 하지만 이곳은 식량을 날라 오기가 수월치 않은 곳이라서 하는 수 없이 식량 배급을 제한하는 것입니다. 저는 요즘 탐식과 식도락에 빠져 있는 우리 아이들의 식생활을 떠올리고는 울고 싶어졌습니다.

표준 체중의 70퍼센트 이하임이 판명되면 아이에게 종이 팔찌를 해준 다음 먹을 것을 나누어줍니다. 하지만 그렇게 배급받는 식량은 밀가루와 옥수수가루와 콩가루를 강에서 길어온 물에 타서 끓인 멀건 죽에 불과합니다.

아이들은 오렌지색 플라스틱 그릇을 들고 쭈그리고 앉아서 열심히 죽을 마셨습니다. 아무리 어려도 살아가고자 하는 생명력은 강한 법입니다. 그런데 표준 체중의 70퍼센트를 약간 넘는다고 해서 다음 날까지 먹을 것을 배급받지 못하는 아이들이 있다니 불쌍해서 견딜수가 없었습니다.

사랑에도 굶주린다

텐트 안에는 설사 때문에 생긴 탈수증으로 곧 숨이 넘어갈 것 같아 보이는 아이들도 많았습니다. 그 애들은 비쩍 마른 나머지 온통 주름투성이의 살가죽만 남아 있었습니다. 방글라데시 여행기에서도 썼지만, 그런 아이에게는 소위 구강수분보충염이라는 것을 물에 타서 마시게 합니다. 마실 힘조차 없는 아이에게는 주사기 같은 것으로 입 안에 넣어줍니다.

그 중 텐트 벽에 기대듯이 누워 있는 두 살 반쯤 된 여자아이에게 눈길이 갔습니다. 아이의 발 옆에는 설사의 흔적으로 보이는 오물이 지저분하게 묻어 있었습니다. 누군가 이 애는 고아라고 가르쳐주었습니다.

아이는 구강수분보충염을 탄 물이 담긴 컵을 입 가까이에 대주면 손을 들어 휙 하고 밀쳐버렸습니다. 고통스러워 어쩔 줄 몰라 하는 기색이 역력했습니다. 아이는 자원봉사자가 건네주는 컵을 두 번, 세 번 되풀이해서 뿌리치기만 했습니다. 하지만 그 물을 마시지 않으면 생명을 잃고 맙니다.

저는 어떻게든 그 물을 마시게 하고 싶었습니다. 저는 아이 옆에 쪼그리고 앉아서 "있잖아, 너, 이 물 마셔야 돼. 이것 마시면 나을 거야. 자, 착하지. 마셔보렴" 하면서 컵을 내밀었습니다. 그러자 아이는 제 얼굴을 보면서 전부 마셨습니다. 모처럼 마시는 것을 보고 또한 잔 마시게 하려고 컵을 주니까 그것도 전부 마셔버렸습니다.

저는 가슴이 무너지는 것 같았습니다. 제가 매일같이 곁에 붙어있을 수 있다면 그 애는 분명히 나아질 것입니다. 하지만 그렇게 할 수는 없는 노릇이지요. 저는 설사똥이 덕지덕지 묻어 있는 그 애를 안고 될 수 있는 대로 부드럽게 말했습니다.

"알지? 이제부터는 이런 걸 주면 잘 마셔야 해. 그래야 건강해져서 무럭무럭 자라날 수 있으니까. 자, 나랑 약속하자."

그 애는 저를 물끄러미 바라보았습니다. 제 눈 속까지 들여다보는 것 같았습니다. 제가 하는 말을 알아듣지는 못해도 누군가가 자기에게 잘 대해준다는 느낌은 분명히 전달되었나 봅니다.

전쟁터를 방불케 하는 그곳에는 난민을 돕는 자원봉사자들도 부족해서 아이들에게 일일이 신경 쓸 수가 없습니다. 진료소만 해도 곧 죽을 것 같은 위독한 아이들이 줄을 이어 실려오기 때문에 한 아이에게만 유독 잘 해줄 수가 없습니다. 그런 사정을 모르는 바 아니지만, 아이들이 너무나도 가여웠습니다. 굶주린다는 것은 단지 먹을 것에 굶주리는 것만을 의미하지 않습니다. 그것은 사랑에도 굶주린다는 뜻입니다.

굶주리는 사람은 누구나 따뜻한 사랑을 갈구합니다.

왜 모두 저를 쳐다보지요?

드오로드의 진료소에는 NGO(비정부 조직)인 '국경 없는 의사회'(MSF)에서 파견된 네덜란드인 여의사, 영국인 간호사 등 네 명의 자원봉사자가 일을 하고 있었습니다.

이 진료소 부근에서만 매일 15~20명 가량의 어린이가 죽습니다. 네덜란드인 여의사는 아이가 병에 걸려도 진료소에 데리고 오지 않는 엄마들이 많다고 말했습니다. 아이를 데리고 왔을 때에는 이미

때가 늦은 경우도 적지 않다고 합니다.

엄마가 용기를 내어 데리고 왔다는 한 살배기 아기는 영양실조와 탈수증 때문에 숨을 거칠게 몰아쉬고 있었습니다. 아기의 몸무게는 3300그램으로, 갓 태어난 신생아와 비슷한 수준이었습니다. 이미 죽음의 그림자가 드리웠다고 여의사는 진단했습니다.

아홉 살쯤 된 여자아이도 극도의 영양실조와 탈수증에 시달리고 있었습니다. 얼굴은 마른 데다 광대뼈가 툭 튀어나와서, 이렇게 말하면 미안하지만 꼭 미라 같았습니다.

갑자기 그 애가 제게 물었습니다.

"왜 모두 저를 쳐다보지요?"

그때 저뿐만 아니라 TV 카메라맨도 아이에게 카메라를 들이대고 있었습니다. 저는 당황해서 잠시 허둥지둥했지만, 곧 "그건 네가 귀엽기 때문이란다" 하고 대답해주었지요.

아이는 웃음을 지으려 노력했는데 제게는 왠지 찡그리는 것처럼 보였습니다. 그래도 진심으로 웃으려 한다는 것을 분명히 알 수 있었습니다.

어린이들은 참 순진합니다. 제가 거짓말을 한 것은 아니지만, 처음부터 그 애가 귀여워서 바라본 것은 아니었으므로 마음이 편치 않았습니다. 그 애가 정성스럽게 웃는 얼굴은 지금도 제 가슴속에 새겨져 있습니다. 아이들의 순진한 마음에 상처를 내지 않도록 저에게

경고를 울려준 미소였다고 생각합니다.

저는 이제까지 아프리카와 아시아의 여러 나라를 돌아다니며 영양실조에 걸린 아이들을 숱하게 만나왔습니다. 하지만 이 정도로 마른 아이들이 수없이 많은 곳은 처음이었습니다.

에티오피아에서는 이런 상태가 비단 어제오늘의 일만은 아닙니다. 30년간 계속된 내전과 되풀이되는 가뭄으로 그 어느 곳보다 어린이들이 고통받고 있었습니다. 그동안 어린이와 엄마들이 얼마나 고통을 호소하며 울부짖어왔을까 생각하니, 아무것도 모르고 있었던 제 자신이 한심하고 죄송스러워서 견딜 수 없었습니다.

정글은 없다

드로오드 마을에는 우물이 없었습니다.

사람들이 강에서 길어와 드럼통에 담아놓은 물은 누런 색깔을 띠었고 진흙이 섞여 있었습니다. 그런 흙탕물을 건강한 아이는 물론 병에 걸린 아이들도 맛있다는 듯이 마셨습니다. 이렇게 해서 많은 아이들이 배앓이를 하거나 병이 더욱 도지는 것이지요.

나무가 한 그루도 없는 사정은 북쪽 티그레 주도 마찬가지였습니다. 들판이 끝없이 펼쳐져 있는 풍경은 한가롭게만 보였습니다. 하지만 그곳은 경작하는 밭도 없고 나무 한 그루 풀 한 포기 없는 벌거숭이 대지에 불과했습니다.

"제가 어렸을 때는 이 근방에 나무가 많이 자라고 있었답니다."

우리를 안내한 유니세프 지부의 관계자가 설명해주었습니다.

본래 에티오피아는 나라의 대부분이 삼림으로 뒤덮여 있었습니다. 하지만 지금은 국토의 38퍼센트밖에 삼림이 남아 있지 않습니다. 정글이라고는 눈을 씻고 보아도 없었습니다.

나무를 베어내지 않으면 되잖아? 하고 의문을 가질 분도 있을지 모릅니다. 하지만 전기도 가스도 없는 곳에서 요리를 하고 추운 밤에 난방을 하기 위해서는 나무를 베는 수밖에 없습니다.

에티오피아에서는 나무 심는 데 모든 노력을 기울이고 있습니다. 그 방법은 니제르의 사막에서 시도되던 것과 비슷합니다. 우선 비닐통 속에 흙을 채워 넣고 씨를 뿌린 다음 물을 줍니다. 그리고 묘목이 30센티미터 정도 성장하면 그것을 산으로 날라서 한 그루씩 심는 것이지요.

에티오피아의 모든 산에 나무를 심는 것은 이만저만 큰일이 아닙니다. 나무를 심으려면 물도 길어 나르지 않으면 안 되니까요. 하지만 비를 내리게 하려면 이런 방법밖에 없습니다.

저도 나무를 심고 돌아왔습니다. 에티오피아의 군드 벨베레라는 나무는 놀랄 만큼 이곳 풍토에 잘 맞습니다. 우선 이 나무는 성장이 빠르고 거의 물을 주지 않아도 잘 자란다고 합니다. 맛이 없어서 가축 같은 동물이 절대로 먹어치우지 않는다는 것도 장점입니다. 이 점은 생각보다 매우 중요합니다. 가축이나 야생동물이 먹어버려서 없어진 식물도 많으니까요. 동물 역시 먹지 않고서는 살아갈 수 없지 않겠어요. 그뿐 아닙니다. 이 나무는 아주 단단해서 좋은 목재가 된다고 합니다. 제가 심은 나무 곁에는 제 이름이 적힌 작은 나무 표지를 세웠습니다. 잘 자라달라는 기도와 함께…….

티그레 주의 인구는 480만 명입니다. 참고로 말씀드리면 에티오피아의 전체 인구는 그 당시 5400만 명이었습니다. 물론 이 숫자는 난민이 들어오거나 빠져나가거나 해서 확실한 것은 아닙니다.

티그레 주는 멘기슨 대통령의 독재정권에 저항한 사람들이 많이 사는 곳입니다. 그래서 더욱 집중적인 공격을 받아왔습니다. 이 지방에는 546개의 학교가 있었지만 그 가운데 절반이 파괴되었습니다. 또 이곳에서만 10만 명의 농민이 전투에서 목숨을 잃었는데, 그 가운데 4만 명은 여성이었다고 합니다. 농촌의 아낙네들도 직접 나서서 정부와 싸웠던 것이지요.

내전을 경험하지 못한 저로서는 나라 안에서 30년 동안이나 싸우지 않으면 안 되는 현실을 상상조차 할 수 없습니다. 그러나 그것이 얼마나 비극적인지는 짐작할 수 있습니다. "이 땅에서 싸우다가 죽은 10만 명의 영혼에 바친다"라고 적혀 있는 비석 앞에 서서, 저는 50년 가까이 평화 속에 살아온 우리는 얼마나 행복한 사람들인지 새삼 깨달았습니다.

우리는 반군 게릴라들이 도망쳐 들어온다고 해서 얼마 전에 정부군의 폭격이 있었던 키리샤이미니라는 곳으로 갔습니다. 키리샤이미니란 '돌이 쌓여 있는 땅'이라는 뜻인데, 과연 말 그대로 바위와 돌이 많아서 길이 울퉁불퉁했습니다.

단 하나뿐인 진료소가 폭격으로 없어지는 바람에, 그곳 사람들은 아이가 병에 걸리면 의사가 있는 마을까지 걸어서 데리고 가야 합니다. 자동차로도 두 시간쯤 걸리는 거리를 바위투성이의 험한 산길로 걸어서 말이에요.

마을 사람들은 저에게 이렇게 호소했습니다.

"의사 선생님께 데리고 가는 일도 정말 힘들어요. 아이들은 병에 걸리면 죽을 수밖에 없어요."

원래 에티오피아는 고원 지대에 위치해 있습니다. 수도인 아디스아바바가 해발 2400미터인데, 키리샤이미니는 그보다 더 높은 곳입니다. 제가 그곳에 들렀을 때에는 비까지 내려서 날씨가 매우 추웠습니다.

길에서 만난 고래

키리샤이미니에서의 일정을 마치고 바위투성이 길을 따라 돌아가던 중이었습니다. 우리는 네 대의 랜드로버에 나누어 타고 이동했습니다. 그런데 선두에 달리던 차가 길을 가로지르려는 순간 믿을 수 없는 일이 벌어졌습니다.

밤색이라고 할까 초콜릿색이라고 할까, 오른쪽에 커다란 고래 같은 것이 갑자기 눈앞을 가로막았습니다. '아니, 저건 뭘까?' 하고 생각할 겨를도 없이, 맨 앞의 차가 길을 건너고 난 뒤 돌연 무시무시한 기세로 황갈색의 물줄기가 흘러온 것입니다. 이른바 '대포 급류'라고 하는 것으로, 소나기 끝에 갑자기 밀어닥치는 홍수였습니다. 그 물줄기는 눈 깜짝할 사이 폭 16미터, 깊이 2미터 정도의 소용돌이치는 강이 되어 콸콸 우렁찬 소리를 내면서 흘러갔습니다. 그것은 흔히 볼 수 있는 물살이 아니었습니다. 선두에 섰던 차가 몇 초만 늦었어도 길을 건너기 전에 대참사가 날 뻔했던 것이지요. 등골이 오싹해지는 순간이었습니다.

신문에 가끔 '급류로 인해 에티오피아에서 몇 명이 사망했다'는 기사가 나오곤 하는데 그게 바로 이런 것이었구나. 저는 마치 악몽을 꾸는 듯한 느낌으로 망연히 강물을 바라보았습니다.

저는 어떻게 해서 이런 일이 벌어지는지 곰곰이 따져보았습니다. 전날 밤에 비가 내렸다고 하는데, 아마 그 빗물이 나무도 없고 가뭄으로 매끌매끌해진 산의 표면을 타고 화살처럼 흘러내려왔을 것입니다. 그러는 도중에 다른 물줄기와 합쳐져서 황폐해질 대로 황폐해진 땅을 폭포처럼 달려온 것이겠지요. 자연이란 이렇게 한없이 두려운 존재입니다.

그런데 동행한 에티오피아인 관계자는 별로 놀란 기색도 없었습니다.

"글쎄요. 종종 일어나는 일이니까요. 탁류는 한 시간 정도 지나면 없어진답니다."

맨 앞에 달리던 차는 한 시간쯤 지나 건너편 강기슭으로 되돌아왔습니다. 뒤따라오던 우리 차가 보이지 않아 걱정이 되어 돌아왔는데 뜻밖에도 강이 생겨 있으니 얼마나 놀랐겠습니까. 우리는 강을 가운데 두고 서로에게 목청 높여 외쳤지만, 콸콸 흐르는 물소리의 기세에 파묻혀 전혀 들리지가 않았습니다.

이제는 강물이 물러가기를 기다리는 수밖에 없었습니다. 벌써 점심 시간이 훨씬 지나 있었지만, 도시락은 맞은편 강기슭의 자동차에 실려 있었습니다. 물론 휴대폰이나 무전기 같은 기계가 있을 리 없었지요. 문득 제게 좋은 생각이 한 가지 떠올랐습니다.

'비닐 봉지에 돌과 편지를 넣어서 묶은 다음 건너편에 던지면 되겠구나.'

어릴 적에 이런 놀이 저런 놀이 가리지 않고 해본 사람은 이럴 때 유리합니다. "도시락, 어떻게 되었어요?"라는 내용의 편지와 돌이 든 비닐 봉지를 카메라맨 조수에게 주어 강 건너편으로 던지도록 했습니다. 곧 "오늘 도시락은 비스킷뿐이에요. 그걸 보내드릴게요"라는 답장이 날아왔습니다.

나중에 들은 이야기지만, 이런 식으로 편지를 주고받는 방법은 아무도 생각하지 못했다고 합니다. 맞은편 강기슭에 있던 사진가 다누마 다케요시 씨는 그런 저를 두고 "역시 옛날 사람은 단수가 틀리다니까" 하며 혀를 내둘렀다고 하더군요. 아무튼 그렇게 해서 우리는 무사히 점심을 먹게 되었습니다.

　얼추 세 시간쯤 지나자 강물이 무릎에 찰 정도의 깊이로 줄어들었습니다. 그러자 길을 건너려는 사람들이 점점 양쪽 강기슭에 모이기 시작했습니다. 그 중에는 할머니와 당나귀도 있었습니다.

　제가 강물의 깊이를 알게 된 것은 어떤 청년 때문입니다. 건너편 기슭에 있던 건장한 청년이 "에잇!" 하고 기합을 넣으며 강물에 다리를 집어넣었습니다. 청년은 건너갈 수 있는지 충분히 재본 다음, 조금씩 조심스럽게 걸어서 이쪽까지 왔습니다. 그러더니 다시 건너편 기슭으로 돌아가서 할머니를 업고 왔습니다. 당나귀는 엉덩이를 두드리며 밀다시피 해서 데리고 왔습니다. 이렇게 해서 힘 좋은 청년이 교통 정리를 해준 덕분에 우리 이외에는 모두 잘 건넜습니다.

　"갑시다. 랜드로버라면 이 정도의 물은 충분히 건널 수 있을 것 같네요. 꽉 붙잡아주세요."

　우리 차의 운전사는 보기 드물게 운전을 잘하는 사람이었습니다. 그는 영화에서나 나올 법한 장면처럼 차를 몰았습니다. 철벅철벅 요란한 소리를 내며 흔들리는 차를 타고 우리는 건너편까지 무사히 도착했습니다. 그런데 차에서 내린 운전사가 바지를 걷더니 다시 건너편으로 돌아갔습니다. 자기가 나서서 운전을 해주지 않으면 우리 뒤에 있던 두 대의 차가 건너 오기 힘들겠다고 판단했던 것이지요.

이렇게 해서 예정보다 4시간이나 늦게 우리는 돌아오는 길에 들어섰습니다. 강물이 그 정도로 줄어들지 않았다면 우리는 저 황야에서 노숙을 해야 했을 것입니다. 밤새도록 추워서 견디기 힘들었겠지요. 제가 초콜릿 색깔을 띤 커다란 고래라고 본 것은 급류가 솟구쳐올랐던 때의 모습이었을까요. 그만큼 등골이 서늘한 일은 없었습니다.

할 렐 루 야

우리는 다시 비행기로 세 시간 비행하여 북부의 고잠 주에 있는 바하르다르로 향했습니다.

우리는 먼저 바하르다르의 시장으로 갔습니다. 매주 토요일 열리는 장터에는 야채라든가 과일 같은 다양한 물건이 널려 있었습니다. 그 중에서도 중요한 것이 땔나무였습니다. 땔감이 없으면 곡물이 있어도 먹을 수가 없기 때문입니다.

저는 장작을 길가에 늘어놓고 갓난아기에게 젖을 먹이는 여인에게 물어보았습니다.

"얼마나 걸어왔어요?"

"30킬로쯤요."

여인은 그곳까지 가야 땔나무를 주워 모을 수 있다고 했습니다. 하지만 장작은 조금 쓰고 나면 없어질 만큼 적은 양이었습니다.

"이 정도 나무를 모으는 데 몇 시간 정도 걸렸어요?"

"열한 시간쯤요."

그 정도로 에티오피아에는 나무가 없었습니다.

등에는 아기를 업고 머리엔 나무를 인 채 뙤약볕 아래 울퉁불퉁한 자갈길을 30킬로미터나 걸어왔지만, 전부 팔아봤자 겨우 2000원에서 3000원밖에 안 됩니다. 파는 사람도 가난하지만 사는 사람도 가난하므로 웬만해서는 팔리지도 않습니다. 팔다가 남은 땔감은 집으로 가지고 돌아갑니다. 그런데 장작을 팔고 있는 것은 모두 여자들뿐이었습니다. 남자들은 내전으로 죽고 없기 때문이었을까요. 새삼 이 나라의 실정에 안타까움을 느꼈습니다.

수도인 아디스아바바의 인구는 내전이 끝난 1991년 한 해 동안에만 100만 명이나 늘었습니다. 나라 밖으로 도망갔던 사람들이 돌아오거나 이웃 나라에서 피난을 왔기 때문입니다. 5년 전에는 65만 명이었던 인구가 340만 명으로 늘어났습니다. 그리고 그 중 70퍼센트에 해당하는 사람들이 최저 생계비도 없는 빈곤한 생활을 영위하고 있었습니다.

우리는 아디스아바바 대학이 있는 지역으로 갔습니다. 대학 담장에 비닐 돗자리 같은 것을 걸쳐 만든 텐트들이 죽 늘어서 있었습니다. 주로 재해를 피해 온 난민들이 산다고 했습니다.

그 중 한 집에 들어가니 면적이 한 평 반쯤 되어 보였습니다. 그 집의 엄마는 "열다섯 명이나 여기에 살아요. 우린 앞으로 어쩌면 좋지요?" 하고 울먹거렸습니다.

에티오피아의 도시에는 살 집이 없어서 노점상을 하거나 고아가 되어 구걸을 하는 거리의 아이들, 즉 부랑아가 10만 명이나 있다고 합니다. 부모가 돌보아주지 않으면 아이들은 밖으로 나와 스스로 먹을 것을 구할 수밖에 없습니다.

저는 그런 부랑아들이 모여 있는 곳에 가서 모차르트의 〈할렐루야〉를 불러주었습니다. 어디를 가도 마찬가지지만, 제가 새소리 같은 소프라노로 노래를 하면 아이들은 매우 기뻐하면서 여자아이는 물론 남자아이까지 보이 소프라노 흉내를 냅니다. 가사라고는 '할렐루야'만 반복하는 노래이므로 아이들도 곧잘 외워버립니다. 목소리를 가다듬고 모두 손을 잡은 채 〈할렐루야〉를 부르고 있노라니, 문득 '이렇게 아이들이 자기 노래를 불러주니 모차르트도 분명 기뻐하지 않을까?' 하는 생각이 들었습니다.

거리의 아이들과 헤어진 다음, 우리는 차를 타고 다음 방문지인 고아원으로 향했습니다.

고아원에 들어가 이곳저곳 둘러보고 있을 때, 작고 어린 여자애가 제 곁에 다가오더니 살며시 바지를 잡아당겼습니다. 왜 그럴까 하고 고개를 갸웃거렸더니, 그 애는 속삭이듯이 "할렐루야" 하고 말했습니다. 그 말은 마치 우리들끼리만 통하는 암호 같았습니다.

알고 보니 그 여자애는 아까 함께 노래했던 거리의 아이들 중 하나였습니다. 이렇게 멀리 떨어진 곳인데 어떻게 우리가 탄 차를 앞질러 쫓아왔던 것일까요. 저는 아이가 귀엽고 가여워서 가슴이 무너져내렸습니다.

살고 싶어요

에티오피아의 공항에 내렸을 때 저에게 꽃을 건네준 열네 살짜리 소녀가 있습니다. 그 소녀의 이름은 사라마윗트입니다.

그 소녀는 거리의 아이로 살던 다섯 살 때, 유니세프의 사진작가가 사진을 찍어주며 "이다음에 크면 무엇이 되고 싶니?" 하고 묻자 "살고 싶어요" 하고 대답했던 아이입니다. 평범한 여자아이라면 "스튜어디스가 되고 싶어요"라든지 "새색시가 되고 싶어요"라든지 여하튼 뭔가 희망이 있을 터입니다. 그런데 사라마윗트는 "클 때까지 살고 싶어요" 하고 대답했던 것이지요.

그당시 유니세프는 사라마윗트의 얼굴 사진과 "살고 싶어요"라는 말을 담은 포스터를 만들어 배포했습니다. 살고 싶다는 말은 힘겨운 처지에 놓인 모든 아이들의 소망을 대변하는 말이 아닐까요.

다행히도 열네 살까지 성장한 사라마윗트에게 저는 9년 전과 똑같은 질문을 던져보았습니다. 사라마윗트는 미소를 지으면서 이번에는 이렇게 대답했습니다.

"의사가 되어서 아이들의 병을 고쳐주고 싶어요."

제가 만난 에티오피아의 정부 관료들은 한결같이 이제 평화를 얻었으니 황폐해진 나라를 일으켜 세우고 아이들의 교육이나 의료 문제를 잘 꾸려나가고 싶다고 말했습니다.

하지만 그당시 에티오피아에서는 기아로 인한 병으로 매일 1500명이나 되는 다섯 살 미만의 어린아이들이 죽어가고 있었습니다. 먹을 것과 의약품, 깨끗한 식수가 절대적으로 필요한 상태였습니다.

비행기를 타고 일본으로 돌아올 때 이탈리아의 로마를 경유하게 되었습니다. 6시간 만에 도착한 로마의 비행장은 별천지나 다름없었습니다. 사람들은 멋지게 차려입었고 위생 상태도 양호했고 먹을 것도 여기저기 지천으로 널려 있었습니다.

모잠비크나 앙골라에서 유럽까지는 많은 시간이 걸리지만, 에티오피아는 유럽에서 단 6시간밖에 떨어져 있지 않습니다. 그런데도 에티오피아의 사막에서는 오늘도 어린이들이 줄을 서서 체중을 재고 있습니다. "물을 주세요!" "우유를 주세요!" 하면서 엄마들이 울부짖고 있습니다.

집으로 돌아와 살고 있는 지금까지도 의아한 생각이 듭니다. 우리는 모든 물자가 넘쳐흐르는 생활을 누리고 있습니다. 깨끗한 식수가 있고 먹을 것도 얼마든지 냉장고에 차 있고 TV도 볼 수 있습니다.

저는 문득 하늘을 향해 이렇게 중얼거렸습니다.

'하느님, 이건 너무 불공평한 것 아닌가요?'

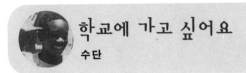

학교에 가고 싶어요
수단

제가 유니세프 친선대사로서 드디어 뜻깊은 열번째 방문을 하게 되었을 때, 유니세프에서는 아프리카에서 가장 큰 나라인 수단을 추천해주었습니다.

수단의 면적은 일본의 약 일곱 배입니다. 국경을 맞대고 있는 나라만 해도 이집트·에리트레아·에티오피아·케냐·우간다·콩고민주공화국·중앙아프리카공화국·차드·리비아, 이렇게 아홉 나라나 됩니다.

수단 역시 오랫동안 계속된 내전과 가뭄으로 인해 온갖 문제를 잔뜩 껴안고 있는 나라입니다. 인구 2500만 명 가운데 약 60퍼센트가 여러 나라의 원조 물자에 의존해 살아가고 있습니다. 국토가 일본의 일곱 배나 되는데 인구가 2500만 명밖에 되지 않는다니! 여러분도 놀라셨겠지요. 하지만 실은 국토의 30퍼센트에 해당하는 약 3분의 1이 사람이 살지 못하는 사막 지역이라고 하는군요.

우리는 일본을 떠나 꼬박 하루 만에 수단의 수도 카르툼에 도착했습니다. 곧바로 유니세프 수단 사무소에 찾아갔는데, 현지 관계자로부터 "이제부터 소형 비행기로 400킬로미터쯤 날아간 다음, 다시 자동차로 갈아타고 500킬로미터 이상 여행하시게 될 겁니다"라는 얘기를 들었습니다. 그렇게 먼 길을, 더구나 거의 포장이 안 된 도로를 달려가야 한다니, 과연 넓은 나라였습니다.

카르툼에서 만난 외무부 장관님은 뇌 전문 외과의사이기도 했습니다. 장관님은 이렇게 말했습니다.

"무력이 아니라 대화를 통해 내전을 종식시키고 싶은 마음뿐입니다. 가장 가여운 희생자는 어린이들이니까요. 모처럼 우리나라를 찾아주셨으니 자유롭게 구경하십시오. 물론 무엇을 찍더라도 상관없습니다. 이 나라를 있는 그대로 보시고 돌아가시면 됩니다."

제가 갔을 때는 마침 겨울이라서 1년 중 가장 지내기 편한 날씨였습니다. 그런데도 대낮이면 기온이 섭씨 50도까지 올라갔습니다. 워낙 무더운 데다 냉방 시설도 없기 때문에, 카르툼 사람들은 시원한 아침에 일을 시작해서 오후 2시면 모두 일을 마친다고 합니다. 이런 생활 리듬 덕분에 우리 방문단의 스케줄도 매일 아침 5시나 6시부터 시작되었습니다.

헝겊 축구공

카르툼은 수단의 수도인데도 수돗물이 공급되는 가정은 거의 없었습니다. 그래서 당나귀가 끄는 짐수레에 드럼통을 싣고 물을 팔러 다니는 물장수를 흔히 볼 수 있었습니다. 도시 내에 식수원이 없기 때문에, 이곳 카르툼에 사는 사람들은 수입의 절반 정도를 물 값으로 지출하는 형편이라고 합니다. 여러분은 수입의 절반이 매달 물을 사느라고 없어져버리는 것을 상상이나 하실 수 있겠어요.

이런 사정 때문에 유니세프에서는 급수 사업을 적극적으로 추진하고 있습니다. 예를 들어 카르툼에서 남서쪽 10킬로미터 지점에 있는 자발오우레야 피난민캠프에는 7만 명의 피난민이 살고 있는데, 유니세프는 이곳에 1991년부터 현재까지 200개 이상의 우물을 팠다고 합니다.

카르툼 주변에는 피난민캠프가 서른다섯 개 있고, 피난민 수는 모두 합쳐 71만 명이나 됩니다. 그런데 71만 명이라는 숫자는 카르툼 인구 330만 명 가운데 약 4분의 1에 해당합니다. 일본의 도쿄를 예로 들자면, 도쿄에서 40킬로미터 떨어진 교외에 300만 명의 피난민이 살고 있다는 이야기가 됩니다.

피난민캠프는 진흙을 발라 점토 그릇처럼 세워놓은 움막들에 불과했습니다. 창문도 없어서 집 안에 발을 들여놓으니 찜통 속에 갇힌 것처럼 무덥기 그지없었습니다. 이 움막은 비라도 내리면 발라놓은 진흙이 곤죽같이 녹아내린다고 합니다.

1만 1000명의 마을 사람들을 데리고 피난 왔다는 주민 대표 아저씨가 말했습니다.

"이곳까지 오는 동안 4000명의 사람이 죽었다오. 아이들 대부분도 죽어버렸고… 내 마누라도 세상을 떠났지요."

그가 겪은 고통은 어김없이 주름 하나하나에 깊이 새겨져 있는 듯했습니다. 마지막으로 그는 이렇게 덧붙였습니다.

"할 수만 있다면 평화를 되찾아 고향에 돌아가고 싶은 마음이 굴뚝같지요. 여기 있어봤자 아무 희망도 없으니까… 하지만 이젠 나이 들어 죽기만을 기다리는 수밖에 없는 것 같소. 고향은 너무 멀리 있고 또 돌아갈 수 있다 해도 땅이 황폐해져서 아무것도 못할 거요. 집마저 없으니 어쩔 도리가 없는 것 아니겠소?"

피난민캠프에는 여성을 위한 직업훈련센터가 설치되어 있었습니다. 독일 정부 산하기관에서 파견된 사람이 염색, 봉제, 비누 제조 등을 지도하고 있었습니다. 봉제 부문에서 일하는 한 여성은 1주일 만에 블라우스 여덟 장, 양복 네 벌을 만들 수 있게 되었다고 합니다. 이곳에서 만든 물건은 시장에 내다 팔아서 공동의 수입으로 삼고 있었습니다.

자발오우레야 피난민캠프의 초등학교에서 보건교육 수업을 견학하고 있었을 때의 일입니다.

제가 "제일 갖고 싶은 게 뭐니?" 하고 묻자, 아이들은 저마다 대답했습니다.

"더 공부하고 싶어요."

"상급 학교로 진학하고 싶어요."

"공책요."

그런데 그 속에서 누군가 가느다란 목소리로 "축구공…" 하고 대답했습니다. 알고 보니 이게 웬일입니까. 이 난민촌 캠프에는 100개 이상의 축구팀이 있었습니다. 하긴 인구가 7만 명이나 되니 그리 이상할 것도 없었지요.

그 아이들이 차는 공은 낡은 헝겊을 둘둘 말아서 만든 것이었습니다. 비록 영양 상태는 좋지 못해도, 또 진짜 축구공은 없어도 아이들은 이리저리 즐겁게 뛰어다녔습니다.

'축구공을 가지고 뛰어 놀면 얼마나 신이 날까……'

저는 안타까운 마음이 들었습니다. 흑백 무늬에 번쩍번쩍 빛나는 가죽으로 된 축구공이 피난민캠프 하늘로 뛰어오른다면 얼마나 좋을까요.

꼬마 천사

수단의 중심부인 쿨두판 주는 대단히 강우량이 적은 지역입니다. 비가 내리는 시기는 6월부터 9월까지 단 몇 개월뿐입니다. 우리는 그곳에 있는 캇세바 마을을 방문했습니다.

이 마을 일대의 사람들은 우기 후에 생겨난 물웅덩이에서 물을 얻거나 야생 수박 또는 바오밥나무 가지에 함유되어 있는 수분을 섭취합니다. 바오밥나무는 '거꾸로 선 나무'라고 일컬어지는데, 나무 뿌리처럼 생긴 가지들이 하늘을 향해 솟아 있는 기괴한 나무입니다. 커다란 것은 키가 80미터, 둘레가 9미터나 된다고 합니다. 생텍쥐페리의 『어린 왕자』를 읽은 분이라면 '아, 그 나무!' 하고 금방 떠올릴 수 있겠지요.

이런 곳에 우물을 파는 굴착기는 매우 값이 비싸서 한 대에 5억 원이나 합니다. 하지만 일단 굴착기만 있으면 약 320만 원의 비용으로 우물 하나를 팔 수 있습니다. 그렇게 되면 주민들이 물을 긷기 위해 하루 종일 강까지 걸어갔다 와야 하는 수고를 덜게 됩니다.

우리는 수단 남부에 있는 나실로 향했습니다. 그곳은 수단인민해방군(SPLA)이라는 반정부 세력이 점령한 지역으로, 여전히 격렬한 전투가 벌어지고 있었습니다.

이제까지 안내를 해준 정부 관계자들은 "자, 우리는 이 지역에 들어갈 수 없어요" 하며 작별을 고하고는 먼저 돌아갔습니다.

소형 비행기로 평평한 들판에 착륙하니, 수많은 사람들이 우리를 마중하러 나와 있었습니다. 어른들은 춤을 추고 아이들은 열심히 손뼉 치면서 환영해주었습니다.

거의 벌거숭이나 다름없는 아이들은 저마다 무언가 씌어 있는 종이 조각들을 손에 들고 있었습니다. "평화를 주세요." "평화를 원해요." "교과서를 갖고 싶어요." "학용품이 없어요." "선생님을 주세요." "입을 옷이 없어요." "학교를 지어주세요." 아이들의 진정서에 꼼짝없이 포위된 셈이었습니다. 무엇보다 '평화'라는 두 글자에 모든 사람의 절실한 소망이 깃들여 있는 것 같았습니다. 바로 이틀 전에도 가까운 이웃 마을이 폭격을 당했다는 소식을 들었기 때문입니다.

아이들은 새하얀 치아를 드러내고 웃으면서 붙임성 있게 저를 향해 손을 내밀었습니다. 이리 밀리고 저리 밀리는 가운데서도 열심히 손을 내미는 어린 꼬마가 눈에 띄었습니다.

"어머나, 너 여기에 있었구나!"

저는 반갑다는 듯이 꼬마의 작은 손을 꼭 잡아주었습니다.

아이들을 보면 천사가 따로 없습니다. 내전이 벌어지고 있어도 누가 적이고 누가 우리 편인지 알지 못합니다. 부모가 어떻게 되었는지도 모르고 자기 모습이 어떤지조차 모릅니다. 비록 모든 것을 잃었지만 소중한 생명을 지키고 있다는 것이 중요하겠지요. 모든 역경에도 불구하고 지금까지 살아 있어준 덕분에 저는 그 꼬마와 기쁘게 악수를 나눌 수 있었습니다.

추억 속의 학교

　수단의 남부 지방은 특히 긴급한 원조가 필요한 지역입니다. 그래서 유니세프는 세계식량계획(WFP) 같은 유엔 산하기관과 협력해서 식량이나 의약품을 계속 수단에 보내고 있습니다. 이것을 소위 '수단 생명선 작전'이라고 부릅니다. 저는 나실 마을에서 구호 물자를 실어 내리는 광경을 보았습니다.

　하지만 지속적인 원조 작전에도 불구하고 물자의 양이 턱없이 부족한 실정이라, 많은 사람들이 하루에 한 번의 끼니밖에 해결할 수 없습니다. 구호 물자 속에는 비스킷도 들어 있었습니다. 이리저리 살펴보니 일본 정부에서 보낸 것이더군요.

　저는 이곳까지 구호 물자를 배달하는 일이 얼마나 힘든 일인지에 관해 들었습니다. 일본에서 물자를 보낼 경우, 먼저 케냐의 몸바사 항까지 배로 실어오는 데 많은 시간이 걸립니다. 그 다음 몸바사 항에서 수단의 국경 근처까지 트럭으로 수송하는 데 또 사나흘이 소요됩니다. 그리고 국경에서 최종 목적지인 나실까지는 비행기가 동원됩니다. 육로는 게릴라들의 습격을 받을 위험이 있기 때문이지요.

　이렇게 되면 구호 물자의 가격보다 운송비가 그 몇 배로 더 많이 든다는 것을 쉽게 짐작하시겠지요. 얼마나 아까운 노릇입니까. 내전만 없어도 더 많은 물자를 공급할 수 있으련만…….

　구호 물자를 실어 내리는 장소 근처에는 강이 흐르고 있었습니다.

강은 진흙탕처럼 커피우유 빛깔을 띠고 있었습니다. 그런데도 아이들은 강물 속에 들어가 맛있게 물을 마셨습니다. 갓난아기를 안은 여인도 강에 들어가더니 손으로 물을 떠서 아기에게 먹였습니다.

천진난만한 아이들이 흙탕물을 맛있게 마시는 장면을 보면 가슴이 찢어질 것만 같습니다. 그럴 때마다 순수한 아이들을 배신해서는 안 된다고 마음속 깊이 다짐하곤 합니다.

수단의 내전은 최근 10년간 더욱 극심해져서 약 30만 명에 이르는 사람들이 이웃 나라인 에티오피아 등지로 피난을 떠났습니다. 하지만 1991년 에티오피아에서 군사정권이 무너지고 새로운 정권이 들어서자, 난민들은 박해받을지도 모른다는 공포 때문에 다시 자기 나라로 돌아왔습니다. 수단에는 여전히 내전이 계속되고 있었지요.

나실에는 내전의 와중에 가족과 떨어졌거나 부모가 죽어서 의지가지할 곳이 없어진 고아 1600명을 모아놓은 캠프가 있습니다. 캠프의 어린이들 역시 입을 것이 없어 벌거벗은 채였고, 먹을 것도, 학용품도, 심지어 학교로 사용할 건물조차 없었습니다. 그런데도 아이들은 학교에 가고 싶다고 호소했습니다. 그것은 어른들이 먹을 것을 달라거나 의약품을 달라는 것과 똑같이 절실한 소망이었습니다.

이제까지 저는 유니세프 친선대사로서 많은 아이들을 만나왔지만, 이렇게까지 공부하고 싶다고 목소리를 높이는 아이들은 처음 보았습니다.

현지의 유니세프 관계자가 이렇게 설명해주었습니다.

"학교에 가면 즐거운 일이 있을 거라고 생각하나 봐요."

"부모님과 함께했던 추억을 떠올리면 아마 학교가 생각나는가 봐요."

반정부 세력의 점령 지역인 나실을 둘러본 우리는 다시 정부가 관할하는 최남단의 도시 주바로 향했습니다. 그런데 주바의 남쪽은 반정부 세력이 지배하는 곳입니다. 이런 식으로 수단 내전의 양상은 매우 복잡합니다.

주바에서 가장 규모가 큰 코노코니 시장에는 노점들이 줄지어 있었습니다. 이곳에만 약 1만 명쯤 된다고 하는 거리의 아이들은 시장 이곳저곳을 헤집고 다녔습니다. 시장 근처를 얼씬거리면 무언가 좋은 일이 있을지도 모른다고 기대하는 것일까요.

이곳의 고아원에는 부모를 전쟁이나 질병으로 잃거나, 아이를 키울 능력이 안 되는 어린 엄마들이 내다 버린 아이들로 북적거렸습니다. 특히 갓난아기와 다를 바 없는 아주 어린 아이들이 많았습니다. 원장 선생님은 저에게 하소연했습니다.

"갓난아기들에게 영양가 있는 우유를 주고 싶어요. 우유가 없어 콩을 끓인 물을 먹이고 있답니다."

하이에나와 내전

로키초키오는 수단과 케냐의 국경에서 25킬로미터쯤 떨어진 마을입니다. 우리는 반정부 세력끼리 전투를 벌이고 있는 지역을 피해서 그곳에 가느라 소형 비행기를 타야 했습니다.

그곳에는 구호 활동을 펼치는 유니세프 사무소와 세계식량계획이 추진하는 '수단 생명선 작전' 기지가 있었습니다. 스물아홉 개의 국제 NGO와 두 개의 수단 NGO도 활동하고 있었습니다. 구호 물자가 6000톤씩 공중으로 수송되는 명실상부한 원조 기지입니다.

우리는 적십자 국제위원회가 운영하는 병원을 방문했습니다. 병상 320개에 수술실과 중환자실 및 정형외과를 갖추고 있어서, 겉보기에는 야전 병원 같지만 내실은 튼실했습니다.

대부분의 환자들은 총에 맞거나 지뢰로 다리를 잃은 부상자들이었습니다. 수단 곳곳을 둘러보며 내전이 얼마나 끔찍한지 직접 두 눈으로 확인했지만, 그곳에서 새삼 내전의 비참함을 실감했습니다.

한쪽 다리가 없는 열 살짜리 남자아이는 들판에 나갔다가 어디선가 날아온 총알에 맞았다고 합니다. 총상을 입은 다리가 곪는 바람에 부득이 절단하지 않을 수 없었던 것이지요.

"총을 쏜 사람은 군복을 입었니?"

"아녜요. 그냥 보통 사람이 입는 옷이었어요."

수단에서는 정부군과 반정부군, 그리고 반정부군 내에서도 두 파로 나뉘어 서로 내전을 벌이고 있기 때문에 아주 복잡합니다. 누가 적이고 누가 우리 편인지 아이들이 알 리 있겠습니까. 풀숲에서 갑자기 탕탕탕탕! 하고 총소리가 나면 필사적으로 도망가는 수밖에 없지요. 하지만 아이들은 아무리 힘껏 달려봤자 뒤처지게 마련입니다. 그렇게 정신없이 도망가는 등뒤로 총알이 날아왔다고 증언한 아이들이 셀 수 없이 많습니다.

총이 머리를 관통하는 바람에 식물인간이 된 아이, 반신불수가 된 아이… 다리에 총을 맞은 아이는 대개 다리뼈가 부서지고 맙니다.

간호사에게 안겨 울던 네 살짜리 남자아이는 다리에 붕대를 감고 있었습니다. 천만다행으로 총탄이 뼈 사이를 관통해서 빠져나갔기 때문에 뼈는 부러지지 않았다고 합니다. 병원에 온 아이들은 비교적 운이 좋은 편입니다. 이렇게 설비를 갖춘 병원에서 수술도 받을 수 있고 치료도 제대로 받을 수 있기 때문이지요.

도대체 어떻게 이토록 어린 아이들에게 총을 쏠 수 있을까요. 그것도 안간힘을 다해서 달아나는 등뒤를 향해서 말입니다.

여러 나라에서 온 의사와 간호사 중에는 일본인도 있었습니다. 스물아홉 살인 가와무라 마사코 씨는 나고야 제1적십자 병원에서 파견된 간호사였습니다. 생글생글 웃는 인상이 귀여워서인지 어린이들이 굉장히 잘 따르더군요.

가와무라 씨는 말했습니다.

"여기 사람들은 내전으로 다리를 잃고서도 다 나으면 다시 싸우러 나가겠다고 해요. 휠체어를 타고서라도 말예요. 그런 말을 들으면 정말 가슴이 아파요."

하이에나에게 머리를 물렸다는 아이들도 적잖이 입원해 있었습니다. 아프리카에 몇 번씩이나 왔어도 동물에 대한 이야기는 들은 적이 없었기 때문에 저는 깜짝 놀랐습니다. 한 남자아이는 머리뿐만 아니라 다리에도 붕대를 감고 있었습니다. 하이에나에게 물린 머리의 상처 자국이 너무 끔찍해서 다리의 피부를 이식했다고 합니다.

저는 간호사에게 아이 머리에 난 상처 자국을 보여달라고 부탁했습니다. 머리에 선명하게 난 이빨 자국을 보고서야 하이에나의 입이 아주 커다랗다는 것을 알았습니다. 내전으로 고아가 된 것도 서러운데 땅바닥에서 자다가 하이에나에게 머리를 물리다니, 하늘도 무심하시지… 몸의 상처도 그렇지만 무엇보다 아이 마음에 생겼을 상처를 생각하니 더욱 가슴이 아팠습니다.

물론 하이에나에게 물리는 것은 내전과 별 상관이 없는 사건일지도 모릅니다. 하지만 만일 내전만 일어나지만 않았다면 아이들이 들판에서 자는 일도 없었을 것입니다.

어떤 남자아이는 오른쪽 눈에서 팔까지 친친 붕대를 감고 있었습니다. 열세 살 된 그 애는 지뢰 파편에 맞아 오른쪽 눈을 실명했다고 합니다. 내일 안구 적출 수술을 할 예정이라는데, 정작 그 애는 자기가 실명한 것도, 수술을 받는다는 것도 모르고 있었습니다. 그저 급식으로 받은 옥수수죽을 즐겁게 먹을 뿐이었습니다.

"이다음에 크면 뭐가 되고 싶니?" 아이는 모든 사람의 병을 고쳐주는 의사가 되고 싶다고 스스럼없이 대답했습니다. 저는 아무것도 모르는 아이에게 고작 "그래, 힘내라" 하는 말밖에 할 수 없었습니다.

그리운 엄마의 젖

계속해서 여기저기 병원 안을 둘러보고 있을 때였습니다. 제 곁에 다섯 살쯤 된 남자아이가 다가왔습니다. 총에 맞았는지 오른팔에는 붕대를 감고 있었습니다. 그런데 그 애가 갑자기 왼손으로 제 젖가슴을 쥐는 게 아니겠어요. 아이는 젖을 움켜쥔 채 아무 일 없었다는 듯이 가만히 있었지만, 역시 부끄러웠는지 제 얼굴을 피해 딴 곳만 바라보더군요.

갑자기 엄마 생각이 나기라도 한 것일까요. 이렇게 해서 이 애가 안심할 수 있다면 좋으련만… 저는 잠시라도 엄마를 대신해주고 싶은 마음에서 아이가 하는 대로 가만 놔두었습니다.

물론 저는 그 아이의 엄마와 피부색도 다르고 생김새도 딴판일 터입니다. 게다가 말도 통하지 않지요. 하지만 그런 것은 그 애에게 별상관이 없었습니다. 어릴 적부터 고아가 되어 우왕좌왕 헤매다가 병

엄마가 생각났겠지요. 총을 맞고 고아가 된 이 아이는 갑자기 제 젖을 만졌습니다.

원으로 실려왔을 테니 필시 외로웠을 것입니다. 이 나라에서는 다섯
살이면 어른 취급을 받습니다. 엄마를 애타게 떠올리고는 견딜 수
없어서 제 젖을 움켜쥐었던 게 아닐까요.

5분쯤 뒤 저는 가슴에서 아이의 작은 손을 떼어냈습니다. 그리고
쪼그리고 앉아서 아이의 얼굴을 정면으로 바라보았습니다. 눈이 커
다랗고 귀엽게 생긴 아이였습니다. 저는 아이의 두 손을 꼭 쥐고 말
했습니다.

"자, 이제 됐지? 엄마가 생각나서 그런 거지? 충분히 만졌으니까

이제부턴 씩씩하게 사는 거야!"

아이는 제 눈을 들여다보더니 마치 일본어를 알아듣기라도 한 듯이 "응" 하고 고개를 끄덕였습니다.

이런 아이들이 그리워하는 것은 상냥하고 따뜻한 손길, 부드러운 목소리, 안심할 수 있는 여성의 품일 것입니다. 그런 것들이야말로 약이나 음식 못지않게 아이들에게 살아갈 힘을 준다는 것을 저는 새삼 깨달았습니다. 나이팅게일이 백의의 천사로 이름을 떨친 것도 단지 전쟁터에서 다친 군인들을 치료해주었기 때문이 아니라, 온갖 정성과 친절이 담긴 손길을 베풀어주었기 때문이겠지요. 어른도 그러한데 하물며 어린이들이야 어떻겠습니까.

85 대 15

수단은 유서 깊고 문화 유산이 풍부한 나라입니다. 이집트에 비할 바는 못 된다 하더라도, 기원전 700년부터 1000년 동안 대략 700개나 되는 피라미드가 세워졌습니다.

수도 카르툼의 북쪽에는 이집트로 통하는 도로가 뚫려 있는 메로에라는 곳이 있는데, 그 주변 사막에는 지금도 50개 정도의 피라미드와 왕궁 터가 남아 있습니다. 옛날 메로에 왕국 시절에는 수단에서 가장 영화를 누렸던 도시입니다.

사막에 저무는 태양은 이제까지 본 어떤 태양보다 거대했습니다.

수단은 이루 형용할 수 없을 만큼 저녁노을이 아름다운 나라였습니다. 하지만 정작 수단 사람들은 저무는 태양의 아름다움에 발길을 멈출 겨를이 없어 보였습니다.

이 나라가 처한 상황을 아는 사람이라면 한가로이 저녁노을을 바라보고 있을 때가 아니라고 생각할 것입니다. 하지만 내전만이라도 멈추어준다면 많은 관광객이 이 유구한 역사를 지닌 나라를 보기 위해 밀려오게 되겠지요.

일본에 돌아와서 저의 수단 방문기를 TV로 방영한 후였습니다. 방송을 시청한 주일 수단 대사가 편지를 보내주었습니다.

"당신이 적도 아군도 아닌 인도적인 입장에서 우리나라를 보고 어린이를 걱정해주신 것에 깊이 감사드립니다. 어린이와 함께해주신 장면들을 보니 눈물이 나오더군요……."

비록 정치적인 문제가 복잡하게 얽혀 있는 나라였지만, 저는 인도적인 입장에서 내전으로 피해를 입고 있는 사람들을 두루 만나고 왔습니다. 정부군이 통치하는 지역에도, 반정부 세력이 통치하는 지역에도 가리지 않고 다녀왔습니다. 어린이에게는 처음부터 적도 아군도 없기 때문입니다.

탄자니아로부터 시작하여 벌써 10년이라는 세월이 흘렀습니다.

유니세프 친선대사의 임무를 맡게 되어 다행이라고 생각합니다.

만약 그렇지 않았다면 저는 세계의 어린이들 사정에 대해 잘 모르는 채 평생을 지냈을 테니까요.

지금 지구상의 85퍼센트에 달하는 어린이가 깨끗한 물과 먹을 것이 없어서 영양실조에 시달리고 있습니다. 예방주사도 맞지 못해서 질병으로 죽어갑니다. 가족을 위해 거리로 나가 일을 해야 하고 학교에 가서 공부를 하고 싶어도 할 수가 없습니다. 그리고 어른들의 전쟁에 휘말려서 고아가 됩니다. 이렇게 힘겨운 상황 속에서도 어린이들은 필사적으로 소중한 생명을 지키며 살아가고 있습니다.

절반도 아니고 85퍼센트입니다. 우리의 어린이들은 다행히도 나머지 15퍼센트 속에 들어갑니다. 수단 같은 곳의 어린이에 견주면 우리 어린이들은 얼마나 행복한가? 이런 말씀을 드리려는 것은 아닙니다. 하지만 부모를 잃고 땅바닥에서 자며 등뒤에 총을 맞거나 하이에나에게 머리를 물리는 수단 어린이들의 생활을 생각해보면, 역시 절대적으로 윤택하다는 것을 인정하지 않을 수 없습니다.

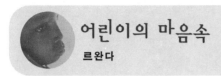

어린이의 마음속
르완다

르완다는 옛날부터 '아프리카의 스위스'로 일컬어져 왔습니다. 창
공에서 내려다본 르완다는 푸른빛으로 물결치는 아름다운 나라였습
니다. 이제까지 방문한 아프리카의 다른 나라들에서는 사막 같은 살
벌한 풍경만을 보아왔지만, 이 나라는 토지가 비옥해서 풍부한 수확
물을 거두며 모두가 기뻐할 수 있는 곳이었습니다. 단, 내전만 없다
면 말입니다.

르완다의 수도 키갈리에 있는 공항에 내려서 맨 처음 제 눈에 띈
것은 건물에 남아 있는 총탄 자국이었습니다. 공항에는 무슨 일이
벌어질지 모르는 상황에 대비해서 무장 병력이 엄중한 경비 태세를
갖추고 있었습니다. 거리에 나가보니 건물들이 있던 자리는 파괴된
상태 그대로 남아 있었습니다. 그 폐허들은 바로 수개월 전까지 이
곳에 무시무시한 내전이 벌어졌음을 생생하게 증언해주었습니다.

인구 750만 명 가운데 100만 명이 학살당했다고 하니 어떤 내전이었는지 짐작이 가시겠지요. 한때는 키갈리 거리에서 사람들이 완전히 자취를 감춰버릴 정도였다고 합니다.

키갈리 중앙에 있는 노천 시장에서는 기껏해야 쌀, 옥수수, 콩, 비누, 땔나무 같은 것들이 판매되고 있었습니다. 물건을 사는 사람도 별로 없었습니다. 이렇게 매매가 부진한 것은 구 정부군 관계자들이 도망갈 때 은행 금고를 부수고 돈을 모두 가져가버렸기 때문이라고 합니다. 한마디로 통화 부족이 구매를 억제하고 있는 것이지요.

손도끼 학살

키갈리에서 자동차로 세 시간 거리에 있는 니야마타 교회에는 2000구나 되는 시체가 서로 뒤엉킨 채 누워 있었습니다. 내전 중에 게릴라들이 사람들을 그곳에 몰아넣고 손도끼와 총, 수류탄으로 모조리 살해했다고 합니다. 옷자락 바깥으로 뼈만 남은 팔이나 다리가 삐죽 나와 있었고, 머리는 모두 손도끼에 잘려 따로 나뒹굴고 있었습니다.

4개월 전에 일어난 사건인데도 시신들은 그대로 방치되어 있었습니다. 시신을 거두어줄 유족이나 친척도 함께 살해당했기 때문입니다. 국가에서도 어떻게 손을 쓰지 못합니다. 시체들 옆에는 엉성하게 봉해진 자루들이 있었는데, 어떤 자루 안에는 작은 두개골 위에 커다란 뼈가 얹혀 있었습니다. 엄마가 아이를 감싸안은 채 죽어간 것일까요. 저는 태어나서 이렇게 비참한 참극은 본 적이 없었습니다.

우리는 키갈리의 교외인 기다라마에 있는 가톨릭 교회도 방문했습니다. 이 가톨릭 교회에서도 300명이 살해당했습니다. 교회에 가면 어떻게든 목숨만은 건지겠지 생각하고 도망갔다가 변을 당한 것입니다. 예배당 안쪽에는 아직 10여 구의 시체가 그대로 방치되어 있었습니다. 대부분이 니야마타 교회에서 본 것처럼 옷을 입은 채 백골이 되어 누워 있었습니다.

교회 주변에는 조용하고 싸늘한 공기만이 감돌았고, 이따금 새소리가 들려올 뿐이었습니다. 하지만 학살이 행해졌던 그 순간에는 아마도 단말마의 비명과 분노의 절규, 비애의 신음 소리가 흘러 넘쳤겠지요.

"그런 곳에 있으면 무섭지 않아요?" "기분 나쁘지 않았어요?" 혹은 "냄새가 심했겠지요?"

제가 본 것을 이야기하면 가끔 이런 종류의 질문을 받습니다. 하지만 캄보디아에 갔을 때처럼 저는 무슨 까닭인지 그런 기분은 좀처럼 들지 않았습니다. 솔직히 말씀드려서 오직 불쌍하다는 생각밖에 들지 않았습니다. 그리고 인간이 얼마나 다른 사람을 미워할 수 있으며 또 얼마나 잔인해질 수 있는지에 대한 두려움을 느꼈을 뿐입니다.

엄마를 찾지 않는 아이들

르완다에서 일어난 학살은 다른 나라의 경우와 크게 달랐습니다. 그것은 살해를 자행한 자들이 그때까지 본 적도 없는 외부의 게릴라가 아니라 아는 사람이었다는 점입니다. 달리 말하면 아저씨가 조카를 죽이고 옆집 사람이 이웃 사람을 죽이고 마을 사람이 촌장님을 죽였던 것입니다. 한 마을에 살면서 평소에 인사하고 지내던 사람끼리 어떻게 이런 잔혹한 일을 저지를 수 있었을까요.

살아남은 사람은 살해한 사람을 알고 있으며, 살해한 사람은 살아남은 사람에게 얼굴이 알려졌으므로 보복을 두려워합니다. 그러니 이제나저제나 저 사람이 날 죽이지 않을까 하는 식으로 서로가 서로를 의심하게 됩니다. 그것은 바로 의심이 의심을 낳는 지옥에 다름 아닙니다.

키갈리의 유니세프 관계자는 제게 이런 이야기를 들려주었습니다. 유니세프 사무소에서 일하던 스물한 살의 여성이 갑자기 사표를 내며 당장 그만두겠다고 했답니다. "대체 왜 그러는 거예요?" 하고 사정을 물으니, "아까 길에서 저희 가족을 죽인 자가 걸어오기에 시치미를 떼고 모르는 척했는데, 스쳐 지나가는 순간 제 귓가에 대고 '아니, 이게 누구냐. 널 죽였어야 하는데 잊어버렸군…' 이러는 게 아니겠어요. 이젠 무서워서 여기 있을 수 없어요" 하고 두려움에 떨더랍니다.

그리고 이런 이야기도 있습니다. 피난민캠프에서 유니세프 관계자가 어린 남자아이에게 "네 부모님이 돌아가셨다며?" 하고 물었답니다. 그 애는 "난 몰라" 하고 고개를 젓더랍니다. 그 애가 너무 어려서 기억하지 못하는가 보다 여기며 다른 쪽으로 걸어가는데, 잠시 후 아이가 쫓아와서는 "사실은 알아" 하더랍니다. "아까는 왜 사실대로 말해주지 않았니?" 하니까 "아까 저기서 통역해준 사람이 죽였는 걸" 했다고 합니다.

만약 "응, 죽었어. 살해당했어." 이렇게 대답했다면 통역자는 필시 그 애를 죽였겠지요. 그들은 보복을 무서워하니까요. 대여섯 살밖에 안 된 아이가 눈앞에서 가족이 살해당한 것으로도 모자라 필사적으로 연극을 해야 한다니… 그런 아이의 마음속은 도대체 어떻겠습니까.

학살당한 시체가 아직 방치되어 있는 가톨릭 교회의 예배당 왼편에는 440명의 어린이가 살고 있는 고아원이 있습니다.

살아남은 어린이들은 예외 없이 눈앞에서 부모 형제가 살해당하는 참상을 겪은 아이들입니다. 바로 얼마 전까지 친하게 지내던 사람이 자기 가족을 무참하게 죽였기 때문에 아이들은 치밀어오르는 공포와 분노 속에서 떨고 있었습니다. 조금 나이 먹은 아이는 칼을 갖고 다니면서 기회만 생기면 바로 죽여버리겠다고 증오심 가득한 목소리로 말했습니다. 마음속에 짊어진 커다란 상처 때문에 정신이 불안정해지거나 난폭해지는 아이들도 있고, 개중에는 실어증에 걸리는 아이도 있다고 합니다.

르완다뿐만 아니라 주변 나라인 자이르(현 콩고민주공화국), 탄자니아, 부룬디, 우간다에 있는 피난민캠프들에도 부모가 살해당하거나 부모와 떨어져서 고아가 된 아이들이 10만 명 이상이나 있습니다. 엄청난 숫자입니다.

"아이들이 도무지 웃지 않아요." "아이들 마음이 갈가리 찢겨져 있다는 게 느껴져요." "엄마를 찾는 아이는 없어요. 아무리 불러도 엄마가 오지 않는다는 걸 알기 때문이겠지요."

어느 고아원을 가도 선생님들의 말은 거의 어슷비슷했습니다.

아직 엄마를 찾으며 어리광을 부릴 나이인데 엄마를 찾으며 우는 아이가 없다니… 정말 가엾기 짝이 없었습니다. 선생님들은 또 이구동성으로 이렇게 말하기도 했습니다.

"한 아이가 밤중에 깨어 울기 시작하면 순식간에 울음바다가 됩니다. '무서워'라든가 '죽은 사람 옆에 있기 싫어' 하면서요. 정신적인 장애를 일으키는 아이가 많아서 이대로 아이들이 자랄 걸 생각하면 정말 가슴이 아픕니다."

밤중에 잠이 깨어 울 때 포근하게 안아주며 "괜찮아, 이제 무서운 일은 일어나지 않아" 하고 부드러운 목소리로 감싸주는 보모나 고아원 선생님들이 있다면 얼마나 안심이 될까요. 이 아이들에게는 깨끗

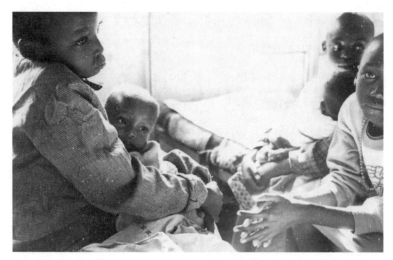
고아원에서는 어린 아기가 들어오면, 좀더 나이 든 언니가 잘 돌봐줍니다. 아기도 매우 안심하고 잘 자란다고 합니다.

한 물이나 먹을 것, 의약품도 없어서는 안 되지만 그에 못지않게 애정이 꼭 필요합니다. 하지만 어린이를 돌보는 어른들의 숫자는 아무래도 부족하기만 합니다.

악마는 지옥에 없다

르완다에서 일어나는 비극은 후투족과 투치족의 대립에서 비롯된 것입니다.

본래 농경 민족인 후투족이 살고 있던 곳에 수렵 민족인 투치족이 들어와서 함께 살게 되었습니다. 두 부족은 그럭저럭 사이좋게 잘 지냈는데, 70년 전 식민 통치를 하던 벨기에가 투치족에게 지배계급의 특권을 부여해주었습니다. 벨기에는 신분 증명서에 '후투족'이나 '투치족'이라는 표시를 써넣어 공식적으로 차별함으로써 두 부족간의 대립을 심화시켰습니다.

그 이후 두 부족간의 갈등으로 여러 가지 사건이 끊이지 않았습니다. 이번 학살은 1994년 4월 6일 후투족 출신의 하비야리마나 대통령이 타고 있던 비행기의 추락 사건으로 인해 걷잡을 수 없이 번졌다고 합니다. 이 사고가 일어난 직후 후투족이 먼저 대량 학살의 불을 당겼고, 이렇게 해서 르완다는 전면적인 내전에 돌입하게 되었던 것이지요.

두 부족으로 갈려 있긴 하지만, 실은 후투족과 투치족 사이의 혼혈도 적지 않습니다. 그래서 이런 식의 일도 자주 일어난다고 합니다. 투치족이 쳐들어와서 후투족 출신 여인에게 말합니다.

"너는 우리 부족이니 죽이지 않겠다. 하지만 투치족인 네 남편은 죽여야겠어. 그리고 아이 넷 중 절반은 투치족의 피를 이어받았을 테니 두 명만 죽이마. 자, 어떤 아이를 죽여야 할지 골라보시지."

어떤 엄마가 자식을 골라 죽일 수 있겠습니까. 그런 선택은 애당초 가능하지 않습니다. 하지만 시키는 대로 골라내지 않으면 자식 네 명이 모두 살해당할지도 모릅니다. 지옥이란 바로 이런 곳이 아닐까요.

학살의 방아쇠가 당겨지면서 내전은 날로 격화되었습니다. 보복을 두려워한 투치족 사람들은 이웃 나라인 자이르로 도망갔습니다. 며칠 사이에 100만 명이 넘는 사람들이 국경을 넘어갔습니다.

그런데 겨우겨우 당도한 피난민캠프에는 식량도 물도 의약품도 아무것도 없었습니다. 마치 때를 기다렸다는 듯이 콜레라나 이질이 번져서 하루에 2000명이나 되는 사람들이 죽어갔습니다. 물론 대부분의 희생자는 아이들이었습니다. 도대체 그 아이들은 어쩌자고 이 세상에 태어났던 것일까요.

《타임》지에 실린 현지 목사님의 말을 읽은 적이 있습니다.

"지금 악마는 지옥에 없습니다. 모두 르완다로 가버렸으니까요."

여덟 살의 소년병

우리는 여러 난민캠프를 방문했습니다. 그 중 판지 난민캠프는 지금까지 본 곳과는 사뭇 달랐습니다. 소년병들이 많이 있었는데, 여덟 살에서 열여섯 살 사이로 부모가 살해당했거나 부모와 헤어진 아이들이었습니다.

판지 캠프에는 난민이 된 투치족 출신 군인들이 8000명 정도 수용되어 있었습니다. 그리고 캠프에 수용된 1034명의 아이들 가운데 소년병은 467명이었습니다. 소년병의 임무는 그들의 총기를 손질하는 일을 비롯해서 구두 닦기, 물 긷기, 식사 준비 등입니다. 소년병들은 군인들을 위해 밤 12시까지 일했습니다.

유니세프는 군인들과 협상을 벌인 결과, 소년병들에게 군복 대신 어린이다운 옷을 입히는 데 성공했습니다. 그리고 아이들만 있는 캠프로 옮겨서 공부를 하거나 노래하며 놀 수 있도록 조치했습니다.

군인이 된 지 한 달쯤 되었다는 남자아이는 저에게 들릴락 말락 한 목소리로 "군인들을 위해 일하지 않아도 되니 기뻐요" 하고 말했습니다. 그 애는 부모 형제가 살해당한 후 강제로 군대에 끌려왔다고 합니다. 이렇게 해서 캠프의 아이들은 전원 군대에서 해방되었습니다.

"군복을 벗으렴. 이젠 군인이 되면 안 돼."

저는 아이들에게 바지와 셔츠를 나누어주었습니다. 아이들도 꽤나 군복이 싫었던 모양입니다. 이미 홀라당 벗고 벌거숭이가 된 아이도 있었습니다. 그 아이는 벗어놓은 군복을 공중에 휙 던져버렸습니다.

〈어린이 권리 헌장〉에는 어린이를 군인으로 삼아서는 안 된다는 조항이 뚜렷이 명시되어 있습니다. 르완다도 1991년 이 조약에 비준했습니다. 하지만 막상 전쟁이 일어나면 아무도 그런 조약 따위에는 눈길조차 주지 않습니다.

서로 사랑하자, 손을 맞잡고

우리는 자이르로 도망간 130만 명의 르완다 난민 가운데 85만 명이 있다는 국경 마을 고마로 향했습니다. 85만 명!

고마의 난민 텐트는 자이르 사람들이 사는 집 바로 옆구리까지 비집고 들어가 있었습니다. 어느 날 잠에서 깨어나니 집 주위에 몇십만 개나 되는 파란 비닐 텐트가 덕지덕지 붙어 있다면 얼마나 깜짝 놀랄 일입니까. 굴러온 돌이 박힌 돌을 밀쳐낸 꼴이지요.

자이르의 주지사를 만난 자리에서 이런 말을 들었습니다.

"지금까지 여러 번 난민이 밀려왔지만, 이렇게 엄청난 숫자는 처음입니다. 르완다의 구 정부 인사 가운데 군인이며 정치가 할 것 없이 모두들 건너와버려서 나라를 통째로 이곳에 옮겨놓은 것 같아요. 아마 이런 일은 세계 어디에도 없을 겁니다. 딱 잘라 말해서 보통 골칫거리가 아녜요. 어떻게든 좀 해주시면 좋겠습니다."

고마의 난민캠프를 보니 정말 그렇겠다는 생각이 들었습니다.

수도 키갈리에서 난민캠프가 있는 고마까지는 약 350킬로미터 거리입니다.

난민캠프 근처에 있는 뉴러공고라는 화산에서는 연기가 피어오르고 있었습니다. 만일 화산이 폭발해서 용암이 흘러내린다면 난민캠프의 85만 명은 한순간에 전멸할 것입니다. 용암이 흘러내리는 속도가 시속 60킬로미터나 된다고 하니까요. 현재 고마의 난민들은 옛날에 흘러내린 용암 위에서 텐트 생활을 하는 것이었습니다.

"고마의 화산은 과연 폭발할 것인가!"

일본에서는 단지 뉴스거리에 불과합니다. 하지만 여기에서는 절체절명의 문제입니다. 그곳 사람들은 화산 얘기를 꺼내는 것조차 꺼려했습니다.

"제발 부탁이니 화산에 대해서는 말도 꺼내지 말아주세요. 모든 게 용암 밑에 깔릴 테지요. 그렇게 되면 이도 저도 다 끝장이에요. 그래서 그런 일은 별로 생각하고 싶지 않아요."

우리가 무관심하게 다른 나라 뉴스를 남의 일처럼 흘려듣고 있다는 것을 떠올리고 남다른 감회를 느꼈습니다.

만나는 사람마다 한결같이 후투족과 투치족의 무모한 대립 때문에 르완다의 장래가 절망적이라고 말했습니다. 하지만 '희망'을 지닌 사람이 없지는 않았습니다. 고마 응도셔 캠프의 고아원 원장이자 소아과 의사인 랄라니 니메트 씨가 바로 그런 사람입니다. 니메트 씨는 사십대의 여성으로 인도계 벨기에 사람인데, 자이르에서 태어나서 자이르에서 자라났다고 합니다. 그 고아원에는 2000명의 아이들이 수용되어 있었습니다.

니메트 씨는 이렇게 말했습니다.

"만일 평화나 희망을 믿을 수 없다면 어째서 이런 활동을 하고 있을 수 있겠어요. 지금이야말로 아프리카의 어린이가 평화롭게 살아갈 때입니다. 이제까지 어린이들은 마음에 너무나 큰 상처를 입어왔어요. 지금은 어린이에게 애정을 쏟아서 공부도 시키고 자기 나라에서 무슨 일이 벌어지고 있는지 생각하도록 해야 합니다. 그리고 자기 나라로 돌아가면 서로 미워하는 일 없이 사랑하면서 손잡고 새 나라를 건설하도록 가르쳐야 합니다. 저는 그게 바로 르완다를 위하는 일이라고 확신해요. 앞으로 15년 동안 무슨 일이 있어도 정신차리고 이 일을 해나갈 작정입니다."

저는 니메트 씨와 뜨거운 악수를 나누었습니다.

모든 게 내 탓

고마의 브힌바 난민캠프에 있는 아이들은 노래부르고 손을 크게 흔들면서 저를 환영했습니다.

그곳에서는 각종 장애를 지닌 어린이 500여 명이 사회 복귀를 위한 재활 치료를 받고 있었습니다. 그 중 여덟 살쯤 된 남자아이는 머리에 손도끼 자국이 생생하게 남아 있었습니다. 부모는 살해당하고 자기만 겨우 목숨을 건졌다고 합니다. 다른 남자아이는 목발을 짚고 있었습니다. 다리에 총알이 박혔는데, 두 번이나 수술을 받았지만 제거하지 못해 그대로 두었다고 합니다. 또 어떤 여자아이는 등에 총을 맞았는데 간신히 살아났다고 합니다. 지워지지 않은 상처의 흔적들입니다.

유니세프는 부모 찾아주기 운동을 적극적으로 추진하기 위해 고아가 된 아이들의 사진을 찍고 있습니다. 어린아이들은 성장하면서 생김새가 달라지기 때문에 세월이 흐르면 부모가 자기 자식을 알아보기 힘듭니다. 그래서 아이 이름과 부모 이름, 살던 곳, 어디에서 부모와 헤어졌는지 등에 관한 자료들도 컴퓨터에 입력해놓습니다.

고아들의 사진을 찍고 있던 분이 말했습니다.

"아이들이 겁을 먹고 있어서 모두 표정이 어둡네요. 정신적으로 무거운 짐을 지고 있다는 걸 한눈에 알 수 있어요."

저는 모두에게 웃음을 되찾아주려고 이런저런 코믹한 목소리로 노래를 불러주었습니다. 그래도 아이들은 조금밖에 웃지 않았습니다.

우리가 마지막으로 방문한 곳은 고마의 키븐바 난민캠프입니다. 그곳에도 약 25만 명의 난민들이 생활하고 있었는데, 유엔 난민고등판무관사무소(UNHCR)의 파란 텐트가 어디 있는지 알 수 없을 정도로 텐트들이 끝없이 늘어서 있었습니다.

사람들이 연료로 쓰기 위해 나무를 마구 베어낸 결과, 가까운 곳에 있는 공원은 이제 거의 나무 없는 숲이 되어버렸습니다. 그곳은 유네스코에서 세계자연유산으로 지정한 공원입니다. 숲 속 깊숙이 들어가면 세계적으로 유명한 마운틴 고릴라의 서식처가 있습니다. 그 서식처도 점점 좁아져만 갑니다. 25만 명이나 되는 사람들이 나무를 찾아 안으로 안으로 들어가기 때문입니다. 그때문에 그곳 주지 사는 무척 화를 내고 있었습니다. 마운틴 고릴라를 보러 오던 관광객의 발길이 난민캠프가 들어선 이후 끊기고 말았으니까요.

난민들의 텐트는 워낙 작아서 반 평쯤 되는 면적에 열 명이 엉켜서 잠을 자고 있었습니다. 이웃 텐트와의 간격이 어찌나 좁은지 지나다닐 수도 없을 정도입니다. 물론 이웃 가족이 나누는 이야기도 다 들립니다. 굶주리고 있는 데다 이렇게 열악한 환경에서 살아가자니 모두들 신경이 날카롭고 안절부절못하는 상태여서 옥신각신 다투는 일이 끊이지 않는다고 합니다.

한 청년이 쭈그리고 앉은 채 물에 탄 옥수수가루를 냄비에 넣고 불을 지피고 있었습니다. 요리로 치자면 수제비 정도는 되어야 쫄깃쫄깃해서 맛이 있지만 그런 것은 아예 꿈도 못 꿉니다. 옥수수가루에 비해 물을 많이 넣어서 마치 우윳빛을 띤 죽 같았습니다. 그게 가족 여덟 명이 먹을 하루 끼니의 전부였습니다. 한 사람 앞에 커피 잔으로 한 잔이나 돌아갈 수 있을까요.

청년은 제게 하고 싶은 말이 있다고 했습니다.

"무슨 말인지 해보세요."

"배급으로 타는 옥수수가루밖에 먹을 수 없어요. 양도 적구요. 뭔가 다른 것을 먹고 싶은데요."

저는 "실례지만…" 하며 양해를 구하고는 한 가지 물어보았습니다.

"마지막으로 실컷 먹은 게 언제예요?"

"4년 전!"

청년은 4년 동안 정세가 불안정한 르완다 국내를 여기저기 도망다니고 있는 중이었습니다.

"일거리가 있는 것도 아니구… 앞으로 어떻게 살아가야 할지 앞이 캄캄해요. 장래에 대한 희망도 없어요. 이렇게 배급을 기다리는 것밖엔……."

난민캠프에 있는 다른 모든 청년들도 이 사람의 처지와 그리 다르지 않을 것입니다. 스물여덟 살이라면 한창 일을 할 나이인데 참 안된 일이지요. 하지만 일할 수 있는 남자가 있는 가정은 그래도 운이 좋은 편입니다. 남편을 잃은 한 여인은 품에 안은 젖먹이에 어린 세 아이까지 데리고 있었습니다.

"물을 길러 갈 때도, 식량 배급을 타러 갈 때도, 저 혼자니까 정말 힘이 들어요."

그녀는 제게 안고 있던 갓난아기를 보여주었습니다.

고마의 난민캠프는 우기에 접어들어 지면이 질척질척 젖어 있었습니다. 텐트 안도 마찬가지였지요. 위생 상태가 너무 안 좋아서 어른이나 어린이나 캑캑 기침을 하느라 정신이 없었습니다.

후투족 사람들은 싸움을 건 쪽은 투치족이라고 주장하고 투치족 사람들은 후투족을 비난하면서 서로 한치도 물러서지 않습니다. 이렇게 두 부족은 끝없는 학살의 역사를 되풀이하고 있습니다.

하지만 인간끼리 서로 미워하는 것은 어른들입니다. 어린아이들은 아무것도 모릅니다. 후투족과 투치족을 구별할 줄도 모릅니다. 그리고 프롤로그에 썼듯이, 어린아이들은 부모나 형제자매가 살해된 게 자기 탓이라고 여기며 스스로를 책망합니다. 자기가 말을 듣지 않아서 엄마가 죽었다는 것이지요.

"인간은 서로 미워하기 위해 태어난 것이 아니다. 서로 사랑하기 위해 태어난 것이다."

예전에 어디에선가 들었던 이 말이 이때만큼 가슴에 절절이 다가온 적은 없었습니다.

그래도 희망은 있다
아이티

　아름다운 카리브 해안에 있는 작은 섬나라 아이티를 아십니까. 콜럼버스가 아메리카 대륙에 당도했을 때 눈여겨봐두었다가 스페인령으로 삼았던 섬입니다. 이후 스페인 이주민들이 건너와 예전부터 살던 원주민들을 죽이거나 추방했습니다. 그리고 노예로 부려먹기 위해 아프리카 사람들을 데리고 왔습니다. 이들이 바로 아이티 사람들의 조상입니다.

　스페인과 프랑스의 지배하에 있던 아이티는 180년 전에 흑인 국가로서는 세계 최초로 독립을 쟁취했습니다. 하지만 불행하게도 오랜 기간 독재 정치가 행해졌습니다. 1990년 처음으로 민주적인 선거를 통해 아리스티드 대통령을 선출했지만, 8개월 만에 일어난 군사 쿠데타로 인해 그는 국외로 망명하지 않을 수 없었습니다. 그후 또다시 무시무시한 군사독재 정권이 4년 가까이 유지되다가, 1995년에

야 참다운 의미에서 자유로운 나라가 되었습니다. 제가 방문하기 얼마 전의 일이었지요.

오랫동안 계속된 정치적 불안정 때문에 아이티는 중앙 아메리카에서도 가장 가난한 나라 중 하나입니다. 단적으로 말해서 실업률이 80퍼센트에 이릅니다. 세상에 이런 일이 있을 수 있을까요. 일거리 없는 사람이 80퍼센트나 된다니 기가 막힐 노릇입니다. 그러니 자연히 도시는 빈민가로 변하고 빈곤이나 영양 불량은 물론 전염병이 극성을 부립니다.

아이티라는 나라 이름은 원주민 말로 '산이 많은 땅'이라는 뜻입니다. 그 이름 그대로 국토의 4분의 3이 산악지대입니다. 하지만 하늘에서 내려다본 아이티의 산에는 거의 나무가 없었습니다. 사람들이 장작이나 숯으로 쓰려고 베어버려서, 남아 있는 나무는 단 3퍼센트에 불과하다고 합니다.

아이티는 사계절이 뚜렷하지 않으며 열대지방 특유의 스콜이 하루에 한두 번 내립니다. 까까머리 같은 산에 스며든 빗물은 산을 타고 들로 내려와 폭포처럼 무서운 기세로 마을들을 덮칩니다. 농사를 지을 수 없게 된 농민들은 마을을 버리고 떠납니다. 카리브 해와 맞닿은 아름다운 해안선은 흘러드는 흙탕물로 누렇게 빛깔이 변하여 환경 파괴의 위력을 뚜렷이 보여줍니다.

이런 까닭에 아이티 인구의 20퍼센트에 해당하는 상류계급은 높은 곳에 삽니다. 높은 지대에 산다는 것은 돈이 있음을 의미합니다. 나머지 80퍼센트의 가난한 사람들은 대개 아래쪽 빈민가에서 삽니다. 야속하게도 빗물은 내릴 때마다 어김없이 빈민가로 흘러듭니다.

거리의 아이들

수도 포르토프랭스에는 빈민가가 열 다섯 군데나 있습니다. 우리는 그 중 하나인 라살린 지구를 방문했습니다. 겨우 하루 전에 비가 내렸는데도 도로는 진창이 되고 여기저기 생긴 물웅덩이에는 하수와 쓰레기가 섞여서 지저분했습니다. 아이들은 그런 땅 위를 맨발로 뛰어다니고 있었습니다.

바다로 통하는 배수구가 버려진 쓰레기들로 막혀 있어, 비가 내리면 빈민가 전체가 물에 잠기고 맙니다. 바로 얼마 전에도 홍수가 나서 많은 사람들이 죽었다고 합니다. 하지만 6만 명이나 되는 사람들이 바글바글 모여 살기 때문에 쓰레기를 버리는 장소를 따로 마련하기가 무척 힘들다고 합니다.

빈민가의 집들은 다닥닥 붙어 있었습니다. 그리고 집 안은 사우나처럼 찌는 듯이 무더웠습니다. 그곳에서 아주 귀여운 남자아이를 만났습니다. 마켄슨이라고 하는 그 애는 혼자서 쓰레기 옆에 앉아 가만히 하늘을 올려다보고 있었습니다. 자기 말로는 열두 살이라고 하는데 실은 아홉 살쯤 되어 보였습니다.

"매일 이러고 있니?"

"네. 달리 할 일도 없는걸요."

저는 마켄슨의 손을 붙들고 그 애의 집을 둘러보기로 했습니다.

아이의 집은 한 평 반쯤 되는데 창문이 없어서 겨우 얼굴을 알아볼 정도로 어두웠습니다. 가재도구로는 소쿠리 같은 것이 달랑 놓여 있을 뿐이었습니다. 이런 곳에서 일곱 식구가 사는 것입니다.

집 안에는 엄마가 울고 있는 갓난아기를 어르고 있었습니다. 고열에 설사를 하는 것으로 보아, 아기는 영양실조로 탈수증을 일으키고 있는 듯했습니다. 아기 엄마는 마켄슨의 누나인데 겨우 열네댓 살쯤 되었을까요. 마켄슨의 아버지도, 갓난아기의 아버지도 집을 나가서 돌아오지 않고 있는 상태였습니다. 참고로, 아이티 가정의 3분의 1이 아버지나 남편이 없는 모자 가정입니다.

점심때가 되었기에 마켄슨에게 물었습니다.

"오늘은 뭘 먹었니?"

"아직 아무것도 못 먹었어요."

"어제는?"

"어제도 못 먹었어요."

"어떻게 할 거니? 이제부터…"

"지금 엄마가 물을 팔고 있는데 잘 팔리면 뭔가 사오실 거예요."

저는 이럴 때면 아이들이 불쌍해서 가슴이 미어집니다. 일본에서는 너무 많이 먹어 괴롭다는 사람들도 많으니까요.

"제일 하고 싶은 일이 뭐니?"

"학교에 가고 싶어요. 읽거나 쓰는 걸 배우고 싶어요."

"꿈이 실현되도록 나도 애쓸 테니까 꿈을 잃지 말거라……."

아이티의 초등학교 취학률은 단 26퍼센트에 불과합니다.

마켄슨과 헤어질 때 그 애와 눈을 맞추면서 제가 일본어로 말했습니다.

"난 이렇게 떠나지만 넌 씩씩하게 살아가야 해."

"응."

"기죽으면 안 돼."

"응."

비록 제가 뭘 말하는지는 몰라도 자기에게 애정을 가진 사람과 만나면 아이들은 이렇게 직감적으로 받아들이는 것이겠지요. 커다란 눈으로 저를 바라보면서 마켄슨은 고개를 끄덕였습니다. 튼튼하게 자라주었으면 하고 손을 흔들면서 마음속으로 기도했습니다.

아이티의 밤 8시. 연일 30도를 넘는 날씨는 밤이 되어서도 서늘해질 줄을 모릅니다. 수도 포르토프랭스의 야외 음악당에 설치된 대형 TV에서는 미국의 음악 프로그램을 방영하고 있었습니다. 아이들은 땅바닥에 눕거나 친구들과 떠들면서 화면을 쳐다보고 있었습니다.

큰 아이도 작은 아이도 밖으로 놀러 나와 TV를 즐기는 것이라면 얼마나 보기 좋을까요. 하지만 그 애들은 잠시 여가를 즐기고 있는 게 아니었습니다. 집도 없고 할 일도 없어서 거리를 헤매는 이른바 '거리의 아이들'이었습니다.

밤 열두 시가 넘으면 아이들은 가게 앞이나 도로의 로터리 등지에서 서로 몸을 기대고 함께 잠을 잡니다. 모두들 서로 손을 잡고 착 달라붙어서 잡니다.

낮에는 길거리에서 쓰레기를 줍거나 구걸을 하고 밤에는 친구들과 모여 지내는 부랑아들을 보호하는 일은 큰 사회 문제입니다. 시설에 수용되어 있는 아이들만 해도 1만 3000명인데, 거리를 헤매는 아이들의 숫자는 셀 수 없이 많다고 합니다.

아이티에서 19년 동안 봉사 활동을 해오고 있는 스도 아키코 씨는 부랑아들이 많은 이유를 이렇게 설명했습니다.

"아이티의 가족 관계는 참 뭐라 하기 어려운 부분이 많아요. 우리가 보통 생각하는 성도덕이나 결혼관과 다르게, 남성이든 여성이든 여러 명의 상대와 성관계를 맺거든요. 대부분의 경우 아버지가 다른 아이들을 여성이 맡아서 기릅니다. 이렇게 애 키우기 힘들고 생활이 어려우니까, 아이가 여덟 살 정도 되면 혼자 힘으로 살아가라고 집에서 쫓아낸답니다."

열두 살 소녀의 꽃값

중앙 묘지는 거리의 아이들이 빈번하게 드나드는 곳 중 하나입니다. 이곳은 매매춘의 메카입니다. 사는 쪽은 남성뿐이지만 파는 쪽은 남성과 여성이 섞여 있는데, 주로 열두세 살쯤 된 아이들이 많다고 합니다. 열두세 살이라면 아직 초등학생에 불과한 나이이지요.

한 보고서에 의하면, 매매춘 종사자의 72퍼센트가 HIV(인체 면역 결핍 바이러스)에 감염되어 있다고 합니다. 아이티 국민 전체로 보면 15퍼센트에 해당하니, 여섯 중 한 명 꼴로 HIV에 감염되어 있다는 말이 됩니다. 에이즈 감염률이 높은 것도 결국은 가난하기 때문입니다.

묘지에서 몸을 파는 소녀 니콜은 작은 체격에 눈에 띄지 않는 옷을 걸치고 있었습니다. 열두 살인 니콜은 주머니에 콘돔을 많이 갖고 다니는데, 상대가 싫어하면 사용하지 않을 때도 많다고 합니다. 니콜은 아사히 TV 카메라맨에게 "저를 좀 사주지 않으실래요?" 하고 말했습니다. "얼마니?" 물으니까 "6굴드(420원)만 주세요" 하고 대답했습니다. 유명 브랜드 상품이 갖고 싶어서 매춘 행위를 하는 일본의 소녀들과는 경우가 다릅니다. 이렇게 해서 번 돈으로 가족을 부양하는 아이도 있습니다. "에이즈에 걸릴까 봐 무섭지 않니?"라는 저의 질문에 니콜은 이렇게 대답했습니다.

"무섭긴 하지만 에이즈에 걸려도 몇 년쯤은 살 수 있잖아요. 우리 가족은 내일 당장 먹을 게 없는걸요."

우리는 아무 말도 할 수 없었습니다.

단지 굶어죽지 않기 위해 아이들이 몸을 팝니다. 목구멍이 포도청 이란 이런 것임을 우리에게 가르쳐주는 듯했습니다.

노래로 하는 덧셈

수도 포르토프랭스에서 북서쪽으로 200킬로미터 떨어진 곳에 앙 스루즈라는 마을이 있습니다.

우리는 앙스루즈의 에벤에젤 초등학교를 방문했습니다. 민간 NGO가 세운 학교로, 학생 수는 234명이었습니다.

학교는 커다란 창고 같은 건물이었습니다. 전등도 없는 건물 안에 서 학년이 다른 다섯 학급의 아이들이 제각기 다른 쪽 벽에 달린 칠판 을 향해 앉아서 읽는 법, 계산법, 그리고 공용어인 프랑스어 등을 열 심히 공부하고 있었습니다. 칠이 다 벗겨진 칠판은 나무판이나 다름 없어서, 흰 백묵으로 쓰인 글자를 거의 읽을 수 없을 지경이었지요.

하지만 저는 덧셈 공부의 수업을 참관하고 놀랐습니다. 아이들은 1학년인데도 일곱 자리 숫자를 거침없이 더해나갔기 때문입니다. 잘 들어보니 "4와 6은 0으로 하나 올리고…" 이런 식으로 아프리카 풍 리듬에 맞춰 노래를 부르고 있었습니다. 이렇게 하면 몇 자리 숫자 라도 즐겁게 계산할 수 있을 것입니다. 이런 점이야말로 아프리카 사람들의 멋진 매력이지요.

아이티의 초등학교 취학률은 26퍼센트 내외이고, 입학을 한다 해도 절반 이상의 학생이 중도에 학교를 그만둡니다. 어린 동생들을 보살피거나 일을 해서 가족의 생계를 도와야 하기 때문입니다.

그래서 아이티에서 글을 읽을 줄 아는 사람은 국민의 15퍼센트에 불과하고, 나머지 85퍼센트는 전혀 읽거나 쓸 줄을 모릅니다. 다른 가난한 나라와 마찬가지로 결코 게을러서 그런 게 아닙니다. 단지 가난하기 때문에 공부할 기회를 부여받지 못한 것뿐이랍니다.

인큐베이터가 모자라요

우리는 수도 포르토프랭스에 있는 국립 대학병원을 방문했습니다. 병원은 엄청난 숫자의 환자들로 붐볐습니다. 그래서인지 외래 환자의 진료는 병원 밖 텐트에서 하고 있었습니다.

소아병동에도 갓난아기 환자의 수가 여간 많은 게 아니었습니다. 한 침대에 여섯 명의 아기가 누워서 링거를 맞고 있었습니다. 설사로 인해 탈수증을 일으킨 아기들이었는데, 혈관이 너무 가늘어서 이마의 정맥에 주사바늘을 꽂고 있었습니다.

한 아버지가 자랑스럽게 비닐로 된 링거 팩을 들어 보이더니 "이건 내가 사온 거라오" 하고 말했습니다. 이 나라에서는 환자 가족이 자기 돈으로 링거액을 사와서 주사를 놓고 있었습니다. 그럴 만큼 병원에 모든 의약품과 물자가 부족한 것이지요.

소아병동의 구석으로 들어가보니 그곳은 영양실조, 패혈증, 티푸스 등에 걸린 아이들로 꽉 차 있었습니다. 영양실조에 걸린 아이는 단백질 섭취 부족으로 배가 빵빵하게 나왔고 온몸에는 울긋불긋 보랏빛 반점들이 나 있었습니다. 아이가 눈을 계속 뜨고 있기에 의사 선생님에게 까닭을 물어보니 "눈을 깜박거릴 힘도 없어서 그런 거예요" 하고 설명해주었습니다. 기력이 너무 쇠진하면 눈을 뜰 수 없는 법이지만 반대로 눈을 감을 수 없는 경우도 있다니, 그것 역시 무서운 일이라는 생각이 들었습니다.

어린 환자의 대부분은 버려진 아이들입니다. 막 병원에 실려온 아기도 수두증에 걸렸다고 해서 버려진 아이였습니다. 수두증에 걸리면 머릿속에 물이 차 올라서 다른 아기들보다 머리가 세 배 정도 더 커집니다. 아기의 두 눈에는 슬픔이 가득 담겨 있었습니다. 하지만 안타깝게도 그 병원에는 머릿속에 찬 물을 빼낼 기구가 없었습니다.

미숙아 방에 가보니 살아날 가망이 있는 아기만 인큐베이터 안에 넣어져 있었습니다. 이곳의 인큐베이터는 일본이 8년 전에 보내준 것인데, 두 대가 고장이 나서 지금 쓸 수 있는 것은 세 대뿐이라고 합니다. 의사 선생님은 안타까운 듯 우리에게 수리하는 방법을 가르쳐달라고 요청했습니다.

인큐베이터에 들어가지 못한 다른 미숙아들은 널빤지 바닥에 나란히 누워 있었습니다. 모두 비쩍 마르고 팔다리가 가늘어서 보기에 애처로웠습니다. 이따금 간호사가 와서 아기들을 흔들어보고 갑니다. 살았는지 죽었는지 확인하기 위해서입니다. 사람 손이 모자라니 어쩔 수 없는 일이겠지요.

"어떻게든 살려주고 싶어요" 하고 의사도 간호사도 손 모아 빌어보지만 아무런 치료도 해줄 수 없습니다. 아무것도 없으니까요.

제가 보는 앞에서 한 갓난아기가 두 팔을 들어올렸습니다. 왜 그럴까 의아해하고 있는데 갑자기 공중에서 손이 멈추었습니다. 곁에 다가온 간호사가 "어머나, 죽었네…" 하면서 그 아기 가슴께에 청진기를 갖다 대었습니다. 갓난아기는 한숨을 푹 쉬더니 한 손을 툭 떨어뜨렸습니다. 아직 다른 한 손은 위로 들어올린 채였습니다.

저는 난민캠프도 아니고 길거리도 아닌 국립 대학병원에서 아무 치료도 못 받고 죽어간 아이를 처음으로 보았습니다. 차마 불쌍하다는 말도 나오지 않았습니다. 물론 부모의 모습은 어디에도 보이지 않았습니다. 어차피 죽을 바에는 누군가에게 안겨서 죽는 편이 그래도 행복하지 않을까요. 저는 슬픔을 참기 위해서 남몰래 지그시 어금니를 꽉 깨물어야 했습니다.

에이즈에 걸린 갓난아기

포르토프랭스에는 미국의 기독교 단체에서 운영하는 '아이들을 위한 호스피스'라는 집이 있습니다. 그러니까 한마디로 죽음을 기다리는 아이를 위한 시설이 되겠지요.

거기에는 에이즈에 걸린 갓난아기가 있었습니다. 생후 6개월인 이 남자 아기는 엄마가 7년 동안 에이즈로 고생을 하다가 죽기 직전에 낳은 아기였습니다. 이른바 모자 감염의 경우입니다.

아기는 어른 같은 눈으로 허공을 바라보고 있었습니다. 저는 위로 하고 싶은 마음에 아기에게 말을 걸었습니다.

"너라고 병에 걸리고 싶지는 않았겠지. 건강하게 태어나고 싶었을 거야. 그래도 건강해져야지……."

그러니까 먼 곳을 보던 눈이 제 쪽으로 향했습니다. 제가 말을 걸고 있다는 것을 알았던 것일까요.

아기는 갑자기 가슴 위에 얹고 있던 작은 손을 입에 갖다 대고는 열심히 무언가를 말하려고 했습니다. 아직 너무 어려서 말을 할 수 없는데도 말이에요. 저는 얼굴을 가까이 대고 "으응, 네가 뭘 말하고 싶은지 다 알고 있단다" 하고 말해주었습니다. 그러자 아기는 작은 입술을 움직여서 저에게 무언가 호소하듯이 이야기하는 시늉을 냈습니다. 저는 꼼짝 않고 아기의 소리 없는 호소를 들었습니다. 에이즈에 걸려 죽어가는 갓난아기에게 제가 해줄 수 있는 것이라곤 그것밖에 없었으니까요. 얼마 되지 않는 시간이었지만 정말 쓰라린 체험이었습니다.

잠시 후 돌아가야 할 시간이 되었습니다. 제가 "안녕!" 하니까 아기는 스르르 먼 곳으로 눈길을 돌렸습니다. 그리고 체념한 듯한 표정으로 돌아갔습니다.

저는 언제까지나 그 아기 곁에서 이야기를 들어주고 싶었습니다. 제게 말을 걸었을 때만큼은 살아 있는 아기다운 눈으로 변해 있었으니까요.

이런 호스피스 시설은 아이티에 단 하나밖에 없습니다. 호스피스에 들어올 수 있었던 아이들은 그나마 행복한 편이겠지요. 친절한 의사와 간호사에 둘러싸여 있으니까요.

기적의 할머니 젖

유니세프는 세계보건기구(WHO)와 함께 모유 먹이기 캠페인을 추진하고 있습니다. 아이티에서도 모유 먹이기 캠페인이 진행되고 있었습니다.

분유는 값이 비싸서 가난한 사람들은 살 엄두도 내지 못합니다. 갓난아기에게 물에 밀가루나 설탕을 타서 먹이기 때문에 영양실조에 걸리는 경우가 많습니다. 그런 점에서 모유는 안전하고 위생적이며 비용도 들지 않을 뿐 아니라, 면역 효과가 있어 질병으로부터 아기들을 지켜주는 작용도 합니다.

저는 북서부의 마을인 구로몬에서 '6개월 동안 모유만으로 아기를 기른 엄마 50명 표창장 수여식'에 초대받았습니다. 모유로 아기를 키운 공을 치하하기 위한 행사였습니다.

이 표창장 수여식에서 저는 깜짝 놀랐습니다. 백발의 할머니가 젖을 훌러덩 드러내놓고 있었기 때문입니다. 갓난아기는 할머니의 젖을 꼴딱꼴딱 소리가 나도록 빨고 있었습니다. 그 갓난아기는 할머니의 아들이 아니라 손자였습니다. 할머니는 막내를 낳은 지 15년이나 되었다고 하는데, 어떻게 모유를 먹일 수 있었던 것일까요.

동행한 방송국 관계자는 도저히 믿을 수 없다며 놀라워했습니다. 하지만 이 마을 사람들은 별로 놀라지 않았습니다. 아이티에는 '엄마 젖이 안 나오면 할머니 젖을 먹이면 된다'는 속담이 있다고 합니다. 얼마나 굉장한 일입니까. 할머니는 이렇게 말했습니다.

"아기가 귀여우면 젖은 저절로 나오는 법이야!"

우리는 '여성과 어린이를 위한 형무소'를 방문했습니다. 수감자는 여성이 70명, 아이가 101명이었습니다. 여성의 대다수는 남편의 학대를 참다못해 죄를 저지르고 감옥에 들어왔다고 합니다.

형무소에 있는 작업장에서는 여성들이 재봉 기술을 배우고 있었습니다. 아이들도 전기 배선 등에 관해 실습하고 있었습니다. 아이들은 씩씩하게 "밖에 나가면 이 일을 해서 살아갈 거예요" 하고 말했습니다. 하지만 사회에 나가봤자 일자리가 있을 리 없습니다. 국민의 80퍼센트가 실업 상태이니까요.

이곳의 아이들 대부분은 거리의 부랑아입니다. 도로에서 자다가 갑자기 끌려왔다는 아이도 있었고, 집을 털 때 어리니까 망을 보라고 해서 혼자 있다가 형들이 모두 도망친 사이 잡혀온 아이도 있었습니다.

수감자들은 절도·살인·마약 중독 등 갖가지 죄목으로 이곳에 끌려왔지만, 적어도 제가 만난 여성과 어린이 중에는 자기가 무슨 죄로 얼마만큼 형기를 받아서 앞으로 얼마나 더 있어야 되는지 아는 이가 거의 없었습니다. 정식 재판을 통해 형량을 언도받은 게 아니었기 때문입니다.

아리스티드 대통령을 만났을 때, 저는 이런 불합리한 점들을 말했습니다.

"형무소에 넣으려면 제대로 법을 집행해주세요. 이렇게 원칙이 없으면 어린이들이 어른을 믿지 못하게 될 것 아니겠어요."

대통령은 흔쾌히 이렇게 대답했습니다.

"고려해보지요. 중요한 것은 정의와 민주주의니까요."

대통령의 직통 전화

'가족은 생명'이라는 부랑아 보호 시설은 제가 찾아갔을 때는 한창 수리 중이었습니다. 군사독재 시절에, 아리스티드 대통령이 세운 시설이라는 이유로 두 번이나 공격을 받았기 때문입니다. 그때 많은 어린이들이 희생되었다고 합니다.

남자아이들로 구성된 밴드가 저를 환영하는 의미에서 〈태양의 나라〉와 〈망각〉이라는 노래를 연주해주었습니다. 밴드 이름은 '정맥주사'였는데, 악기는 드럼과 키보드·기타·봉고뿐이었지만 카리브해 특유의 리듬과 멜로디를 듬뿍 담아 들려주었습니다. 보컬을 맡은 밴드의 리더는 이목구비가 뚜렷한 열한 살의 고아 소년이었습니다.

밴드 연주의 답례로 노래를 불러달라는 청을 받았을 때, 저는 망설이지 않고 〈하늘을 향해 걷자〉로 결정했습니다. 제가 노래를 부르니까 방을 가득 메운 아이들은 완전히 매료되어서 함께 따라 불렀습니다. 손뼉을 치고 악기를 울리고 몸으로 리듬을 타면서 노래와 연주가 그칠 줄을 몰랐습니다.

사회에 나가봤자 일자리를 찾을 수 없는 힘든 상황에서도 아이들은 절망하지 않고 열심히 살아가고 있었습니다.

이틀 뒤에 아리스티드 대통령을 만났습니다. 대통령은 '가족은 생명'과 직통 전화를 개설해서 언제든 용건이 있으면 아이들이 전화를 할 수 있게 했는데, 한밤중에 밴드의 리더 아이로부터 전화가 걸려왔다고 합니다.

"유니세프 친선대사님이 오셔서 정말 기뻤어요. 일본 노래도 가르쳐주시고 함께 어울려 노래도 했습니다. 돌아가실 때 그분은 우셨어요. 그렇게 저희를 위해 눈물을 흘려주시는 따뜻한 분과 만날 수 있어서 정말 좋았어요. 저희가 진심으로 기뻐했다고 대통령께서 전해주셨으면 해요."

그 애가 저의 눈물을 놓치지 않고 깊이 이해해준 감수성에 저는 놀랐습니다. 더불어 사람의 눈물이나 애정이 아이들에게 얼마나 필요한 것인지 절실히 깨닫게 되었습니다.

대통령은 마지막으로 이렇게 말했습니다.

"무엇보다 교육이 중요합니다. 이 나라를 구하는 길은 교육밖에 없습니다. 지금 15퍼센트인 식자율을 3년 뒤에는 85퍼센트로 높이려고 합니다. 구로야나기 씨, 우리가 이 꿈을 실현하는 날 다시 한 번 방문해주세요."

저는 그렇게 하겠다고 약속했습니다.

지금 자메이카로 신혼여행을 가는 것이 붐이라고 합니다. 아이티는 자메이카의 바로 이웃 나라이지요. 언젠가 모두가 '신혼여행은 아름다운 아이티로 가야지' 할 수 있는 그런 날이 오기를 기원합니다.

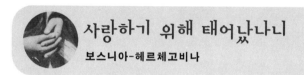

사랑하기 위해 태어났나니

보스니아-헤르체고비나

요 몇 년간 가고 싶다는 생각은 굴뚝같았지만 위험해서 갈 수 없었던 곳이 있습니다. 구 유고슬라비아의 두브로브니크입니다. 저는 젊었을 때 그곳으로 여행을 간 적이 있는데, 세상에 이렇게 아름다운 거리는 없을 거라고 확신했을 정도입니다. 그런데 얼마 전 그곳도 폭격을 당했다고 합니다. 사람들이 평화롭게 쇼핑을 즐기는 이탈리아의 바로 옆에서, 즐겁게 비엔나 왈츠를 듣는 오스트리아의 바로 옆에서, 몇 년 동안 사람들이 울부짖는 소리가 끊이지 않고 있었던 것이지요.

제2차 세계대전 이후, 유럽에서 일어난 최악의 사태가 바로 1991년에 시작된 구 유고슬라비아 연방의 분쟁입니다. 많은 지역이 전쟁터로 화하고 도시나 농촌이나 모두 폭격을 당해서 완전히 파괴되었습니다.

원래 유고슬라비아는 여섯 개의 공화국으로 구성되어 있었습니다. 유고슬라비아라는 하나의 나라로 존립했던 여섯 개의 공화국 가운데 슬로베니아, 크로아티아, 마케도니아가 1991년에 분리 독립을 선언했습니다. 그리고 1992년에는 보스니아-헤르체고비나 공화국이 독립을 선언했습니다.

보스니아-헤르체고비나의 내전은 독립 선언에 뒤이어 발발했습니다. 독립에 반대하는 세르비아인 세력과 독립을 추진하는 이슬람계 및 크로아티아인 세력이 대립하는 형태로 시작된 분쟁은 각 지도자들이 상대에 대한 증오와 공포를 마구 부추기는 바람에 점점 더 격렬해졌습니다.

구 유고슬라비아의 분쟁만큼 까다로운 사안은 없습니다. 아무리 이 지역의 전문가라 해도 진상을 제대로 이해하고 있는 사람은 극소수에 불과하다고 합니다. 하지만 전문가가 아니라도 한 가지 분명하게 알 수 있는 점은 이 분쟁으로 인해 엄마와 어린이들이 처참한 지경에 놓였다는 사실입니다.

이 전쟁은 다른 민족을 죽여서 자기 민족으로만 이루어진 나라를 건설하자는 '민족 정화'를 슬로건으로 내걸고 있습니다. 민족 정화 작전은 특히 아이와 여성들을 공격 대상으로 삼습니다. 단도직입적으로 말해서 아이들을 죽이고 여성들을 강간하는 것이 작전에 포함되어 있는 것이지요.

보스니아-헤르체고비나는 인구가 350만 명(1994년 당시)인데, 3년 반에 걸친 내전으로 사망자와 행방불명자가 15만 명에 이릅니다. 또한 200만 명 이상이 집에서 쫓겨나 국외로 떠나든가, 아니면 국내에서 도피할 곳을 찾는 피난민이 되었습니다.

구 유고슬라비아의 수도인 베오그라드에서 보스니아의 사라예보까지는 직선으로 약 200킬로미터, 크로아티아의 자그레브까지는 350킬로미터입니다. 베오그라드를 도쿄로 치환해보면 사라예보는 나가노 시, 자그레브는 나고야 시 정도에 해당됩니다.

민족 분쟁이라고 하면 짐작하기 어려우니까, 저는 이런 비유를 사용해서 이해하면 어떨까 합니다. 도쿄에 원만하게 지내는 가족이 살고 있었습니다. 세월이 흘러, 아들은 나가노로 전근을 가고 딸은 나고야로 시집을 갔습니다. 그런데 어느 날 갑자기 누군가가 경계선을 긋고 "도쿄와 나가노와 나고야는 다른 나라가 되었다"고 선언하면서 전쟁을 시작합니다. 양친과 두 자식은 서로 적이 되고 맙니다. 할 수 없이 남자들은 무기를 가지고 싸웁니다. 도쿄와 나고야의 군대가 나가노로 쳐들어갑니다. 방어와 공격이 이어지면서 전쟁은 '삼파전'이 됩니다. 서로 죽이고 죽는 일이 거듭되면 상대방에 대한 증오가 증오를 낳아 점점 더 잔혹해져갑니다. 이렇게 나라 안이 엉망진창이 되어버려서, 다행히 죽지는 않았다고 해도 1995년 12월 평화협정이 조인될 때까지 장장 4년간, 구 유고슬라비아의 가족들은 서로 만날 수 없었던 것입니다. 이렇게 이야기를 풀어보면 조금 더 피부에 와 닿으시겠지요.

스파이 사건

평화협정이 조인된 지 반 년 뒤, 우리는 크로아티아의 수도 자그레브에서 보스니아-헤르체고비나 남부에 있는 모스타르를 향해 버스를 타고 갔습니다. 열세 시간이라는 긴 여정이었습니다.

도로의 양쪽에는 노란색 테이프가 줄줄이 이어져 있었습니다. 곳곳에 '지뢰 주의'라고 쓰인 테이프 건너편으로는 아름다운 들판과 꽃밭이 펼쳐져 있었습니다. 하지만 아름답게만 보이는 그곳에는 소름 끼치는 지뢰가 묻혀 있어서 절대로 발을 들여놓아서는 안 되는 것입니다.

파묻힌 지뢰는 보스니아-헤르체고비나에만 300만 개나 됩니다. 지뢰 분포도를 보면 보스니아-헤르체고비나의 전 지역이 위험 지대라고 해도 과언이 아닙니다.

지뢰는 한 개에 1000원에서 3000원이면 손에 넣을 수 있지만, 파묻은 지뢰를 제거하려면 한 개당 30만 원에서 100만 원까지 듭니다. 도대체 어떻게 해야 이렇게 많은 지뢰를 제거할 수 있을까요.

어디를 둘러보아도 푸릇푸릇한 들판이어서, 땅 밑에 지뢰가 숨겨져 있다고는 도무지 믿어지지 않았습니다. 오렌지색 지붕에 흰 벽으로 된 집들은 초록빛 들판과 어울려 마치 동화책이나 꿈나라에 나오는 것 같은 풍경을 이루고 있었습니다. 하지만 자세히 보니, 지붕은 거의 날아갔고 흰 벽은 여기저기 심하게 부서져 있었습니다.

"친선대사 구로야나기, 스파이 혐의로 체포"라는 제목으로 일본 언론매체에서 대대적으로 보도한 바 있는 사건은 이 그림 같은 모스타르 지역으로 향하던 도중, 보스니아 서부의 작은 마을인 드르바르에서 일어났습니다.

드르바르의 산 중턱에는 '티토'라는 글자가 뚜렷이 새겨진 나무들이 있습니다. 티토란 제2차 세계대전 중 유고슬라비아를 침공한 독일의 히틀러에 저항해서 해방 투쟁을 지도했던 대통령의 이름입니다. 지금도 구 유고슬라비아 사람들은 모두 티토 대통령을 존경하고 있습니다.

그때의 저항운동과 인연 깊은 지역인 드르바르에는 당시 티토 대통령이 숨어 지냈다는 동굴이 있습니다. 우리는 버스를 세우고 100미터쯤 앞에 있는 티토 대통령의 동굴을 구경했습니다. 그런데 난데없이 '경찰관의 얼굴을 허락 없이 촬영했다'는 이유로 경찰서까지 끌려가다시피 하게 되었습니다. 아무것도 찍지 않았는데 말이에요.

그들의 표적이 된 것은 실은 우리가 타고 온 18인승 버스였습니다. 그것을 약탈하려고 일부러 다짜고짜 트집부터 잡고 보았던 것이지요.

나중에 듣고 알게 된 일인데, 크로아티아인 경찰서장은 끌려온 이슬람계 버스 운전사에게 "너희들이 우리 크로아티아인의 가족을 죽였지?" "덕분에 부모형제가 다 죽고 말았어!" 하면서 세 시간 이상이나 위협을 해댔다고 합니다. 만약 그때 이슬람계 운전사가 감정적으로 "크로아티아인인 주제에!" 같은 말을 했다면, 서장은 그를 권총으로 쏘아 죽였을 것입니다. 운전사는 세 시간 이상이나 무조건 잘못했다고 빌었기에 목숨을 건질 수 있었던 것이지요. 우리는 버스 안에 타고 있었기 때문에 아무것도 몰랐습니다.

마을에는 인적이 드물었습니다. 처분을 기다리는 동안 저는 경찰서 건너편에 유일하게 문을 연 가게에 토마토와 치즈를 사러 가기도 하고 경찰들과 빵을 나누어 먹기도 했습니다. 또 얼마 전 긴자 세존 극장에서 공연했던 92세 할머니의 목소리를 내서 "저, 이보게, 여생이 얼마 남지 않았응게 나를 잡아가는 게 어떨랑가" 하며 사람들을 웃기기도 했습니다.

우리는 세 시간이나 발이 묶여 있다가 버스는 몰수당하고 그대신 경찰이 준비해준 소형 버스에 올라탔습니다. 아무것도 찍지 않은 비디오 테이프 두 개와 사진 필름 몇 통, 그리고 소형 버스 값으로 5백 마르크나 돈을 뺏기고 나서야 해방될 수 있었지요.

이것도 나중에 안 일이지만, 우리가 별로 무서워하지 않았던 게 그나마 불행 중 다행이었다고 합니다. 만약 겁을 먹고 두려워했다면, 그들은 우쭐하는 마음에 돈이나 카메라, 그 밖의 물건을 약탈하는 것은 물론이고 이 일이 밖으로 새어나가지 못하도록 우리를 죽였을지도 모른다는 것입니다. 그래도 우리는 '행방 불명'으로 끝나고 말았겠지요.

평화협정의 체결 이후에도 여전히 전쟁의 긴장감이 팽팽하게 감돌고 있다는 것을 이 사건을 통해 알았습니다. 또 구 유고슬라비아의 민족 문제가 얼마나 심각한가를 확실히 깨달을 수 있었습니다.

나중에 유니세프에서는 이 일을 국제경찰에 보고했고, 국제경찰은 크로아티아의 외무장관과 국무장관에게 사과를 요구했습니다. 그것이 여러 나라의 신문에 보도되는 와중에 제가 스파이로 체포당했다는 뉴스로까지 와전된 것이지요.

하늘을 향해 걷자

모스타르라는 도시 이름은 '모스트(다리)'라는 슬라브어에서 유래된 것입니다. 500년간 오스만튀르크제국의 지배 아래 번영을 누렸던 고도古都로, 시민의 대다수가 이슬람계입니다.

마을의 중심부를 흐르는 네레트바 강은 터키석 같은 빛깔을 띠고 있습니다. 특히 이 강에 걸려 있는 아름다운 돌다리가 유명합니다. 하지만 430년 전 튀르크인들이 만든 세계적으로도 소중한 이 다리를 지금은 그림엽서에서나 볼 수 있습니다. 포탄을 맞아 여지없이 파괴된 다리는 흔들흔들 맥없이 달려 있을 뿐입니다. 아름다운 마을 역시 그림엽서에만 남아 있습니다. 크로아티아계 세력의 포격으로 인해 파괴되었기 때문이지요.

모스타르의 인구는 10만 2000명인데, 그 중 2000명이 살해당하고 5000명이 부상을 당했습니다. 또 4만 5000명은 피난민이 되었습니다.

내전이 시작되기 전에는 크로아티아인, 세르비아인, 이슬람계 민족이 서로 융합하여 사이좋게 생활하고 있었습니다. 그런데 언제부터인가 모스타르 시의 동과 서를 가르는 도로를 경계로 해서 서로 공격을 퍼붓기 시작했던 것입니다. 어제까지는 이웃, 친구였던 사람들이 말이에요.

지붕이 무너진 건물의 흰 벽에는 박격포탄의 흔적으로 수많은 구멍이 뚫려 있었습니다. 세어보니 벽 하나에 300개 이상이나 구멍이 뚫려 있었습니다. 어째서 이렇게까지 포탄을 쏘지 않으면 안 되었던 것일까요. 길에 방치되어 있는 스쿨 버스에도 이해하기 힘들 만큼 많은 총탄 구멍이 뚫려 있었습니다. 어디를 보아도 미움의 흔적들뿐이었습니다.

보스니아-헤르체고비나에서는 격심한 내전으로 최악의 상황에 놓여 있었을 때에도 헌신적인 교사들이 지하실 같은 안전한 장소를 찾아 학교를 열어왔습니다.

우리는 자리크 초등학교를 방문했습니다. 전쟁 전에는 컴퓨터를 사용한 최첨단의 수업 방식을 실시하던 학교였다고 하는데, 지금은 노트나 연필은 물론 뭐 하나 제대로 갖춰져 있지 않았습니다.

교장 선생님은 리즈아노비치라는 여성이었습니다.

"많은 아이들이 전투에서 사람이 죽는 것을 보거나 공포스러운 경험을 겪었어요. 정서가 몹시 불안정해진 아이들은 자폐증, 실어증, 불면증 같은 증상을 보이고 있답니다."

그 자신도 피난민인 교장 선생님은 감정을 억누르는 듯이 가만가만 말했습니다.

"경제학자였던 제 남편은 크로아티아인에게 살해당했어요. 열일곱 살인 둘째 아이는 크로아티아 쪽 군대에 징집되어 전쟁에 끌려나갔는데, 결국 죽고 말았지요. 스물두 살인 큰아들은 과격파로 체포되어 수용소에 끌려갔어요. 나치 수용소 같은 곳에서 모질게 얻어맞은 나머지 큰 상처를 입었다고 하는데, 아직 만나지 못하고 있어요. 하지만 제 운명은 다른 사람에 비해 특별히 비참한 것도 아니에요. 너나 할 것 없이 비슷한 체험들을 하고 있으니까요."

그날 저녁 수도 사라예보에 도착한 저는 그곳의 라디오 방송 프로그램에 출연했습니다. 이 프로그램은 모두 어린이의 손으로 편성된다는 점에서 유명합니다. 유니세프의 지원하에 전쟁으로 상처 입은 아이들의 마음을 치유할 수 있는 교육·오락 방송을 내보내고 있었습니다.

아나운서도 인터뷰하는 사람도 모두 어린이였습니다. 열세 살 된 아샤 예브티치는 아주 인기가 높은 디스크 자키입니다. 아샤는 사라예보 어린이들에게 한마디 인사말을 해달라고 청했습니다. 저는 무슨 일이 있더라도 꿈을 잃지 말기를 바란다고 말했습니다. 그리고 〈하늘을 향해 걷자〉를 불렀습니다. 고통스러워도 눈물을 참으면 반드시 좋은 일이 생긴다는 믿음을 전하고 싶었기 때문이지요.

저격병의 다리

1914년 6월 28일 사라예보에서 오스트리아 황태자 부처가 세르비아인 청년에게 암살당한 사건을 도화선으로 해서 제1차 세계대전이 발발했다는 이야기는 매우 유명합니다.

그날 황태자 부처가 길을 나섰던 시청 청사는 제2차 세계대전 후 국립 도서관이 되었습니다. 200년 역사를 지닌 석조 건물로서 중세의 귀중한 문헌들을 많이 보유하고 있기로 유명한 이 도서관도 내전의 참화로 심하게 파손되었습니다.

저는 폐허가 된 국립 도서관에서 한동안 가만히 서 있었습니다. 도대체 어떻게 했기에 이렇게 단단한 석조 건물을 여지없이 무너뜨릴 수 있었을까요. 인류의 유산이라 할 만한 모든 것이 파손되어 있었습니다. 간신히 살아남은 2층의 회랑 부분에 실은 가까이 있지만 멀리 보이도록 원근법을 응용한 건축 양식이 서 있을 뿐이었습니다.

오슬로보데녜지 신문사 빌딩은 폭격으로 인해 엘리베이터 부분만 남고 나머지는 무너져서 폐허가 되어 있었습니다. 도로 여기저기에 난 포탄 자국들은 물웅덩이가 되어 있었습니다.

1994년 겨울, '푸른 하늘 시장'에 큼직한 포탄이 떨어져서 어린이를 포함한 60명이 사망했다는 뉴스를 기억하는 분도 있으시겠지요. '민족 정화'란 자기 민족 이외에는 모두 죽여버리는 것을 목표로 합니다. 애당초 도저히 끝내려야 끝낼 수 없는 전쟁인 것입니다.

1984년 사라예보에서 열린 동계 올림픽은 겨울 스포츠의 즐거움을 세계 만방에 선사한 바 있습니다. 올림픽이 열렸던 주경기장 옆에는 실내 스케이트 경기장이 있는데 그 경기장의 지붕도 관람석도 폭격을 맞아 처절하게 부서져 있었습니다. 올림픽의 마스코트 캐릭터를 그린 벽의 바로 아래쪽에는 총탄 자국이 나 있었고, 축구 경기장 전체는 공동 묘지가 되어 있었습니다. 묘비에 새겨진 연도를 보니, 대부분 1992년부터 1995년 사이에 내전으로 목숨을 잃은 사람들임을 알 수 있었습니다.

여든 살은 족히 넘어 보이는 할머니가 눈물이 그렁그렁한 충혈된 눈으로 무덤을 청소하고 있었습니다.

"외아들이었지요. 기술자였는데, 세르비아인의 폭격으로 죽고 말았다오. 며느리하고 손자는 세르비아인의 지역으로 옮겨가서 만날 수 없어요."

묘비에 새겨진 이름을 보건대 세르비아인 가족임을 알 수 있었습니다. 세르비아인 아들이 세르비아인의 손에 죽은 것입니다. 그것도 단지 사라예보에 있다는 이유만으로 말이지요. 이것이 구 유고슬라비아 분쟁의 실상입니다.

할머니는 자기가 겪은 일을 눈물을 줄줄 흘리며 이야기해주었습니다. 그리고 저의 뺨을 양손으로 어루만지면서 "이제 아무도 없다오. 아무도 없어요. 나 혼자뿐이라오" 하고 말했습니다.

예전에 올림픽 선수촌이 있었던 도브리냐는 사라예보에서 가장 큰 신도시 지구였습니다. 그런데 4만 5000명이었던 주민 수가 살해당하거나 난민이 되거나 하여 절반 이하인 2만 명으로 줄었습니다.

도브리냐 내에 있는 12미터 길이의 다리 양측에는 높게 흙포대를 쌓고 부서진 차량을 방패처럼 늘어놓아, 다리를 건너는 사람이 저격병의 총에 맞지 않도록 조치되어 있었습니다.

저는 자세를 낮추고 그 다리를 뛰어서 건너보았습니다. 저격병은 600미터 건너편에서 총을 쏩니다. 탕탕탕 하고 총을 쏠 때에는 흙포대에 몸을 숨기고 다시 탕탕탕 쏘기 전에 힘껏 달려야 합니다. 저격병은 600미터나 떨어져 있지만 조준경을 통해 목표물의 얼굴을 볼 수 있다고 합니다. 소름이 돋을 정도로 무서웠습니다. 어린이든 여성이든 움직이는 것은 전부 쏘았다고 하니까요.

유니세프가 1993년에 조사한 바에 의하면, 사라예보 어린이의 97

퍼센트가 직접 포격을 체험했고 29퍼센트가 참을 수 없는 슬픔을 경험했으며 20퍼센트가 악몽을 꾼다고 합니다. 또 어린이의 약 55퍼센트가 총에 맞았고 66퍼센트가 죽을지도 모른다는 위기를 느꼈다고 합니다. 이 얼마나 대단한 숫자입니까.

이런 체험은 어린이의 마음에 깊은 상처를 내어 악몽, 공포, 불안 등 여러 증상으로 고통을 줍니다.

0살이 되고 싶어요

도브리냐에서 우리는 초등학교에 들어가기 이전의 미취학 어린이를 위한 공작 교실을 방문했습니다. 상처 입은 어린이의 마음을 치유하기 위한 유니세프 프로젝트의 하나였습니다.

창문에는 콘크리트로 덧문을 씌우고 건물 바깥쪽에는 흙포대를 쌓아놓아서 방 안은 매우 어두웠습니다. 교실을 아예 방공호로 만들어서 포탄으로부터 어린이들을 지키려고 한 것입니다.

'평화조약이 체결된 지 6개월이나 지났는데, 아직도 이런 상태가 그대로 지속되다니……'

저는 불안을 느꼈습니다. 만에 하나 또다시 전쟁이 시작되면 어쩌나 하는 생각 때문이었을까요.

어린이들은 물건을 만들거나 그림을 그렸습니다. 이러한 표현 활동을 통해 쓰라렸던 상처를 밖으로 드러내게 함으로써 조금이라도 공포의 기억을 완화시키고자 하는 것이지요. 하지만 그 어떤 아이의 얼굴에서도 웃음기를 찾아볼 수 없었습니다.

저는 헝겊 인형을 가지고 즉흥적으로 인형극을 해보았습니다. 하지만 아이들은 웃는 둥 마는 둥 어색한 표정을 지었습니다.

저는 크로아티아의 수도인 자그레브의 시립 도서관에서 본 어린이들의 그림이 떠올랐습니다. 그림의 주제는 '가장 되고 싶은 것'이었습니다. 되고 싶은 것이라…

그런데 대부분의 아이들이 그린 것은 갓난아기였습니다. 전쟁의 처참한 기억을 지울 수 있는 방법은 다시 갓난아기로 되돌아가는 것뿐임을 아이들은 어떻게 알았을까요. 갓난아기로 되돌아가면 전쟁의 공포를 되살리지 않아도 된다고 생각했다니, 이 얼마나 가여운 노릇인가요.

아홉 살 된 남자아이는 검은 로봇 같은 인간을 그리고 한가운데에 커다랗게 숫자 0을 써넣었습니다. 이 그림은 제게 강렬한 인상을 주었습니다.

"저는 0살이 되고 싶어요. 그러면 엄마의 뱃속에 있을 수 있잖아요."

아홉 살 된 여자아이는 자기 모습을 파란색으로 그리더니 다시 새카만 그림물감으로 덧칠을 해놓았습니다. 장래 희망을 물으니 "지금 당장 스물다섯 살이 되어서 할리우드 스타가 되는 거예요" 하고 대답하더군요. 좀 엉뚱한 꿈이었지만, 그것 역시 현재의 상황으로부터 도피하고 싶은 욕구의 반영이겠지요.

짙은 파랑과 검정색으로 그린 전차, 검정과 벽돌색으로 그린 다이너마이트 같은 그림도 있었습니다. 그림 밑부분에는 "친애하는 데니치 군에게 전차를 보냅니다" "이레나에게 폭탄을 선물로 드립니다" 하고 쓰여 있었습니다. 평화로운 나라라면 생각조차 할 수 없는 일이 아닐까요.

거울에 비친 자기 얼굴을 초록색과 빨간색 선으로 그린 그림에는 "제 얼굴은 폭탄으로 날아가버려서 이런 식으로 보입니다"라는 설명이 붙어 있었습니다. 폭격으로 상처를 입지 않아도 이 아이의 상상력은 이미 폭격이 지배하고 있었습니다.

마음속에 깊은 상처를 부여안고 있는 어린이는 두 가지 색으로 그린 그림이 많다고 합니다. 또 마음의 상처가 깊으면 깊을수록 자기로부터 멀리 떨어지고 싶다고 생각하기 때문에 자기를 다른 사람으로 가정하게 된다고 담당 심리학자는 말했습니다.

자그레브 거리에 나가니 흰 아카시아 꽃이 만발한 숲이 보였습니다. 4년 이상이나 내전이 계속되었다고는 믿을 수 없을 만큼 평화로운 풍경이었습니다. 하지만 아이들은 마음에 깊은 상처를 입고 공포의 기억으로 괴로워하고 있었습니다.

검은 물감만 칠하는 아이

사라예보에서 얼마 떨어지지 않은 제니차에는 고아원이 하나 있습니다. 그곳에는 생후 6주 된 갓난아기부터 열여덟 살까지 65명의 부모 없는 아이들이 보호받고 있었습니다.

고아원에서는 유니세프의 지원으로 아이들의 부모를 찾아주고 있었습니다. 이제까지 열다섯 명의 아이가 부모와 재회할 수 있었다고 합니다.

아이들의 상처 입은 마음을 따뜻하게 감싸주는 듯한 방에서는 아이 몇몇이 그림을 그리고 있었습니다. 네 살 미만의 아이는 태어나면서부터 전쟁밖에 모르는 세대입니다. 그래서 아이들이 그리는 그림도 주로 전쟁에 관한 것입니다.

그 가운데 오렌지색 도화지에 열심히 물감을 칠하고 있는 남자아이가 있었습니다. 새까만 물감으로 온통 칠을 하다 보니 책상 위에도 아이의 양볼에도 물감이 얼룩덜룩 묻어 있었습니다. 저는 아이에게 말을 걸었습니다.

"이러면 못써. 책상에까지 물감을 묻히고……."

제가 그렇게 말하니 그 애는 찡그리듯이 조금 웃어 보였습니다. 저는 이미 여기 아이들은 좀처럼 웃지 않는다는 말을 보모들로부터 숱하게 들어온 터였습니다.

"애, 빨간색으로 칠하면 어떨까? 예쁘지 않을까?"

책상 위에까지 검은 그림물감을 칠하는 고아원의 남자아이. 깊이 상처입은 아이의 마음이 치유되는 것은 언제쯤일까요.

"빨강은 싫어. 까만색이 좋아."

아이는 계속 덕지덕지 검은 칠을 했습니다.

남자아이는 여덟 살이나 아홉 살쯤 되어 보였습니다. 몇 살이냐고 물어도 대꾸도 하지 않았습니다. 아무것도 기억하지 못하는 아이라고 하는데, 이런 아이는 수없이 많았습니다.

지나치게 두려운 체험이나 공포스러운 일이 계속되면 하느님은

'건망증'으로 임시 마무리를 하시는지도 모르겠습니다. 기억 때문에 괴로워하지 않아도 되도록… 하지만 그것 또한 무서운 일입니다.

인형 폭탄

4년에 걸친 전쟁에서 많은 학교들이 파괴된 채 그대로 방치되었습니다. 운좋게도 파괴를 면한 학교는 난민캠프가 되었습니다. 교실이 조금밖에 남아 있지 않다 보니 어디에나 초만원 사태를 이룹니다. 넘쳐나는 어린이들에 비해, 선생님도 학교 비품도 교재도 모두 부족하기만 합니다.

크로아티아의 리픽크 초등학교도 그런 학교 중 하나였습니다. 교실에서는 초등학생과 중학생이 함께 공부하고 있었습니다. 복도에는 '지뢰 주의!' 포스터가 더덕더덕 붙어 있었고, 수업에서도 아이들에게 여러 종류의 지뢰 사진과 비디오를 보여주거나 실물을 직접 보여주기도 하면서 조심하라고 가르치고 있었습니다.

원래 학교에서는 달리 공부해야 할 것도 많은데 지뢰와 무기에 대한 교육이 최우선으로 이루어지고 있으니, 참 슬픈 일이 아닐 수 없었습니다.

"지뢰를 찾아낸 적이 있는 사람?"이라는 선생님의 질문에 대다수 아이들이 손을 들었습니다. "숲 속에서 발견했어요." "아저씨의 옥수수밭에서 보았어요." "집 근처에 있었어요." "축구공을 찾으러 갔다가

보았어요." 결국 아이들 주위의 도처에 지뢰가 깔려 있는 것이지요.

구 유고슬라비아 전체에 파묻혀 있는 지뢰는 무려 1000만 개에 달합니다. 지뢰는 조금이라도 건드리면 바로 폭발합니다. 어른은 팔다리를 잃는다 해도 치료만 받으면 살아남을 수 있습니다. 하지만 아이들은 체격이 작고 약해서 죽고 맙니다. 다행히 목숨을 건진다 해도 팔다리를 잃거나 복부, 생식기에 중상을 입거나 실명하는 아이도 많이 있습니다.

하지만 어린이를 겨냥한 지뢰나 폭탄도 있다는 것은 저로서는 생각조차 해보지 못한 일이었습니다.

아이스크림 콘처럼 생긴 플라스틱 물건이 땅바닥에 흩어져 있습니다. 아이가 아이스크림인 줄 알고 주워 먹으려는 순간 갑자기 지뢰가 폭발합니다. 이렇게 해서 맛있는 것을 먹으려던 아이는 죽습니다.

'킨더 에그'라는 지뢰도 있습니다. 계란처럼 생긴 용기 안에 장난감이 들어 있어서 아이들이라면 누구라도 갖고 싶어하는 것을 본뜬 것이지요. 또 은박지로 싼 초콜릿 모양으로 생긴 지뢰도 있습니다. 이 지뢰는 은박지를 벗기면 폭발합니다.

프롤로그에서 이미 소개한 바 있지만, 헝겊 인형 안에 장치해두는 폭탄이 있습니다. 잔인한 전투가 벌어지고 집이 폭격을 당하면 엄마는 아이를 데리고 급히 도망갑니다. 순진한 아이는 "내 곰인형…" 하며 자기가 좋아하는 인형을 가져가고 싶어합니다. 하지만 엄마는 짐이 되니까 안 된다며 필사적으로 아이의 손을 끌고 도망칩니다. 폭격이 끝나고 나서 집에 돌아가면 아이는 소중한 곰인형부터 찾습니다. "무사해서 다행이야. 미안해, 데려가지 않아서…" 하지만 아이가 곰인형을 안는 순간 폭발합니다. 집을 비운 사이에 적군이 폭탄을 인형 속에 넣어둔 것이지요.

하늘에서 떨어뜨리는 종 모양의 폭탄도 있습니다. 그것은 땅 위에 닿으면 당장 폭발하지만, 도중에 내려오다 나뭇가지에 걸리는 경우도 많습니다. 종에는 끈이 늘어뜨려져 있습니다. 아이는 호기심에 끈을 잡아당깁니다. 그러면 종이 떨어져서 폭발합니다.

어린이는 재미있는 것을 좋아합니다. 호기심 많고 배가 고픈 어린이의 심리를 이용해서 어린이를 죽이려는 사람이 있다니… 자기 자식도 있을 터인데 어떻게 그런 짓을 할 수 있을까요. 이렇게 악마 같은 짓을 아무렇지도 않게 생각해내는 게 바로 전쟁입니다.

아버지의 눈물

마케도니아의 난민캠프에서 엄마와 열세 살인 아들, 열 살인 딸이 아버지에게 보내는 편지를 우리에게 맡겼습니다.

세 사람은 보스니아–헤르체고비나의 고라즈데에서 도망 온 이후로 4년 동안이나 아버지와 연락을 취하지 못하고 있었습니다. 이제 전쟁이 끝나서 아버지가 만약 무사하다면 집으로 돌아와 있을 터이니 자기들도 무사하다는 소식을 알리고 싶었던 것이지요.

우리는 고라즈데에 가서 간신히 아버지의 집을 찾아냈습니다. 고라즈데는 최후까지 격렬한 전투가 벌어졌던 곳이기 때문에 건물 벽에 총탄과 포탄 자국들이 수두룩했습니다.

과연 아버지는 집에 돌아와 있었습니다.

"당신 부인과 아들, 딸이 편지를 보냈어요."

아담한 체격의 아버지는 믿을 수 없다는 표정으로 봉투를 뜯었습니다. 그리고 "아아, 아내의 글씨가 맞군요" 하면서 편지를 읽고 사진도 뚫어져라 들여다보았습니다.

우리는 또 한 번 그를 놀라게 해주었습니다. 난민캠프에서 담아온 아내와 아들, 딸의 모습을 비디오 카메라로 보여준 것입니다. 아버지는 화면을 보면서 입을 열었습니다.

"아들은 알겠는데 딸은 못 알아보겠군요. 그리고 말랐네요. 헤어질 때에는 통통했는데… 아내의 보조개도 못 알아보겠어요."

우리는 아버지를 잠시 혼자 있게 해주었습니다. 가만히 엿보니, 그는 미소를 지으며 가족들의 모습을 보면서도 하염없이 눈물을 흘리고 있었습니다.

아버지는 우리에게 자기가 겪은 일들을 이야기해주었습니다. 전쟁이 시작되어 적들에게 둘러싸이자 아내와 자식들을 피신시키기에 급급했던 일, 병사가 되어 싸우지 않으면 안 되었던 일, 전쟁이 계속

되는 바람에 4년 동안이나 가족을 찾으러 가지 못했던 일, 일하던 화학 공장이 폭파되어 지금은 일자리도 돈도 없다는 것, 원칙적으로는 통행의 자유가 보장되어 있지만 실제로는 습격을 당하는 사건이 다반사로 일어나고 있어서 바로 가족을 데리러 갈 수 없는 현실이 한탄스럽다는 것 등등.

헤어지려던 순간에 아버지는 이렇게 말했습니다.

"도대체 이 일을 어쩌면 좋습니까? 가족들의 생사를 알고도 찾으러 갈 수 없으니⋯⋯."

전쟁은 이렇게 수많은 가족들을 뿔뿔이 흩어놓습니다.

확실히 아프리카이든 다른 어느 곳이든 남성보다 여성이 씩씩합니다. 남성은 그때까지 쌓아온 것이 무너지면 재기하지 못합니다. 이상 속에서 살아가기 때문이겠지요. 그에 비하면 여성은 현실적입니다. 오뚝이처럼 칠전팔기하는 것입니다.

고라즈데 초등학교 근처에 사는 난민 할머니도 그러했습니다. 일흔여덟 살이라고 하는데, 두 눈이 잘 보이지 않고 치아는 하나밖에 남아 있지 않았습니다. 남편은 죽고 세 자식 가운데 하나는 전사하고, 하나는 큰 부상을 입고 사라예보에 있는 것 같고, 또 하나는 아예 소식을 알 수 없다고 하더군요.

할머니는 소지품이라고는 아무것도 없었습니다. 신을 신발도 없을 만큼 빈털터리였습니다. 하지만 할머니는 하나밖에 남지 않은 치아를 드러내며 웃는 얼굴로 말했습니다.

"나는 말이야, 제2차 세계대전 때는 아직 처녀였다우. 여러 나라 말을 할 줄 알았지. 영어도 꽤 할 줄 알았구. 굿— 굿— 하고 말이야……."

"어머나, 할머니, 멋있어요!"

"암, 그럼. 무슨 일이 있어도 굿— 굿— 굿— 하면서 살아가야지. 그래도 이렇게 살아 있질 않수."

사랑하기 위해 태어났나니

보스니아-헤르체고비나의 내전이 한창 격렬했을 때 일어난 일입니다. 투즐라라는 마을의 광장에 인기 있는 카페가 있었습니다. 5월 25일, 그날은 청년의 날이었기 때문에 내전 중임에도 불구하고 많은 젊은이들이 그곳을 찾아 모여들었습니다. 그때 갑자기 한 발의 포탄이 카페로 날아와 폭발했습니다. 71명이 죽고 200명 이상이 부상을 입었습니다.

1년 뒤인 1996년, 우리가 투즐라에 들렀을 때 그곳에는 꽃이 산더미처럼 쌓여 있고 수없이 많은 촛불이 바람에 흔들리고 있었습니다. 양초에 불을 붙이고 있던 젊은 아가씨에게 "누가 죽었나요?" 하고 물어보니, 그녀는 "친구…" 하고 짧게 대답하고는 입을 다문 채 기도를 올렸습니다. 그 옆에 있는 벽에는 희생된 젊은이들의 사진이 걸려 있었습니다. 그 중에는 어린이도 간간이 눈에 띄었습니다.

손수건을 눈언저리에 대고 있는 중년 여성은 조카가 여기에서 죽었다고 했습니다. 사진을 보니 아름다운 아가씨였습니다. 아가씨와 결혼 약속까지 했다는 잘생긴 남자의 사진도 옆에 있는 걸 보고 두 사람이 함께 희생되었음을 알 수 있었지요.

언제 희생을 당할지 모르는 전쟁의 공포 때문에 마음의 상처를 입은 젊은이들이 셀 수 없이 많았습니다. 발작을 일으키며 울거나 자살을 기도하거나 우울증에 빠지는 경우도 있고, 급기야는 공격적인 성향이 되어 비행을 저지르는 젊은이들도 적지 않다고 합니다.

내전이 일어나기 전만 해도 보스니아-헤르체고비나에서는 이슬람인, 세르비아인, 크로아티아인의 세 민족이 평화롭게 공존했습니다. 그런데 어째서 민족이 다르다는 이유만으로 미워하고 서로 죽이고 죽지 않으면 안 되는 것인지요. 어째서 어린이를 죽이고 초등학생마저 강간하는 작전을 세워야 하는 것인지요.

고아원에서도, 초등학교에서도, 난민캠프에서도, 일견 어린이들은 아무 일 없었던 것처럼 보였습니다. 이제까지 제가 방문해온 아프리카 어린이들처럼 영양실조로 야위지도 않았습니다. 하지만 끔찍한 전쟁 체험, 성폭력에 의한 정신적 상처, 야만적인 전쟁의 그림자가 어린이들을 짓누르고 있었습니다. 모든 어린이가 즉각적인 정신 치료를 필요로 하고 있었던 것입니다.

올림픽의 입장 퍼레이드 때 혹시 눈치를 채셨는지요? 전에는 유고슬라비아라는 하나의 플래카드 아래 있었지만, 지금은 플래카드가 다섯 개나 됩니다. 슬로베니아, 크로아티아, 마케도니아, 보스니아-헤르체고비나, 유고슬라비아(세르비아, 몬테네그로 연방).

선수들은 모두 활기차게 생긋 웃으면서 입장합니다. 하지만 각각의 나라에서는 아직도 많은 사람들이 피를 흘리고 있습니다. 오늘도 아이들은 지뢰를 겁내며 악몽에 가위눌리며 인간에 대한 불신에 빠져 있습니다.

"인간은 서로 미워하기 위해서 태어난 것이 아니다. 서로 사랑하기 위해서 태어난 것이다."

누구라도 필시 그렇게 생각하겠지요. 구 유고슬라비아에서 벌어진 일은 결코 남의 일이 아닙니다.

내가 만난 아이들은

모두 하나같이 귀여웠답니다.

웃고 있는 아이, 까부는 아이

갓난아기를 업고 있는 여자애

물구나무서기를 자랑스러운 듯이 보여준 남자애

저와 함께 손잡고 노래한 아이

어디까지나 저를 따라오던 아이들…

이렇게 수많은 아이들과 만났답니다.

그리고

부모나 형제를 눈앞에서 잃은 아이

게릴라에게 팔이나 다리를 잘린 아이

부모의 행방불명으로 어린 동생들을 떠맡은 여자애

친구같이 지내던 가축이 굶어죽자
멍하니 얼이 빠진 남자애
집도 학교도 모두 파괴당한 아이
난민캠프를 떠돌아다녀야 하는 고아
가족을 부양하기 위해 몸을 파는 아이

그래도
아무리 그래도
그런 끔찍한 환경 속에서
자살을 한 어린이는 하나도 없다고 들었어요.
한 조각의 희망도 찾아볼 수 없는 난민캠프에서도
절망해서 자살한 아이는 없다고 해요.
저는 여기저기 물어보며 걸어다녔지요.
"혹시 자살한 아이는 없나요?"
"한 명도 없어요."

뼈가 드러날 만큼 야위어서
해골처럼 변해가면서도
열심히 걷고 있는 아이를 보면서
혼자서 눈물을 흘린 적이 있지요.

'일본에서는 아이들이 자살하고 있어요.'
큰 소리로 외치고 싶었어요.
이렇게 슬픈 일이 있을까요.
풍요롭다는 것은 과연 뭘까요?
가난하다는 것은 과연 뭘까요?

여러 나라의 어린이를 만나고 나서
우리의 어린이들에게 꼭 해주고 싶은 말이 있어요.
만약 이 책에 나온 발전도상국의 어린이들이
불쌍하다고 생각한다면
도와주고 싶다고 생각한다면
지금 바로 곁에 있는 친구들에게 말해요.
"힘을 모아 무슨 일이든 해나가자."
"모두 열심히 살아가자."
이렇게 친구들의 손을 잡고 말해요.

제가 다닌 초등학교, 토토의 학교에는
몸이 불편한 아이가 몇 명이나 있었답니다.
저하고 제일 사이가 좋았던 친구는
소아마비에 걸린 남자애였지요.

교장 선생님께서는 그런 아이들에게

손을 내밀어 도와주라고

말씀하신 적이

한 번도 없었어요.

언제나

"모두 마찬가지야. 더불어 해나가자꾸나."

이런 말씀만 하셨지요.

그래서 우리는 친구들과 뭐든지 함께했어요.

누구든지 친구를 원한답니다.

어깨동무를 하고 함께 웃고 싶어하지요.

굶주리는 아이도, 그렇지 않은 아이도

친구가 되고 싶어해요.

그러니 우리 더불어 손잡고 해나가도록 해요.

지은이의 말

이 책에 쓴 내용은 제가 겪은 경험 가운데 가장 인상이 강했던 것들입니다. 쓰고 싶은 것은 이 밖에도 더 많이 있습니다. 1장에서 말했듯이 각 나라의 사람들은 정말 많은 것을 보여주었습니다. 물론 그 나라에서 열심히 노력하고 있는 분야를 자랑삼아 보여준 경우도 많았지요.

그렇다고는 해도 지구상의 85퍼센트에 해당하는 아이들은 이러한 나라들에 살면서, 가족이나 자기 목숨을 걱정하며 생활하고 있습니다. 겨우 한 줌에 불과한 나라의 어린이들만이 제대로 물을 마시고 예방주사를 맞으며 교육도 받는 환경에서 살고 있습니다.

저는 어릴 때부터 어린이를 좋아했습니다. 텔레비전이나 연극의 세계에 발을 들여놓게 된 것도 실은 자식들에게 멋지게 그림책을 읽어주는 엄마가 되고 싶었기 때문입니다. 유니세프가 저에게 이런 일을 할 수 있도록 허락해준 것에 감사드립니다. 만약 그렇지 않았다면 저는 이런 아이들의 존재도 모른 채 나이를 먹고 죽었겠지요. 소름 끼치는 일입니다. 분명 이런 일을 하지 않았다면 슬픈 일이나 가슴 아픈 일도 없었을 것입니다. 하지만 한번 알고 나면 쉽게 포기할 수 없습니다. "절망스럽지 않아요?" 하는 질문을 자주 받는 편이지만, 저는 절망하지 않습니다.

유니세프의 사무국장인 그랜트 씨는 1년에 1400만 명씩 죽어가는 아이들의 숫자를 반으로 줄이고 싶다고 말했습니다. 유감스럽게도 반으로 줄일 수는 없었지만, 지난 14년간 1250만 명까지 줄일 수는 있었습니다.

한 아이의 목숨을 구하는 일조차 너무 힘들기만 합니다. 하지만 그렇기 때문에 한 목숨이라도 구할 수 있다면 절망하기엔 아직 이른 것 아닐까요?

이 자리에서 지난 14년간 저를 믿고 모금에 협력해주신 분들께 심심한 감사의 인사를 드립니다. 저의 유니세프 친선대사 구좌에 들어온 모금 총액은 23억 3835만 768엔(1997년 5월말 현재)으로, 모두 15만 4630분이 보내주셨습니다(단체로 모금에 참가한 분도 많아서 실제 참가자는 더욱 많겠지만, 입금해주신 분들의 수는 일단 이렇습니다). 모두 여러분의 따뜻한 마음 덕분입니다. 보내주신 돈은 전액 아이들이 필요로 하는 물건으로 바꾸어 유니세프에서 직접 아이들에게 전달하고 있습니다.

저는 한 분 한 분께 고맙다는 편지를 드리고 싶습니다. 하지만 만

일 그렇게 많은 분들께 편지를 띄운다고 하면 우표 값만 해도 1065만 7406엔이 들 것입니다. 친절한 마음으로 500엔, 1000엔씩 보내주신 분들은 아마 그런 일에 돈 쓰기를 원하지 않으시겠지요. 1065만 7406엔이 있으면 10만 명 이상의 아이들에게 홍역, 결핵, 유행성 소아마비, 디프테리아, 파상풍, 백일해 등의 예방 접종 백신을 사줄 수 있습니다. 우표 값만으로도 10만 명 이상의 아이들 목숨을 건질 수 있는 것이지요.

제가 방문한 뒤 세계에는 큰 변화가 일어났습니다. 1989년 베를린 장벽이 무너짐으로써 동서 냉전체제가 끝났습니다. 또 1991년 남아프리카공화국에서 아파르트헤이트가 폐지되고 만델라 씨가 대통령에 당선되어 흑인 정권이 탄생했습니다. 그 결과 앙골라, 모잠비크의 상황이 호전되었습니다. 베트남에서도 자유화가 진행되어 『베트남으로 가자』는 책이 나올 정도로 활기찬 경제 발전이 이루어지고 있습니다. 캄보디아의 앙코르와트에 찾아가는 단체 관광객도 점점 불어나고 있습니다.

하지만 가난이나 고통이 그대로 지속되고 있는 나라도 있습니다. 지금 이 글을 쓰는 순간에도 방글라데시의 남동부에 사이클론이 들이닥쳤다고 합니다. TV 아나운서는 "이 지역에는 사이클론으로 인해 1970년 이래 150만 명이 사망했다"고 전했습니다. 딱한 일입니다.

르완다 난민들이 흘러들어 간 자이르는 대통령이 망명(!)하는 사태가 벌어져 1997년 5월에 나라 이름이 '콩고민주공화국'으로 바뀌었습니다. 자이르로 피난 갔던 수많은 난민들이 다시 르완다로 돌아가기 위해 너도나도 화물차에 올라탔다가 사람이 너무 많아 대부분의 어린이들이 압사했다는 뉴스도 들었습니다. 그 어린이들은 아무것도 모른 채 밟혀 죽은 것입니다. 이라크에 대한 경제제재는 여전히 계속되어 식량이나 의약품의 부족 문제가 심각한 상태입니다. 쿠르드족과의 민족 문제도 아직 해결되지 않았습니다.

지뢰는 현재 세계 64개국에 1억 1000만 개가 묻혀 있습니다. 1년에 10만 개가 제거된다고 하는데, 이대로 계속 1년에 10만 개씩 제거해나간다고 해도 전부 없애는 데는 1100년이라는 시간이 걸립니다. 설상가상으로 매년 200만 개를 새로이 땅에 묻고 있으니, 이 얼마나 어리석은 인간들입니까.

탄자니아의 고아원에 있던 베네딕트에게 그후 일어난 일에 대해 쓰겠습니다. 저는 그 애가 마음에 걸려서 일본에 돌아온 뒤에도 고아원의 수녀님과 편지를 주고받았습니다. 또 베네딕트가 영어 공부를 시작하면 좋겠다고 부탁하여 양육비를 보내주곤 했습니다. 함께 고아원에 갔던 몬게라 부인에게도 기회가 있으면 아이의 상태를 살펴달라고 청했습니다.

4년 뒤, 몬게라 부인에게서 전화가 왔습니다.

"구로야나기 씨, 당신이 베네딕트에게 신경 쓰고 있다는 것을 잘 압니다. 우리는 아들 셋이 이제 다 자라서 의논 끝에 베네딕트를 양녀로 삼았어요. 우리 아이들과 똑같이 교육시키고 있답니다. 이제 마음이 놓이시지요?"

저는 놀라서 말이 나오지 않았습니다. 몬게라 부인은 계속 말했습니다.

"벌써 집에 와 있어요. 전화 바꿔드릴게요."

저는 눈물이 멈추지 않았습니다. 이렇게 제 마음을 잘 알아주는 사람이 있다니… 수화기에서 가녀린 아이의 목소리가 흘러나왔습니다. "헬로……."

베네딕트는 몬게라 부인의 딸이 되었습니다. 몬게라 부인이 인도 대사로 갔을 때에는 인도로, 1995년 몬게라 부인이 베이징에서 열린 세계여성회의의 사무국장에 임명되어 유엔에서 일하게 되었을 때에는 뉴욕으로, 베네딕트는 이렇게 몬게라 부인을 따라 세계 곳곳을 돌아다녔습니다.

저는 뉴욕에서 몇 번인가 베네딕트와 만나 둘이서 뮤지컬도 보고 음식도 먹곤 했습니다. 그 애에게는 아무런 설명도 해주지 않았고 그 애 역시 아무것도 기억하고 있지 않으련만, 이상하게도 베네딕트는 저에게 아무거나 털어놓으며 잘 따르고 있습니다. 믿을 수 없는 일입니다. 베네딕트는 얌전하고 목소리가 고운 모델 같은 여자아이가 되었습니다.

베네딕트가 원래 고아원에 있었던 사실을 언제 이야기해줘야 할지, 그런 고민이 생기면 몬게라 부인은 언제나 제게 연락합니다. 그러면 우리는 머리를 맞대고 함께 생각하면서 베네딕트가 무사히 성장해주기를 빕니다. 이제 그 애는 몬게라 부인과 함께 탄자니아로 돌아가 현재 고등학교에 다니고 있습니다. 운명이란 알 수 없습니다. 그 애가 언젠가 탄자니아를 위해 일할 수 있기를 기도합니다.

제가 유니세프의 친선대사로 뽑힌 것은 유엔 난민고등판무관사무소의 고등판무관으로 있는 오가타 사다코 선생 덕분입니다. 유니세프의 그랜트 씨는 평소 친분이 있던 오가타 사다코 선생에게 아시아에서 친선대사를 할 만한 사람을 추천해달라고 했다고 합니다. 오가타 사다코 선생은 저라면 어떨까 하고 말을 꺼냈는데, 마침 『창가의 토토』 영역판이 출간되었을 때여서 우연히 그랜트 씨가 일본에 왔을 때 한 권 전해주었다고 합니다. 하룻밤에 다 읽어치운 그랜트 씨는 "도쿄에 있는 책방을 모두 뒤져서 들고 갈 수 있는 만큼 사 가지고" 뉴욕으로 가서 본부의 모든 분들에게 『창가의 토토』를 읽게 했다고 합니다. 그리고 이 정도로 어린이들을 잘 알고 있는 사람이라면 믿어도 좋겠다는 생각에 저를 임명한 것이지요.

그때 오가타 사다코 선생에게서 유니세프에 대한 자세한 이야기를 들었습니다. 1945년, 전쟁이 끝나던 해에 유엔이 창설되고 이듬해 유니세프가 생겨났습니다. 그 무렵에는 세계대전의 여파로 미국을 비롯한 몇몇 나라를 제외하고는 거의 모든 나라의 어린이가 굶주렸습니다. 레닌그라드의 아이들은 흙벽을 갉아먹었다고 합니다. 미국의 단체 등에서 세계의 굶주리는 어린이들에게 먹을 것을 보내기 시작했습니다. 그런데 일본이나 독일은 연합국의 적이었기 때문에 '일본에는 안 보내도 된다'는 의견이 대두되었습니다. 그때 유니세프의 초대 사무국장인 모리스 페이트 씨가 "아이들에게는 아군도 적도 없다"면서 1949년부터 1962년까지 13년 동안, 약 200만 달러에 상당하는 물자를 일본에 보내주었습니다. 이것은 당시의 일본 국내 물가로 환산하면 640억 원 이상이 됩니다. 당시 아이들이 학교 급식으로 타먹은 분유는 바로 유니세프에서 보내준 것이었지요.

그런 일이 없었다면 일본이라는 나라에 살고 있던 대부분의 사람들은 아마도 심한 영양실조에 걸렸을 것입니다. 그때 유니세프는 앞으로 일본이 GNP 세계 2위의 나라가 되리라고는 꿈에도 생각지 못했겠지요. 앙갚음하려는 생각은 손톱만큼도 없이 오직 어린이들을 위한 마음으로 원조해준 것입니다. 저는 유니세프에 갔을 때 그 자리에서 "제가 하겠습니다" 하고 선뜻 대답했습니다. 유니세프가 노벨평화상을 수상했다는 사실을 안 것은 꽤 나중의 일입니다.

그로부터 14년이 흘렀습니다. 제가 유니세프 여행을 나갈 때마다, 언제나 자비를 내어 동행해준 다누마 다케요시 씨에게 감사드립니다. 이 세계적인 어린이 사진가는 사막의 모래바람이나 군중 인파 속에서도 맑은 눈을 가지고 이 책에서 보신 바와 같은 사진들을 찍어주었습니다. 매년 동행하여 진지하고 애정이 넘치는 마음으로 특별 프로그램을 만들어준 아사히 TV의 다가와 이치로 PD에게도 감사합니다. 또 온갖 어려움 속에서도 매년 무거운 카메라를 짊어져준 아사히 TV의 카메라맨 히라마 다카시 씨에게도 감사합니다. 사소한 것도 결코 놓치지 않는 히라마 씨의 눈을 통해 귀여운 어린이들의 모습이 생생하게 비디오테이프에 남을 수 있었습니다.

매번 시간을 내서 프로그램을 방송해준 아사히 TV와 관계자 여러분에게도 진심으로 감사드립니다. 그리고 현지에서 통역이나 영어 번역, 제가 알고 싶은 세계의 아이들 사정 등을 도맡아 처리해준 유니세프 주일사무소의 사와 나가요 씨와 우에무라 가즈코 씨의 열의에도 감사드립니다. 두 분의 도움이 없었다면 이 책은 세상에 나오지 못할 뻔했습니다.

마지막으로 세계의 어린이를 걱정하고 제게 힘이 되어준 저널리스트, 방송 관계자 여러분에게도 감사의 말을 전합니다. 그 밖에도 많은 분들의 도움으로 14년 걸려서 이 책을 만들었습니다.

1995년, 유감스럽게도 아이들을 위해 분투하다가 돌아가신 그랜트 씨에게도 고맙다는 말씀을 드리고 싶습니다. 제가 가는 나라의 유니세프 사무소에서 어김없이 저를 기다려주던 그랜트 씨의 전보는 이제 그립기도 하고 슬프기도 한 추억으로 남았군요.

　　"구로야나기 씨, 아이들이 기다리고 있어요. 성공을 빕니다. 다음은 어느 나라로 가십니까?"

1997년 5월

구로야나기 테츠코

옮긴이의 말

해외여행의 자유화가 실현되었을 뿐 아니라 세계화를 열심히 부르짖고 있는 이곳에서 지구촌이라는 말은 더 이상 낯설지 않습니다. 지구촌이라는 말을 들었을 때 저는 '촌'이라는 말이 참 마음에 들었습니다. 고향처럼 공동체 시절의 고리타분하고도 따뜻한 인정을 자아내는 것 같아서요. 촌이라는 말을 붙이니 지구라는 혹성도 정겹게 느껴지지 않습니까. 실제로 비행기에서 내려다보면 지상 어느 곳이든 하나의 마을처럼 아주 올망졸망해 보입니다.

창공에서 시야를 채우는 지상의 자연이나 도시의 야경에는 구체적인 인간의 모습이 지워져 있습니다. 그 속에는 필시 살아가기 위해 꿈지락거리는 저와 같은 사람들이 바글바글할 텐데도 말입니다. 그래서 막상 땅에 두 발을 내딛고 다른 이의 얼굴을 마주하지 않는 이상, 울창한 숲이든 푸르른 바다이든 남극의 빙하이든 광활한 사막이든 하늘에서 내려다본 풍경은 하나의 시각적인 이미지에 불과하다는 생각이 듭니다.

그런데 이 지구라는 마을에서 어린이가 1분에 스무 명씩 죽어간다고 하는군요. 3초 만에 한 명 꼴이니 똑딱 똑딱 똑딱, 바로 이 순간 한 어린이가 죽는 것입니다. 가난과 전쟁으로 수많은 어린이가 희생된다는 사실을 모르는 사람은 없겠지요. 하지만 지은이도 당혹감을 감추지 못했듯이 신문 기사와 실제는 하늘과 땅만큼 다릅니다. 당사자와 구경꾼은 결코 같을 수가 없는 것이겠지요. 이런 점에서 '차별 없는 구호'를 실천하는 유니세프 활동에 고개를 숙입니다.

　　아무리 모르는 채 살기보다 아는 쪽이 낫다고 하더라도, 역시 알고 나면 때로 슬프고 힘듭니다. 이 책을 번역하면서 어쩌면 아는 것의 괴로움을 체험했는지도 모르겠습니다. 하지만 유니세프 친선대사로서 고된 여정도 마다 않고 몸소 어린이 사정을 살펴온 지은이에 비하면 약과이겠지요. 이 책에는 이미 물질적인 풍요에 길들여지기 시작한 우리 사회를 일깨울 만한 감동적인 이야기가 듬뿍 들어 있답니다. 삶의 극한상황 속에서도 희망과 미소를 잃지 않는 어린이들을 만나보세요. 소중한 것을 잊고 사는 우리에게 따뜻한 햇살을 반사시켜주는 거울이 될 것입니다.

2002년 11월

김경원